教师新智慧丛书
丛书主编 徐莉浩 蒋东标

又一种教育智慧

家庭教育指导教师教程（义务教育版）

主 编 张竹林

华东师范大学出版社
·上海·

图书在版编目(CIP)数据

又一种教育智慧:家庭教育指导教师教程:义务教育版/张竹林主编.—上海:华东师范大学出版社,2018
 ISBN 978-7-5675-7733-6

Ⅰ.①又… Ⅱ.①张… Ⅲ.①家庭教育 Ⅳ.①G78

中国版本图书馆CIP数据核字(2018)第096590号

教师新智慧丛书
又一种教育智慧:家庭教育指导教师教程(义务教育版)

主　　编	张竹林
策划编辑	彭呈军
审读编辑	孙　娟
责任校对	陈　易
装帧设计	刘怡霖
出版发行	华东师范大学出版社
社　　址	上海市中山北路3663号　邮编 200062
网　　址	www.ecnupress.com.cn
电　　话	021-60821666　行政传真 021-62572105
客服电话	021-62865537　门市(邮购)电话 021-62869887
地　　址	上海市中山北路3663号华东师范大学校内先锋路口
网　　店	http://hdsdcbs.tmall.com/
印刷者	上海展强印刷有限公司
开　　本	787×1092　16开
印　　张	16.75
字　　数	267千字
版　　次	2018年5月第1版
印　　次	2022年8月第10次
书　　号	ISBN 978-7-5675-7733-6/G·11123
定　　价	38.00元
出 版 人	王　焰

(如发现本版图书有印订质量问题,请寄回本社客服中心调换或电话021-62865537联系)

丛书总顾问：尹后庆　倪闽景　袁　园
丛书顾问：陆　琴　施文龙　高国弟
　　　　　张　弘　万国良　周　英

丛书主编：徐莉浩　蒋东标
丛书副主编：金红卫　孙赤婴　张竹林　张　珏

本 书 主 编：张竹林
本书副主编：胡引妹　戴宏娟　张美云
本 书 编 委：褚红辉　王秀明　施建英　沈淑群
　　　　　　戴军花　张　娟　谢怀萍　钱月兰

丛书总序
教师教育正当时

倪闽景

新时代是奋斗者的时代。

我国自1978年党的十一届三中全会以来,四十年取得的成就举世瞩目。从计划经济到市场经济,从中国制造到中国创造,从追赶世界到领跑世界,中国的经济实力、科技实力、国防实力等进入世界前列。"新四大发明"闪耀全球,学汉语成为时尚,中国特色社会主义道路、理论、制度、文化不断发展,国际地位得到前所未有的提升。党的十九大召开,标志着中国的改革事业进入新的历史时代,实现中华民族伟大复兴的"中国梦"目标更加清晰,步伐更加坚定。

当我们把视野聚焦于教育领域,可以看到,恢复高考的重大决定早于全面改革开放一年,可以说是教育改革引领了全面改革开放,也彰显了教育优先发展的战略地位。教育观念的变化深入到教育改革的各个层面,成为推动社会发展的基础性、全局性、先导性力量。首先,教育极大普及。2011年中国全面实现"两基"战略目标,2015年中国的高等教育毛入学率达到40%,职业教育、成人教育也取得不菲成绩。其次,人才供给充分。职业学校每年输送近1 000万名技术技能人才,普通本科高校累计输送2 000多万名专业人才,我国人均受教育年限提高到10年。再次,国际水平提升。我国学生在PISA测试中表现良好,一批高校和学科世界排名显著提升,教育总体发展水平进入世界中上行列。

站在新的历史起点,我国教育进入提高质量、优化结构、促进公平的新阶段,实现教育现代化成为当前及今后一段时间内的艰巨任务和必然要求。作为开改革风气之先的上海,必须加快教育综合改革步伐,力争到2020年率先实现教育现代化,有力支撑"五个中心"的新定位,努力把上海建设成为卓越的全球城市和社会主义现代化国际大都市。实现教育现代化,离不开信息化和人工智能,离不开智能化新型学校和智慧课堂。人工智能将既是学习内容,也是未来学习的新工具。通过技术的现代化,"人"的现代化也将实现。

未来已来。面对席卷而来的科技浪潮,上海教育面临三大跨越。第一个是教育教学全过程的流程再造,即从教育目标的确定到最终的评价等整个过程的流程要重新进行构造。第二个是融合中华传统文化和人类科技、人文经典的教育范式锻造,这个教育范式必须适应我国自己的文化,要建立以优秀传统文化为本、集合全世界科技、人文经典的教育新范式。第三个是脑科学和人工智能相结合的学习革命,即开展基于脑科学的全脑学习,开展基于大数据的精准学习,开展基于人格化的创新学习,开展基于新技术的高阶学习。也就是说,我们从今天开始,从"经典"学习进入了"超级"学习阶段。

百年大计,教育为本;教育大计,教师为本。教育发展的成就,离不开奋斗在各级各类学校的上千万教师的奉献;应对未来教育变革,更需要具有专业素养、创新精神的教师主动作为。对作为教育"工作母机"的教师教育,我们从未懈怠,新时代更是带来了教师教育最强音。2018年伊始,中共中央、国务院《关于全面深化新时代教师队伍建设改革的意见》提出要"坚持兴国必先强师"的战略思想,要求加强师德师风建设、振兴教师教育、深化综合改革、提高教师地位待遇、确保政策落地。这是中华人民共和国成立以来党中央出台的第一个专门面向教师队伍建设的里程碑式的政策文件。教师教育的机遇已来,教师教育的风口已至。

地处南上海的奉贤区,作为上海的有机组成,是上海率先实现教育现代化的重要主体。"十二五"以来,奉贤区紧紧抓住成为部市共建教育综合改革试验区和上海市唯一的统筹城乡一体化发展试验区的契机,围绕推动区域教育"优质均衡发展"的目标,积极调整城乡教育资源配置,主动参与结对交流、委托管理,创造性地开展紧密型办学资源联盟、集团化办学等实践探索,取得良好成效。奉贤区关注育人创新,开展以"敬奉贤人、见贤思齐"为内核的"贤文化"德育实践,实现区域教育"从追赶到跨越,从跨越到品质"的历史转型,为实现打造"自然、活力、和润"

的南上海品质教育区战略目标奠定了良好基础。

奉贤区教育学院适时而为,顺势而动,为服务品质化教育发展需要,推动南上海品质教育区建设进程,充分发挥专业特长为政府教育决策提供咨询,充分发挥专业优势为学校特色发展谋划策略,充分发挥专业引领为教育利益相关者打造"枢纽",充分发挥传统优势为教师专业发展提供支撑,努力打造区域教育学术高地、人才高地和信息高地,围绕"服务区域教育、服务学校发展、服务教师发展"的工作宗旨,立足教育需求,聚集专业力量,积极扮演思想库、探索者、服务者的角色。

"教师新智慧丛书"作为奉贤区教育学院服务教师专业发展的又一力作,从新时代对教师专业知识、专业能力、专业思想、专业品格等要求出发,整体设计,分步推进。《又一种教育智慧:家庭教育指导教师教程(义务教育版)》是"教师新智慧丛书"的开篇之作。该书从当前家校合作共育这一热点出发,以提高教师家庭教育指导力的专业素养为目的,积极发挥区域教育科研人员的专业优势和学校优秀教师的实践优势,针对当前家庭教育中存在的普遍问题和教师家庭教育指导的热点问题,从家校合作共育的高度,提供了非常具体的操作方法和解决思路,是区域教师教育的精神盛宴。

德国著名的哲学家卡尔·雅斯贝尔斯(Karl Theodor Jaspers)在《什么是教育?》中写道:"教育的本质意味着,一棵树摇动另一棵树,一朵云推动另一朵云,一个灵魂唤醒另一个灵魂。"新时代的教师必须要点燃自己,照亮学生,同时点燃学生,照亮自己。新时代的教育致力于让每个学生成为最好的自己,同时也让每个老师都能成为最好的自己。我想,这是奉贤区推出这套丛书的主旨所在,也是我们所期待的教育目标所在。

是为序!

(作者系上海市教育委员会副主任)

目录

前言 ... 001

/ 第一编 /
家庭教育指导认知

第一章　家庭教育现状 ... 003
　　第一节　家庭结构与家庭教养方式 ... 003
　　第二节　家庭教育的时代变化 ... 006
　　第三节　家庭教育中的普遍问题 ... 012

第二章　家校合作概论 ... 019
　　第一节　家校合作的概念 ... 019
　　第二节　家校合作的依据 ... 022
　　第三节　家校合作的现状 ... 024

第三章　家庭教育指导新方位 ... 034
　　第一节　家庭教育指导的政策导向 ... 034
　　第二节　家庭教育指导的变革要求 ... 037

/ 第二编 /
家庭教育指导途径

第四章	集体指导	049
	第一节　家长会：家教指导好时机	049
	第二节　家长开放日：全方位展示好途径	057
	第三节　家长接待日：深化交流好窗口	062
	第四节　亲子活动：亲子交流好平台	067
	第五节　家长学校：家教指导好阵地	071
第五章	个别指导	078
	第一节　上门家访	078
	第二节　邀请个别家长来访	085
	第三节　在线个别指导	090
第六章	媒介指导	096
	第一节　联系媒介：传统与现代的"立交桥"	096
	第二节　微信（QQ）群：系好家校联系的"纽带扣"	101
	第三节　建规则：把好微信（QQ）群的"风向标"	107
第七章	特殊指导	113
	第一节　班级家长委员会：班级管理有后盾	113
	第二节　家长志愿者：活动开展有保障	118
	第三节　家长沙龙：家教经验有分享	123

/ 第三编 /
家庭教育指导实务

第八章　家庭教育指导的重点问题　133
- 第一节　焦虑的"幼小衔接"　133
- 第二节　无形的"标签"　138
- 第三节　苦恼的家庭作业　144
- 第四节　无效的家长陪伴　149
- 第五节　失控的家长情绪　153
- 第六节　桀骜不驯的青春期　157
- 第七节　刻不容缓的生涯教育　161
- 第八节　不畅的家校沟通　166

第九章　特殊家庭的家庭教育指导　172
- 第一节　单亲家庭的家庭教育指导　172
- 第二节　隔代家庭的家庭教育指导　176
- 第三节　流动家庭的家庭教育指导　182
- 第四节　富裕家庭的家庭教育指导　190
- 第五节　拆迁家庭的家庭教育指导　194

第十章　特殊学生家庭教育指导　199
- 第一节　超常学生家庭教育指导　199
- 第二节　智障学生家庭教育指导　204
- 第三节　肢残学生家庭教育指导　210
- 第四节　厌学学生家庭教育指导　215
- 第五节　学习困难学生家庭教育指导　219
- 第六节　自闭症学生家庭教育指导　224

附录一　奉贤区相关文件   230

    关于进一步加强奉贤区学校家庭教育工作的实施
        意见   230

    关于进一步加强中小学幼儿园家长委员会建设的
        实施意见   234

    关于加强奉贤区学校班级微信（QQ）群管理工作的
        意见   240

附录二　相关文件链接   242

后记   247

前言
新时代教师的智慧新支点
施文龙

2018年,注定是在中国历史上留下浓墨重彩一笔的一年。这一年,是全面贯彻落实党的十九大精神的开局之年,我们将迎来中国改革开放四十年,开启中国改革开放事业的新起点。

新年伊始,值中共中央、国务院印发《关于全面深化新时代教师队伍建设改革的意见》之际,奉贤区教育学院策划并组织编写的"教师新智慧丛书"的开篇之作《又一种教育智慧:家庭教育指导教师教程(义务教育版)》付梓,为区域教师队伍建设献上一份厚礼。推出这套教程是一件非常有意义的事,该丛书被列为上海市教委学校德育工作重点支持项目,也是奉贤区教育局支持学校自主发展"星光灿烂"计划的资助项目。

作为区域教育行政主要负责人,作为有着多年一线教学和学校管理工作经验,对教育事业充满热爱的教育人,我通读书稿后,有几点思考想与读者商榷。

第一,提高教师家教指导力素养是推动新时代学校教育内涵发展的必由之路

近年来,"注重家庭、注重家教、注重家风"的号召重新唤起社会对家庭教育重要性的认识,学校、家庭、社会合作共育促进儿童终身发展也成为全社会的共识。鉴于家庭教育水平参差不齐,许多家庭急需接受相关指导。当前对家庭教育的指导来自不同渠道,如各级妇联、关心下一代工作委员会、共青团等组织的指导,社区家长学校、社区亲子工作坊、志愿者等开展的指导，教育咨询服务公司等民营教育机构提供的指导等。然而，这些指导因为缺少对学生日常而有深度的观察，效果比较有限。

充分发挥学校在家庭教育中的重要作用，强化学校对家庭教育工作的指导，成为当前重要的教育工作内容。然而，目前仅有少数教师参加过"家庭教育指导师培训"，难以科学有效地完成区域性家庭教育指导的专业任务。

奉贤区把在职教师的整体培训培养作为教师专业发展的重中之重。对教师的培训以面向全员、分层分类实施、优化结构为宗旨，以城乡学校教师一体化培训、一线教师和学校管理者培训并重为原则，坚持面上培训强基础、突出重点育骨干、名优培训领发展的思路，构建以基础培训为"塔基"、骨干培训为"塔中"、名优培训为"塔尖"的"金字塔形"教师培训工作机制，致力于建设一支结构合理、德能双强、充满活力的"贤师"队伍。"金字塔形"教师培训模式，为新时期教师专业发展提供了保障机制，使提高教师家教指导专业素养有平台可依，有路径可循，有经验可鉴。

第二，提高教师家教指导能力需要区域教育学院发挥自身专业优势

早在1966年，《科尔曼报告》就提出：当一个国家社会经济条件发展到一定程度的时候，学校教育没有人们想象得那么重要，真正重要的其实是家庭教育。家庭教育"关系到孩子的终身发展，关系到千家万户的切身利益，关系到国家和民族的未来"。提高教师家教指导的专业素养迫在眉睫。

在促进教师专业发展中，区域教育学院发挥着重要作用。奉贤区教育学院深刻认识到其在家校合作育人大格局中的重要地位，积极作为，立足区情，通过整合教育资源、建设师资队伍、引领专业建设、组织指导服务和评估监测五项工作发挥其在家校合作育人中的"枢纽"作用。《又一种教育智慧：家庭教育指导教师教程（义务教育版）》正是奉贤区教育学院提高教师家教指导素养，推动家校合作育人的重要成果之一。该书有以下特点：

案例是其精华。该书集奉贤区优秀家教指导教师的经验于一体，以案例的方式，对家庭教育中家长存在的共性问题和教师在家庭教育指导中需要关注的事情做了梳理。之后，又以丰富而翔实的案例对如何开展家校合作、如何对家庭教育进行集体指导、如何对家庭教育进行分类指导等一一做了说明。书中处处显示出一线教师指导家庭教育的智慧。

实用是其价值。该书紧紧围绕家庭教育指导中的认知和行为组织内容，从转变教师家庭教育指导的观念入手进而改变教师家庭教育指导的行为。即使是论述对家庭教育指导的认知,虽从家校工作的意义展开,并梳理了家教认知的方方面面,但也并未止步于认知层面,而是结合中国、上海市、奉贤区的实情,用现实触动人心,将认知内化于真情。

专业是其灵魂。该书为正在兴起的家庭教育学的专业化发展提供了丰富的养分。虽然我国家庭教育传统悠久,但是家庭教育学作为一门独立学科,其学科建设还是近十余年的事情,尚处于初创阶段。从学科建设角度来说,当前不只需要继续对古今中外的家庭教育经验进行科学提炼,更加需要检验现有学科建设成果对家庭教育实践的指导力并提高其影响力。该书在此时出版,适逢其会。

《又一种教育智慧:家庭教育指导教师教程(义务教育版)》作为一本提高教师家庭教育指导能力的区本培训教程,其开拓性、专业性、实用性值得提倡。当然,该书还有需要继续完善的地方,如对于家庭教育指导理论的梳理,对于父亲、母亲、祖辈家长有针对性地系统分类指导,对于特殊家庭的继续分类及对其家庭教育指导需求的系统分析等。希望这本源于实践的区本培训教程能在实践中不断完善,不仅成为提高本区教师家庭教育指导素养的一剂良方,而且能为上海市其他区域乃至全国各地提升教师家庭教育指导素养提供借鉴。

新时代新起点。当下的奉贤教育正围绕着力打造"自然、活力、和润"的南上海品质教育区目标,瞄准最高最好,进一步提升质量立高峰,进一步凸显特色、亮点,进一步优化治理增动力。要实现这一目标,需要教育系统上下齐努力。我想,以这套丛书为代表的专业探索就是重要的实际行动之一,也是我们实现办人民满意的教育的新支点。

(作者系上海市奉贤区教育局局长)

/ 第一编 /

家庭教育指导认知

不论时代发生多大变化,不论生活格局发生多大变化,我们都要重视家庭建设,注重家庭、注重家教、注重家风。

——习近平

本部分概要：

▶ 当前,我国的家庭结构以核心家庭为主,祖辈家庭、单亲家庭、重组家庭仍然占有一定比例。从家长教育子女的方式来看,大体可以分为权威型家长、民主型家长、溺爱型家长和冷漠型家长。

▶ 我国历来重视家庭教育,在教育内容、教育方式等方面独具特色并形成一定体系。随着社会发展和时代变迁,我国家庭教育呈现出新的特征,其中存在的问题特别需要教师在开展家庭教育指导时予以关注。

▶ 在大教育观影响下,家校合作意味着家庭与学校需要在正确指导思想的引领下形成一种既相互配合又有明确职责分工的新型合作关系。家庭要积极主动参与学校发展,学校要充分发挥专业优势指导家庭教育。

▶ 时代赋予学校在家庭教育指导中的特殊地位,学校必须树立家校共育新理念,深入学习家庭教育工作新政策,充分运用区域教育学院(教师专业发展机构)提供的资源,从专业伦理、专业知识、专业能力等方面提高教师家庭教育指导能力。

第一章 ‖ 家庭教育现状

家庭是孩子的第一个课堂,父母是孩子的第一任老师。家庭教育工作开展得如何,关系到孩子的终身发展,关系到千家万户的切身利益,关系到国家和民族的未来。家庭作为社会的基本细胞,其教育理念和模式不可避免具有时代特色。

本章介绍了当前我国家庭的主要结构、家庭教养方式、家庭教育的优秀传统、当前家庭教育的基本特点以及家庭教育中存在的普遍问题。

第一节　家庭结构与家庭教养方式

家庭有广义和狭义之分,狭义上是指一夫一妻制构成的单元,广义上则泛指人类进化的不同阶段上的各种家庭利益集团,即家族。本书中的家庭是指亲子两代或三代以血缘关系或收养关系形成的团体。

一、家庭结构

家庭结构是指家庭中成员的构成及其相互作用、相互影响的状态,以及由于家庭成员的不同配合和组织的关系而形成的联系模式。家庭结构是在婚姻关系和血缘关系的基础上形成的共同生活关系的统一体,既包括代际结构,也包括人口结构,并且是二者组合起来的统一形式。

家庭是个体赖以生存和发展的基本环境,对个体成长至关重要。不同类型的家庭呈现出不同的教育特点。现代社会中的家庭教育面临诸多的问题和挑战,这些问题和挑战既有来自家庭内部的,也有来自外部社会环境的。

(一) 核心家庭

由夫妻及其未婚子女组成的家庭。随着二胎政策的出台,生养两个小孩的家庭将逐渐增多。平等、科学地处理两个孩子的教养问题,是家庭教育新的关注点。

核心家庭的代际层次单一,家庭关系简单。这有利于家长为子女创造和谐的家庭氛围,保障教育的物质投入,达成一致的教养态度。但不少核心家庭存在一方基本不参与家庭生活,另一方承担本应由夫妻双方共同承担的责任等问题。在我国,比较多见的情况是在家庭有了下一代之后,父亲基本不参与孩子的养育。

(二) 祖辈家庭

又称"隔代家庭"、"祖孙家庭"。在这类家庭中,主要由祖辈承担抚养孩子的责任,也称"隔代教养"。

我国祖辈家庭大致分为两种类型:一种是父母亲很少或根本不履行亲职,完全由(外)祖父母担负(外)孙子女的照顾及教养责任(这种情况在农村较多);另一种如三代同堂,父母亲多少仍履行若干亲职(这种情况在城市家庭中居多)。"隔代教养"已成为中国目前不可忽视的一种社会现象。

(三) 单亲家庭

由父亲或母亲单独承担抚养未成年子女责任的家庭。根据单亲家庭形成的原因,可将其分为离婚式单亲家庭、丧偶式单亲家庭、分居式单亲家庭和未婚式单亲家庭四类。

(四) 重组家庭

夫妻一方再婚或者双方再婚组成的家庭。重组家庭的家长应尽快认清新的形势,适应并融入新的环境,扮演好新的角色,在教育上更需要特殊的技巧。

二、家庭教养方式

每一个孩子出生时都像一张白纸,他/她身上的"一笔一划"都是成长的过程中不同的家庭环境、生活习惯所留下的……不同教养方式会对孩子产生不同的影响。

(一) 权威型家长

权威型家长并不是指他们在事业上有多成功，或者是官做得有多大，而是指在孩子面前他们就是权威，他们说的话就是真理。他们认为，作为孩子，你必须听我的。他们帮孩子做决定，拿主意，规划人生，孩子只是归属于他们的"小傻子"。

权威型家长教养的孩子，不能快速成长，可能心理年龄和生理年龄会不一致，遇到困难会被吓到不知所措，不能培养自己的独立思维。当有一天要自己面对困难，或者做决定的时候，他/她会不知道该怎么做。

(二) 民主型家长

民主型家长和权威型家长相反，他们能够在孩子成长的过程中以孩子为主体。遇到事情他们会和孩子商量，让孩子去拿主意，尊重孩子；遇到困难他们会鼓励孩子勇于担当，让孩子自己先去尝试解决。

这种家长培养的孩子，通常比较有思想、有主见。在关键的时刻他们会有自己的想法，在学习上他们会规划自己的时间，他们的生理年龄和心理年龄相当，可能还会比同龄孩子更加成熟。

(三) 溺爱型家长

溺爱型家长会全部包办孩子的事情。这类家长太爱孩子了，爱到最后孩子什么也不会做。孩子在自己面对困难的时候只会逃避，或者被困难打倒。这类孩子能力很差，通常被自卑感包围。

这种现象多见于独生子女家庭，子女常表现为任性、自私、骄傲、情绪不稳定、无责任感等。以这种方式培养出来的孩子往往会在社会上到处碰壁。

(四) 冷漠型家长

冷漠型家长对孩子不闻不问、放任不管，在该培养孩子养成良好习惯的时候放任不管，不给孩子立规矩，孩子任性地按自己的想法做事。

这种家长养育的孩子一般比较独立、自律。但是通常也会产生两个极端：如果家长文化素养相对高、生活环境相对好的话，孩子可能还比较好；如果家长文化素养不是很高,生活环境也不是很好,则孩子很可能会没有规则意识。

第二节　家庭教育的时代变化

家庭教育是建立在血缘关系基础上的一种特殊教育,这种教育是自然的、长久的。家庭教育的发展离不开社会大环境的影响,今天,随着"注重家庭、注重家教、注重家风"的理念提出,家庭所具有的传递社会文明的重要功能重新得到重视,家庭教育水平亟待提高。

一、家庭教育的概述

《辞海》对"家庭教育"词条的解释是:"父母或其他年长者在家庭对儿童和青少年进行的教育。"《中国大百科全书·教育》把"家庭教育"定义为"父母或其他年长者在家庭内自觉地、有层次地对子女进行的教育"。

随着社会的不断发展,在广泛的社会实践和对家庭教育的深入研究中,家庭教育不断被赋予新意。狭义的家庭教育是在家庭生活中,由家长(其中首先是父母)对其子女实施的教育。广义的家庭教育包括生活中家庭成员(包括父母和子女等)之间相互的影响和教育,以及聘请专门从事家庭教育的教师对子女进行教育等。

家庭教育的主要目标是"成人"教育和"成才"教育。让孩子先成人,再成才。家庭教育的任务包括德育、智育、体育、美育、劳动教育、法制教育、心理健康教育、理财教育等与孩子健康成长有关的方方面面。

家庭教育是一门科学,反映家庭教育客观规律、系统认识、经验与方法。实践证明,决定家庭教育成败的关键因素不是文化素质、不是职业能力,而是教育素质。教育素质包括教育观念、教育方式和教育能力三大要素,具体可以归纳为五个元素:现代的教育观念、科学的教育方法、健康的心理、良好的生活方式、平等和谐的关系(即五元家教法)。

世界各国家庭教育的发展潮流启示我们,在当今时代,家庭教育的地位、作用日益显现。只有将家庭教育与学校教育并重,努力改善家庭教育状况,才能真正提高教育质量和民族素质。

二、中国优秀的家庭教育传统

家庭是社会的基础和细胞，天下之本在于家，家齐则民安。家庭是人生的第一所学校，父母是子女的第一任教师。古人认为"教先从家始"，"正家而后天下定矣"。自古至今，那些为国家、为民族作出贡献的民族英贤和优秀人物，大都得益于良好的家庭教育。古人积累的优良而成功的家教思想和方法，如传统家庭教育中德育职能至上、视家庭为个人社会化的重要场所、重视个体自我教育、宣扬社会文化等，可为今天的家教提供有益的借鉴。

（一）重视家庭教育

在我国传统观念中，父母为子女提供生活资料，抚养其长大是天经地义的事，教育子女成才更是不可推脱的义务。上至帝王、下至百姓，皆以教育子女为父母之责任，《三字经》上说"养不教，父之过"，《老学究语》中的"不怕饥寒，怕无家教，惟有教儿，最关紧要"和"有儿不教，不如无儿"都说明了这一点。因此，对子女的教育，一直是父母的重大责任和义务。父母对子女的教育也不限于子女年幼时期，而是贯穿子女的终生。

（二）培育家国情怀

家国情怀是中华优秀传统文化的精髓。《大学》中说："古之欲明明德于天下者，先治其国，欲治其国者，先齐其家，欲齐其家者，先修其身。"这段经典论述将国家、家庭和个人连成一个密不可分的整体，形成了由个人及家庭，由家庭到社会，由社会进而到国家的社会价值逻辑，也衍生出了"家国一体"、"家国同构"的家国情怀。

家国情怀在不同的时代表现为不同的话语形式，从"修身齐家治国平天下"到岳母刺字、精忠报国，从"安得广厦千万间，大庇天下寒士尽欢颜"到"天下兴亡、匹夫有责"，从为中华之崛起而读书再到为实现中华民族伟大复兴的中国梦而奋斗终生，家国情怀的内涵也随着时代发展而不断丰富完善，激励着无数仁人志士上下求索、奋斗不已。

(三) 注重德才兼备

传统家庭教育的核心是教子做人，其次才是教子做事。在中国传统家庭教育中，"尊德性而道问学"，强调知识授受的道德化，从而使知识授受与道德教化合二为一。在教学中培养道德，在道德训练中学习经典，是传统家教最突出的特点。古人主张"养正于蒙"、"教子婴孩"，要从小就培养家庭成员的道德品质。"老吾老，以及人之老；幼吾幼，以及人之幼"，则使品德的不断提高与活动范围的不断扩大统一起来。传统家庭教育之真谛，在于用传统美德、民族精神教育其子弟，诸如自立自强、勤奋好学、孝敬父母、友爱兄弟、忠于国家、尽职尽责等，都是家庭教育的主要内容。传统家庭教育强调慈爱与威严并重，身教重于言教，教在不言之中，特别强调父、兄在遵守道德等方面起到的表率作用，同时要求父母尽到教育子女、训导子女的责任。

(四) 重视早期教育

古人认为，对孩子的早期教育，不仅要在出生后进行，更要在出生前就开始胎教，这是早育人才、快出人才的必要前提。颜之推认为，等到孩子懂事后才开始教育就晚了，他呼吁人们要及早教育子女。他说："人生小幼，精神专利，长成已后，思虑散逸，固须早教，勿失机也。"史载，周文王的母亲和孟子的母亲都实行过胎教。历史上最早的胎教可上溯到西周时期。

(五) 重视社会环境和家风熏陶

古代家教很重视教育环境，最著名的例子莫过于孟母择邻处了。注意良好家风的培养，以风化人。世代相承，便是一种家风。元稹对他的儿子说："吾家世俭贫，先人遗训，常恐置家怠子孙，故家无樵苏之地，尔所详也。"不给儿孙留丰厚家产，从根上断了儿孙依赖祖上的念头，迫使儿孙自力更生，这就是以风化人。

(六) 有完整的道德伦理教育体系

中国古代十分重视家教教材的编写，这些家教教材（又称家训、家诫、家规等）是封建帝王及士大夫阶层教育后代立身处世的道德读本。作为一种文化形态，它们蕴藏着强制性、约束性和训诫性等特点。教材内容主要由以下八个方面共同构成完整的道德伦理教育体系：其一，修身处世，修德、为善、谨言、淡泊、存养、持敬、自省、慎独；其二，读书治学，立志、求学、尊师、勤奋、惜时、渐进；其三，克己笃行，力行、自强、诚信、改过、名实；其四，恭俭齐家，治家、教子、孝慈、和睦、理财、勤俭；其五，清政为官，贤达、敬业、廉洁、刚正；其六，治平天下，德治、教化、用人；其七，明察择交，知人、交友、谦敬；其八，平和养生，节欲、和气、起居。

三、当前家庭教育的基本特点

新时代的家长在基础素养、教育意识和能力方面总体上有了质的提升，愈来愈多的家长深刻认识到家庭教育在儿童成长中的重要性，他们投入很多精力、物力和财力提高家庭教育的质量。但在实践中，家庭教育存在的顾此失彼的问题也深深地烙上了时代印迹。

（一）重视教育经济投入，忽视家庭氛围营造

当前家庭教育最显著的特征是重经济投入，不少家庭，尤其是城市家庭，在学科类辅导班和艺术类兴趣班方面投入重金。很多儿童在学校之外的时间就奔波于各类教育培训机构。与之形成对比的是，多数家长没有付出相应的精力去营造适合儿童成长和发展的家庭氛围。从儿童终身发展的角度看，当前的家庭教育有本末倒置之嫌。

有学者提出，我国许多家庭在义务教育阶段的教育支出大于家庭总支出的20%，属于负担过重。[1] 就此标准来看，国内小学生家庭约三成存在教育花费过重的现象，初中生家庭约四成存在教育花费过重的现象。不少家长将较多财力投入门类繁多的课外辅导班，包括学科补习班和兴趣班。以初中生家庭为例，在接受调查的家庭中，超过五分之一的家庭的课外辅导班支出占到家庭教育总支出的四成以上，约四分之一的家庭的课外辅导班支出占到家庭教育总支出的二到四成。这种状况给部分家庭造成了一定的经济压力，在接受调查的初中生家庭中，仅有23.7%的家庭选择了"教育支出没有造成压力"，接近同样比例的家庭选择了"压力有些大"和"压力非常大"。[2] 过重的教育花费必然会对家庭其他消费造成挤占，对

---

[1] 曾满超.教育政策的经济分析[M].北京：人民教育出版社，2000：66.
[2] 数据来源见孙云晓.中国家庭教育蓝皮书(2016)[M].北京：教育科学出版社，2017：183—186.

家庭生活质量产生影响。

与之形成对比的是,家庭氛围作为反映家庭成员精神面貌和心理情感的途径,却没有受到足够重视。仍然以初中生家庭为例,这种轻视主要表现在三个方面:第一,家庭民主氛围不足,家长放权不够。已有研究表明,民主型家长与子女有充分的思想和情感交流,培养出的子女更加开朗、独立、自信。但是调查数据却显示,"时常和孩子商量"重要事情的家庭,仅占接受调查的家庭的15.9%。第二,家庭中"人-机"互动增多,妨碍家庭共享活动。调查显示,初中生家长在家休息时最常做的事情排前三位的是:"看电视"(64.8%)、"和家人聊天"(40.8%)、"玩电脑、手机"(36.2%);而初中生在休闲时间常做的三件事是:"看课外书"(49.9%)、"找同学玩"(47.0%)和"玩手机、电脑"(43.2%)。可见家长和孩子在休闲活动中的互动较少。逾六成的家长表示"很少组织"家庭成员共同参与休闲活动,如旅行、郊游、聚餐等。第三,亲子沟通存在诸多问题。初中生家庭"无话可说"的比例较小学生家庭高一成,而且沟通内容较为单一。如有心事时愿意向家长倾诉的初中生的比例仅为17.9%;当在生活或学习中面临来自家长或家庭内部的压力时,仅有28.3%的初中生选择"主动和父母沟通"。[①] 从上述三方面基本上可以推断出,当前大多数家长在营造家庭氛围方面下的功夫远远不能满足儿童成长与发展的需要。

(二) 重视学习行为和习惯培养,人格养成关注不够

常言道,行为决定习惯,习惯决定性格,性格决定命运。新时代家长接受过相对长时间的学校教育熏陶,对此有比较深刻的感悟,所以在教育下一代时特别重视行为和习惯的培养。但是,殊不知从习惯到性格,并不是浑然天成的,这个过程依然需要家庭教育的雕琢。

中国教育科学研究院就家长最关心子女的方面——内容涵盖健康安全、习惯养成、日常学习、人际交往、自理能力、性格养成、兴趣爱好、情绪情感等,对小学生家长和初中生家长分别进行了调查。数据显示,无论是小学生家长还是初中生家长,最关注的前三项内容都是健康安全、习惯养成和日常学习。只是这三者在两个学段的排列顺序略有不同:小学生家长首要关注的是健康安全,其次是习惯养

---

① 数据来源见孙云晓.中国家庭教育蓝皮书(2016)[M].北京:教育科学出版社,2017:183—189.

成和日常学习;而初中生家长首要关注的是日常学习,其次是习惯养成和健康安全。由此可见,日常学习和习惯养成在两个学段中都很受家长关注。

与日常学习和习惯养成受到家长高度关注形成对比的是,性格养成、兴趣爱好和情绪情感并未受到家长足够的关注,它们在家长最关心子女的内容中排在后面。同样,这三者在小学和初中两个学段的排列顺序也略有不同:小学生家长最少关注的是情绪情感,其次是兴趣爱好和性格养成;而初中生家长最少关注的是兴趣爱好,其次是情绪情感和性格养成。[①]

(三) 祖辈承担较多教养责任,父辈教育相对不足

新时代多数父辈家长清楚地知道自身在家庭教育中的重要作用,因此不会将养育儿童的任务完全托付给祖辈家长。但是,随着社会竞争日益激烈,很多年轻父母不能因为养育儿女放弃工作,而必须在工作和家庭中寻找平衡,于是,父辈与祖辈联合教养成为新时代家庭教育的主要模式。

中国教育学会家庭教育专业委员会对六个城市开展的"中国城市家庭教养中的祖辈参与问题研究"调查数据显示,自被访儿童出生到小学阶段,近八成(79.7%)家庭存在祖辈(包含祖父母和外祖父母)参与儿童家庭教养的现象。有超过七成的家庭,在幼儿园前(77.7%)和幼儿园期间(72.9%)这两个阶段,存在祖辈参与家庭教养的现象;到小学阶段,祖辈参与家庭教养的比例虽然有明显的下降,但其仍是多数家庭的选择(60.1%)。在所有接受调查的家庭中,在儿童成长的不同阶段,约六到七成家庭采取了父辈和祖辈联合教养的模式对儿童实施家庭教育,其中,无论是学龄前还是小学阶段,父辈为主祖辈为辅的联合教养形式都是过半家庭的选择。祖辈参与方以一位女性祖辈(奶奶或外婆)参与为主。

虽然单一的父辈教养模式在四类教养模式(分别是单一的父辈教养、单一的祖辈教养、父辈为主祖辈为辅的联合教养、祖辈为主父辈为辅的联合教养)中所占的比例位居第二,但是在所有接受调查的家庭中,其占比远低于联合教养模式。[②]

父辈与祖辈联合教养解决了父辈家长在家庭教育时间上的困境,且有利于发挥祖辈家长有丰富育儿经验和阅历的优势。但是不可避免地,这模式也存在祖辈

[①] 数据来源见孙云晓.中国家庭教育蓝皮书(2016)[M].北京:教育科学出版社,2017:190.
[②] 数据来源见岳坤.中国城市家庭教养中的祖辈参与问题调查报告[C].2017年家庭教育国际论坛新家庭·智慧爱发言集:179—180.

家长思想陈旧、过分宠溺儿童、两代家长教育观念不一等问题，这在一定程度上削弱了家庭教育的效果。

（四）日常家庭教育的责任主要由母亲承担，父亲教育相对缺失

"家庭母教，乃是贤才蔚起，天下太平之根本。"母亲在家庭教育中的重要性是众所周知的。我国古有"孟母三迁"、"岳母刺字"等典故，现有众多"最美妈妈"的故事。虽然我们已经处在新时代，但主要由母亲承担日常家庭教育责任的传统依然得以保持，这一点无可厚非；然而，部分父亲缺席家庭教育的状况与新时代家庭教育的理念相悖。

第二次全国家庭教育现状调查数据显示，在"抚养教育孩子的分工"方面，夫妻共同承担的比例约四成，母亲为主，父亲"缺位"的比例也近四成。在十四项计算"抚养教育孩子的分工"的指标中，从平均百分比来看，"爸妈共同承担"为40.6%，"妈妈为主"为40.3%，"爸爸为主"为11.6%。从具体指标来看，有四项指标以"妈妈为主"的比例超过一半，分别是：给孩子买生活用品（65.9%）、照顾孩子的饮食起居（60.6%）、开家长会（55.3%）、辅导孩子学习（50.2%）；与之相应，这四项指标以"爸爸为主"的比例分别仅有4.8%、4.3%、18.4%、15.1%。

以"妈妈为主"不仅表现在孩子抚养方面，也表现在孩子教育方面，如开家长会、辅导孩子作业、培养孩子特长等。[1]

上述家庭教育中存在的种种现象，给家庭教育行为带来诸多问题，如爸爸缺位容易导致妈妈建立的行为规则不够严格，孩子比较任性；妈妈产生负面情绪较多，导致亲子沟通不畅等。所以，为了积极发挥家庭教育在少年儿童成长过程中的重要作用，促进学生健康成长，不仅需要进一步明确家长在家庭教育中的主体责任，更需要充分发挥学校在家庭教育中的重要作用，为家长提供专业指导。

第三节 家庭教育中的普遍问题

随着中国经济社会的飞速发展，人们的生活方式发生了巨大的变化，信息渠

---

[1] 关颖.第二次全国家庭教育现状调查报告[EB/OL]. http://www.doc88.com/p-7794591653654.html.

道增多,社会价值观呈现多元化趋势,孩子们受到的影响越来越复杂,这一切都使出生在这个时代的孩子面临前所未有的挑战,家长也在培养孩子的时候空前焦虑甚至盲目,现代家庭教育中各种问题日益突出。

一、认知误区

(一)不能输在起跑线上

不知从什么时候起,"虎爸"、"虎妈"等词汇进入人们的视野,而在"虎爸"、"虎妈"的棍棒底下又诞生了许多"牛蛙",于是乎,近几年整个社会普遍进入"全民鸡血"状态。加之当代社会的激烈竞争,必然引起孩子在求学方面的白热化竞争,家长过度教育现象比比皆是。不少家长要求孩子在幼儿园阶段就要写英文作文、要会算四位数加减法等。在各大辅导机构不乏不到两岁的幼儿,学钢琴、学绘画、学围棋、学珠心算,甚至有家长让孩子仿效"玖月奇迹"从小学习"双排键"。而为了让孩子在"幼升小"大战中脱颖而出进入名校,不少家长在婴幼儿未达到一定认知水平的情况下,向孩子灌输大量学科知识。有的家长在"人有我不能无"的攀比想法的驱使下,让孩子在周一晚上到周五晚上的课余时间里也继续学习,周六日更是从早到晚,甚至连吃饭时间也被占用。

家长"望子成龙"的心态完全能够理解,可是这样的做法,有可能磨灭孩子本来的天性。

(二)将家庭教育附属于学校教育

当前,我国不少家庭的教育功能已被异化,成为学校学科教育的延长,家长异化为应试教育的陪练,抽空了家庭教育的基本价值。

很多家长存在重知识、轻德育的现象。在学校里,有老师监督课业,回到家里有父母监督学习,学生们几乎成了一部学习机器。家长重视学习固然好,但轻视或舍弃家庭教育的其他功能,就会陷入未成年人教育的误区。

很多家长成了应试教育的陪练。在课余时间,家长不是带着孩子继续上课外辅导班,就是严格监督孩子完成学校的作业,孩子和父母之间的交流也完全围绕应试训练而展开。

做家长的几乎把全部心思、精力,以及财力都用在了子女的学习辅导、成绩提高上,以至于甚少考虑如何教孩子做一个诚实、勤劳的人,如何教孩子做到生活自理、生活自立等问题,家长忽视了家庭教育的根本所在。①

(三) 让学校教育代替家庭教育

有家长在家庭教育方面往往存在这样的认识误区,即认为孩子一旦被送进学校,教育的责任就落在相关机构。这种认识误区容易导致一方面家长放松对孩子的教育,使孩子缺少了应有的家庭教育;另一方面,一旦孩子在学校出现情绪不稳、行为不良,或是学习困难、人际关系不和谐等问题,家长就会认为是学校教育不当所致,家庭和学校之间甚至由此产生矛盾,不利于孩子的教养。

家庭教育与学校教育的不同

家庭教育和学校教育的对象都是人。坚持以人为本、全面实施素质教育是我国教育改革发展的战略主题,"德育为先"、"能力为重"、"全面发展"是学校教育和家庭教育的共同任务。让孩子成人、成才,培养他们成为适应社会的全面发展的人,这是家庭教育和学校教育的共同的终极目标。

学校和家庭是不同的教育载体。概括而言,学校教育与家庭教育的区别主要表现在以下方面:

1. 教育职能不同。家庭具有与人的生存和发展相关的多种功能,教育只是其中之一。学校是有计划、有组织、有目的地实施系统教育的机构,教育是其专门的功能。

2. 教育环境不同。家庭教育发生在自然的家庭环境之中,不需要专门的教学设备和固定的教材。学校是构建的教育环境,在统一的教室里,需要借助各种教学设施、课本来完成。

3. 教育者和受教育者的关系不同。父母与孩子的关系是自然形成的,终身不变,父母有不可推卸的教养子女的义务。教师与学生是人为形成的师生关系,而且不断变化,老师有自行择业的权利。

---

① 杨咏梅.莫把家庭教育当成学校教育附庸[N].上海少先队研究,2015(2):60—61.

4. 教育内容不同。家庭教育随意性强、灵活机动,教育内容涉及做人、做事的方方面面。学校教育有统一的教学大纲、教材,以向学生传授知识为主。

5. 教育方法、途径不同。家庭教育主要依靠父母自身人格的力量影响孩子,教育融于日常生活中,随时随地进行。学校教育主要依靠教师的言语,通过课本和教学设备向学生传授知识进行,教育过程是特定的、阶段性的。

6. 教育对象不同。家庭教育中父母多是一对一地进行个别教育。学校教育中教师多被安排对就读学生进行集体教育。

家庭教育与学校教育的种种不同,正是家庭和学校这两个不同组织各自的特点,也决定了家长和教师在教育孩子时角色职责有所不同。

相关内容可以参考:鲁洁.教育社会学[M].北京:人民教育出版社,1990;赵忠心.家庭教育学[M].北京:人民教育出版社,2000;黄河清.家校合作导论[M].上海:华东师范大学出版社,2008;关颖.家庭教育指导者培训教程[M].天津:天津社会科学院出版社,2017。

二、方法误区

(一) 教育方法简单甚至粗暴

有些家长自以为是,经常摆出长辈的架子,凡是自己提出的要求,一定要子女绝对服从,以此树立自己的绝对权威。一旦孩子犯了错误,他们容不得孩子半点解释。有的家长粗暴武断,经常居高临下地跟孩子说话,希望孩子完全接受自己的想法,缺乏和善的态度,导致孩子对家长"心口都不服"。

也有一些家长认为"棍棒底下出孝子"、"不打不成器",一旦孩子犯错误,不问原委、不分性质、不分场合,动辄严厉斥责、侮辱,甚至体罚孩子。这样做不仅不能让孩子正确认识到错误,而且伤害了孩子的自尊心,甚至会导致非常严重且无法弥补的后果。

(二) 唯学习成绩至上

不少家长为孩子设计好了一条所谓的"发展道路",即让孩子上有名的中小学,考上有名的大学,改变自己的阶层挤入上流社会。为了达到这些目标,孩子们夜以继日地奔波在各种培训班中,殊不知,在这种紧张的安排下,孩子们学习成了走过场,只为完成任务。孩子们缺乏学习兴趣,缺乏学习的主动性和积极性,效果可想而知。杨东平曾说过,一个家庭对孩子的教育成功,有两个标准:一是孩子能够与书为友,养成阅读的习惯,"喜欢读书的孩子不会学坏";二是孩子形成了独特的兴趣爱好和发展方向。如果实现了这两点,对孩子的教育也就算成功了,孩子就会主动学习。由此来看,不少家长的力气用错了地方。

由于家长更加关注孩子的学习,把学习看作是孩子唯一要做的事情,为了让孩子专心学习,家长包揽了所有除了学习之外的事情,比如洗衣服、整理房间、打扫卫生等。还有一些家长觉得孩子做的事情入不了自己的眼,一边指责孩子,一边包揽需要孩子自己来做的事情,让孩子得不到锻炼。看似好心为了孩子学习的家长,其实在无形中让孩子丧失了生活的能力,而缺少了生活能力的人,在社会上想要生存下去是很困难的一件事情。

(三) 家长缺位,教育欠缺

家长在对子女的教育中缺位主要表现为两种情况,一种是留守儿童的家庭教育缺位,一种是部分家庭出现的"丧偶式教育"。

留守儿童分农村留守儿童和城市留守儿童。农村留守儿童的出现是因为随着社会开放和城镇一体化进程加快,大批农村劳动力由农村流向城市,由不发达地区流向发达地区,鉴于城市和发达地区高昂的生活费用难以承受,加上多数农民工自身工作和生活尚不稳定,大部分农民工只好把未成年子女留在原籍,于是,便出现了大批留守儿童。而在城市中,父母双亲或单亲因外出工作、学习进修或其他原因长期不能与孩子生活在一起,这些孩子留守在家,或被寄托给亲戚、祖辈,他们成为类似农村留守儿童的又一个群体——城市留守儿童。两类群体的家庭教育通常都是由祖辈或亲戚负责的,由于缺少父母的关爱及有效的教育、心理疏导和管理,部分留守儿童出现行为偏差——在家里不听临时监护人的教导和管理,顶撞祖辈,我行我素;在学校自由散漫,常有迟到、旷课、逃学、说谎、打架等不良行为。

现代家庭教育中还出现了一个很常见的现象,就是家庭角色的缺位——"丧偶式教育",即夫妻一方只负责赚钱,几乎不参与孩子的教育问题,孩子的教育都由另一方负责。相对来说,爸爸缺位往往是最常见的。由于妈妈易焦虑、抑郁,特别是在生完孩子之后尤为明显,而焦虑、神经质的情绪会传染给孩子。这种家长缺位的教育导致孩子往往脾气较大、易怒,控制情绪的能力较差,较情绪化。一般来说,爸爸比妈妈更加理性、更有原则性,爸爸参与教育对于孩子来说是一种极大的保护和促进。

(四) 错误的陪伴

与上述家长在教育中缺位的情况形成鲜明对比的是,现在很多父母感叹"再不陪伴孩子他们就长大了",所以他们想尽办法甚至牺牲自我去陪伴孩子。可这个时候,不少家长进入了下面几个误区:

1. 陪同＝陪伴

常看到父母亦步亦趋地跟在孩子左右,散步、逛商场、写作业……但孩子仍然是一个人自言自语或者自己玩,父母好像没听到孩子说的话,而在想自己的心事,甚至抱着手机不放。父母人在心不在,更没心情体验孩子的快乐,这样的陪同不算陪伴。

2. 看管＝陪伴

父母紧紧跟在孩子身边不断地提醒他们这个不可以,那个不行;替孩子做这做那,害怕孩子摔着,怕孩子受委屈,怕孩子走弯路……父母没有看到孩子的需要,更没随着孩子的长大,不断扩展他们的独立成长空间。长此以往,不仅父母疲惫,孩子也辛苦,这样的看管,不是陪伴。

3. 物质满足＝陪伴

很多父母为弥补忽略孩子的内疚,偶尔有时间陪孩子,就豪爽地花钱给孩子买各种东西,不管孩子需要的、不需要的,都买。流行的品牌、最贵的学校、最好的老师,这些或许可以让父母自己内心平衡,却无法填补孩子内心缺爱的空虚。

4. 说教＝陪伴

很多父母难得与孩子在一起,却不停地讲各种道理,讲自己有多辛苦,说这一切都是为了孩子,说自己都是对的。父母以为这些话能激发孩子的积极生活状态,却不知在"内疚和负罪感"中长大的孩子最无力,他们只有自我否定,只有自我纠结和挣扎,没有力气去改变,孩子害怕这样的"陪伴"。

5. 妈妈的守护＝陪伴

很多家庭认为守护孩子是母亲的天职,负责在外赚钱养家是爸爸的责任,爸爸成了"不回家的人"。妈妈只能给予孩子母性的爱,而自信、力量、与世界的关系和联结,这些是需要爸爸的引导和示范的,不可能什么都让妈妈代替。

父亲、母亲角色的差异和作用

关 颖

父母双方都承担着对子女的教育责任,双亲抚育是有利于孩子成长的最理想的模式。传统的中国是父权制社会,主张"男主外,女主内",在家抚养孩子成为女人的"专利",男人对家庭琐事和子女抚育少有顾及。这种传统的家庭角色分工根深蒂固,尽管现代女性已走出家门参加工作,但作为父亲在抚育子女中的作用仍然未得到增强。

父亲和母亲具有不同的性别特征和行为表现,对孩子的发展起着不同的作用。一般认为,女性比较文静、温柔、细致、体贴、感情用事、注重小节,表现在教养方式上为静态、言教、慈爱;男性比较好动、理性、刚强、果断、不拘小节,表现在教养方式上为运动、示范、严厉。父亲和母亲所表现出的特质和行为方式虽然不同,但是没有优劣之分。孩子健康成长需要父母配合、优势互补。只有父母给予孩子由内而外的呵护、有静有动的引领,孩子的身心发育才能顺畅,人格塑造才能完整。

著名社会学家费孝通专门论述了"双亲抚育",指出"在过去的历史中,人们似乎找到了一个比较有效(效力总是相对的)的抚育方式,那就是双亲抚育"。他把夫妻和子女称作"社会结构中的基本三角",以此来描述家庭成员相互之间的关系及其相互连接构成的一个完整的家。而一旦夫妻一方从家庭中分离,这个"三角"失去了一条边,孩子从父亲或母亲那里得到的爱抚和教育便会是不完整的,甚至是畸形的。在现实中,尽管有的家庭其结构是完整的,但教育功能缺失,即父亲或母亲对孩子不尽抚养教育义务,这同样会给子女带来不利影响。

关颖.家庭教育指导者培训教程[M].天津:天津社会科学院出版社,2017.

第二章 ‖ 家校合作概论

教育是个系统工程,家庭教育、学校教育和社会教育是整个教育系统的子系统。系统要整体优化,才能发挥最佳作用,这就要求内部子系统必须协调配合,同时又分工明确。家校合作是社会发展对家庭与学校关系的新要求,家庭教育和学校教育应在正确的思想指导下,形成教育合力,促进学生全面发展、终身发展。

本章主要介绍了家校合作的基本概念、主要理论依据和法律依据,以及我国当前家校合作的基本情况。

第一节 家校合作的概念

家校合作的核心目标是促进孩子健康而全面发展,其途径是提升学校教育水平、提升家庭教育水平,并且促进两者密切合作。从本质上说,家校合作的方向不是把家庭变成学校,而是让家庭更像家庭,要积极促进家庭建设,因为美好而完整的家庭最有利于孩子成长。

一、家校合作的定义

对家校合作这一概念的理解,不同学者站在不同角度有着不同的看法:

王山认为家校合作是家庭教育与学校教育结合起来对孩子进行的协调教育。

丁伯正指出家校合作要以学生为出发点,以学生为中心,并最终促进学生的全面发展。

马忠虎认为,家校合作是指对学生最具影响的两个社会机构——家庭和学校之间形成合力对学生进行教育,使学校在教育学生时能够得到更多的来自家庭方面的支持,而家长在教育子女时也能得到更多来自学校方面的指导。这强调了家庭和学校在教育过程中享有平等的地位。

黄河清在《家校合作导论》中提出,家校合作是家庭与学校以促进青少年的全面发展为目的,家长参与到学校的教育教学活动中,学校指导家长进行家庭教育,家校双方互相配合、相互支持的双向互动活动。

美国约翰·霍普金斯大学的研究专家艾普斯坦则强调了学校、家庭、社区三者对孩子教育的共同责任,将家校合作的含义由"家庭-学校"扩展到"家庭-学校-社区合作",另外艾普斯坦还提出了在家校合作过程中不能忽视学生主体地位和学生的重要作用这一观点。

对家校合作的概念界定,可以看出家校合作的内涵包括以下几个方面:

第一,家校合作必须要家庭和学校一起参与,双向互动,相辅相成,形成合力。

第二,家校合作的主体是学生,所以合作要围绕着学生的成长需要展开,将促进其全面发展作为最终目标。

第三,家校合作的组成部分不仅仅是学校和家庭,还包括社会,合作中不能忽视社会因素的参与。

第四,学校和家长在合作中要建立一种稳定的教育伙伴关系,而不是一方依附另一方。

二、家校合作的基本内容

家校合作的方式和内容十分丰富,如果以在合作活动中发挥主导作用的主体划分,可以分为两大类:一类活动的主体是家长,即家长参与学校教育;另一类活动的主体是学校,即学校指导家庭教育,或称为学校进行的家长教育。

(一) 家长参与学校教育

"家长参与"主要包括以下几个方面的内容:参加校务委员会等决策活动(如学校课程设置,人事、财务决策等),参加学校组织的教育教学活动(如学校运动会、演出、科学展出等),参加家长培训或研讨会(学校为提高家长的参与度而举行的家长培训班和讨论会等),做学校志愿者,进行家校沟通(如教师-家长会议,家长和教师通过各种不同的方式与渠道进行交流等),指导、监督或陪同孩子学习,帮孩子建立时间观念,与孩子交流沟通学习问题,为孩子创设、提供良好的学习环境、条件等。

根据家长参与学校教育内容的不同,大体可以将其分为四个类别:

1. 家长参与学校活动,如参加家长会、个别家长见面会、学校开放日、亲子活动、开学或毕业(结业)典礼等。

2. 家长参与学校教学,如家长开发校本课程、家长开设拓展课程、家长开展教学评价、家长参与教学研究工作等。

3. 家长参与学校管理,如成立家委员会、参与学校领导接待日活动、填写调查问卷等。

4. 家长为学校服务,如成为家长志愿者等。

有学者依据联合国《儿童权利公约》对家长参与水平设定了七个层次的标准。详见表 2-1。

表 2-1 家长参与家校合作的层次与表现[①]

序号	层次	表现
一	操纵	有关家长的事情,完全由教师来安排。家长没有渠道或方法了解他们为什么要这样做,以及怎样对参与这样的事情发表自己的意见。
二	装饰	家长可能有机会参与一些活动,如被要求准备材料、为某些事情做宣传等,但他们不明白这些事项的意义,也不知道他们有权利选择是否参与、如何参与,以及在参与过程中如何表达自己的意见。
三	表面文章	在一些事项中,家长可能会被问到有什么想法,但是没有人重视或参考他们的意见。
四	教师指派并告知家长	教师在决定一些有关家长的事项或计划后,让家长了解他们为什么要做这些事情,家长可以决定是否参与。
五	教师咨询并告知家长	教师设计了有关家长的事项,且让家长明白事项的意义;教师能征求家长的意见,并能严肃地对待他们的意见。
六	教师发起,与家长共同决策	教师提出有关事项,让家长参与筹划和实施,并与家长一起做决定。
七	家长发起,与教师和儿童共同决策	家长发起,并以主体身份邀请教师和儿童一起讨论、共同决策。

(二)家庭教育指导

家庭教育指导是指学校或有关社会机构及人员,为提高家庭教育的科学性、针对性、实效性对家长进行的理论、内容、方法等方面的指导。

[①] 朱海燕.家校共建安全桥——家校合作共同开展未成年人生命与安全教育[J].现代教育科学,2015(6):50—53.

目前,家庭教育指导的主体相对多元,有各类社会团体,特别是各级妇联、关心下一代工作委员会、共青团等组织,有各级社区,也有社会民营教育机构等。学校是家庭教育指导非常重要的主体。《教育部关于加强家庭教育工作的指导意见》(教基一〔2015〕10号)提出,要"强化学校家庭教育工作指导"。"中小学幼儿园要建立健全家庭教育工作机制,统筹家长委员会、家长学校、家长会、家访、家长开放日、家长接待日等各种家校沟通渠道,逐步建成以分管德育工作的校长、幼儿园园长、中小学德育主任、年级长、班主任、德育课老师为主体,专家学者和优秀家长共同参与,专兼职相结合的家庭教育骨干力量。将家庭教育工作纳入教育行政干部和中小学校长培训内容,将学校安排的家庭教育指导服务计入工作量。"这个文件确定了学校在家庭教育指导中的重要作用。

学校指导家庭教育的方式有多种,按照发挥主导作用者的不同,可以分为:以学校为主导的方式,如家长学校、家庭教育讲座、家长指导手册、家庭教育咨询等;以家长为主导的方式,如家长经验报告、家长沙龙等。

第二节 家校合作的依据

家校合作并非无源之水、无本之木,许多相关领域的专家学者以自己独特的研究视角对家庭和学校之间的关系、家长和教师之间的关系、家庭教育和学校教育之间的关系等进行了深入探讨。这些观点为家校合作提供了有力支撑。

一、家校合作的理论依据

家校合作作为教育领域的一个重要课题,其自身尚未建立起一整套独立、完整的理论体系,但这一概念的提出具有深刻的社会学、心理学和教育学等理论背景。对这些理论依据的研究,不仅有利于完善家校合作理论,对家校合作的实践研究也具有重要的指导作用。

(一)协同学理论

协同学理论是由德国物理学家哈肯教授创立的。从协同学理论来看,家校合作就是教育系统中各个子系统之间相互协同、密切配合的表现,家校合作就是实现教育功能的其中一个途径。家校之间相互合作和支持,就会引导学校系统和家庭系统产生协同效应。在家校合作中,学校教育居于教育系统的主导地位,指导家庭教育,协调社会教育,从而促使整个教育系统不断有序、健康、和谐发展。

(二)共同责任理论

关于家庭与学校的合作关系问题,美国的艾普斯坦提出了分开责任和共同责任两个概念。艾普斯坦认为真正意义上的家校合作是家庭与学校的共同责任而不是分开责任。

所谓共同责任,是指家长和教师共同承担起教育的责任,家庭与学校之间建立双向沟通机制,保持密切联系,定期交换学生成长的信息,沟通彼此的需求和建议,为共同的教育目标而采取适当的行动。共同责任理论强调教师与家长应相互支持和配合,共同完成培养孩子的责任。

艾普斯坦认为,在真正意义上的家校合作中,家庭与学校的关系是合作而不是单纯的分工,教育孩子是双方的共同责任。这种共同责任意味着家庭与学校要沟通、合作和相互影响。学校和家庭之间只有相互交流、支持与配合,才能实现教育的一致性,形成教育合力,使孩子健康成长。艾普斯坦指出,若家长和教师增加合作,学生就会感到教师与家长都很关心自己的学习,从而努力争取达到更好的学习效果。

二、家校合作的法律依据

(一)《中华人民共和国义务教育法》

1986年4月颁布的《中华人民共和国义务教育法》第四条提到:"国家、社会、学校和家庭依法保障适龄儿童、少年接受义务教育的权利。"在此,学校和家庭作为平等的力量并列出现在国家法律文件中。

(二)《中华人民共和国教育法》

1995年3月颁布的《中华人民共和国教育法》,第六章"教育与社会"中的第四十六条提到,企业事业组织、社会团体及其他社会组织和个人,可以通过适当形式,支持学校的建设,参与学校管理。就此,包括家庭在内的各种组织、团体甚至个人支持学校建设和参与学校管理的行为有了法律的依据。第四十九条强调,父母有配合学校及其他教育机构,对其未成年子女或者其他被监护人进行教育的义务。此条同时指出,学校、教师可以对学生家长提供家庭教育指导。

(三)《中华人民共和国未成年人保护法》

2006年新修订的《中华人民共和国未成年人保护法》第二章"家庭保护"中的第十二条规定:"父母或者其他监护人应当学习家庭教育知识,正确履行监护职责,抚养教育未成年人。有关国家机关和社会组织应当为未成年人的父母或者其他监护人提供家庭教育指导。"《中华人民共和国未成年人保护法》首次以法律的形式确立了家庭教育指导的法律地位,为家校合作提供了根本性的法律依据。

第三节 家校合作的现状

近年来,对家校合作现状的研究成为国内教育领域的热点之一,以2017年家庭教育国际论坛为例,与会者就"学校里的家长志愿者"、"城市家庭教养的祖辈参与状况"、"杭州市时代小学家校合作"等问题进行了交流发言,这些研究都从某个特定视角对部分区域家校合作的现状进行了研究。

奉贤区教育学院自2016年5月成立家庭教育研究与指导服务中心以来,面向广大家长开展了两次大调研,分别为2016年11月组织的"奉贤区家庭教育指导需求调查"和2017年12月组织的"奉贤区家长参与支持学校工作基本情况"在线问卷调查。通过这两次调查,奉贤区教育学院对本区家校合作情况,即家长参与支持学校工作情况和家庭教育指导情况有了全面把握。地处上海南郊的奉贤,是上海外来人口较多的区域之一,奉贤区的家校合作情况具有一定的典型意义,下文主要以这两次调查数据为例说明当前家校合作的基本状况。

一、家长参与学校工作的基本状况

随着现代治理理念深入公共服务领域,学校也逐渐敞开大门,吸收家庭和社会力量参与学校事务管理。家长对学校事务的管理和支持源于家校之间的相互理解,而相互理解则源于顺畅的沟通。所以这一部分的内容涉及家长与教师沟通的问题、家长参加家委会和志愿者工作的问题等。

(一)家长参与学校活动

1. 家长会参与情况

家长会是由学校或教师发起的,面向学生家长的交流、互动会,主要以教师介绍教育教学安排或相关政策为主,是学校组织的较为正式的教师与家长联系沟通的活动。

数据显示,近七成的家庭通常由母亲参加家长会,近三成的家庭通常由父亲参加家长会。由父母参加家长会的家庭占受调查家庭的97%以上,这表现出父母对家长会的高度重视。

2. 家长参加亲子活动

与母亲在指导家庭作业中承担主要职责的调查结果相同,学校组织的亲子活动(如阅读、探究、劳动或运动会等),通常也多由母亲参加。调查数据显示,近七成的家庭通常由母亲参加亲子活动,二成多的家庭通常由父亲参加亲子活动。

3. 家长参加学校开放日

家长开放日是学校组织开展的面向学生家长的活动,通常分批让学生家长来学校深入课堂聆听教师的讲课,目的在于让学生家长深入了解自己的孩子在学校的表现,了解老师的讲课水平,增加学校办学的透明度。调查数据显示,近半数的家长每次都参加学校组织的开放日活动,有约一成家长从未参加过类似活动。

(二)家长参与教育教学

从广义上看,家长参与教育教学有在校参与和在家参与两种。总的来看,家长在校参与教育教学的比例相较在家参与的比例要低得多,而且家长在校参与教育教学的比例相较参与活动、服务的比例也要低得多。

1. 家长授课或开发课程

总的来说,家长在校参与学校教学活动的比例相对较低。从数据来看,家长参与校本课程开发的比例略高于进课堂讲授的比例。具体表现在两个方面:第一,当被问及是否给学生讲过课(含经验交流)时,仅有不到20%的家长表示有过类似经历,其中平均一学期讲课 1 次及以上的家长仅占受调查人数的 4.72%。第二,当被问及是否参加过学校或班级的校本课程开发时,有 22.22% 的家长表示有过类似经历,其中平均一学期参加 1 次及以上的家长仅占受调查人数的 5.99%。

2. 家长指导家庭作业

调查数据显示,超过六成的家庭平时是由母亲来指导学生完成家庭作业的,逾两成的家庭平时是由父亲来指导学生完成家庭作业的,另有一成多的家庭是由他人代劳的,其中学校晚托班、校外晚托机构和其他人都占有一定比例。

对于自己辅导作业的能力,近半数的家长感觉"自己没办法辅导孩子的家庭作业",这部分家长占受调查人数的 46.53%;逾半数的家长认为自己有能力辅导孩子的家庭作业。

(三)家长参与学校管理

家委会是家长代表参加的一种群众性的社会团体。它的重要任务有密切联系家长,收集并及时反映家长对学校工作的建议和意见,协助并参与学校的教育和管理工作等。调查数据显示,受调查人员中,11.55% 的家长现在是学校或班级家长委员会的成员,6.04% 的家长曾经是学校或班级家长委员会的成员,超过 80% 的家长未曾入选学校或班级家长委员会。

对于家委会的作用,近 80% 的家长持肯定态度,认为家委会能"代表家长意愿,与学校或班级沟通,并获得成效"。但是实际生活中,仅有 47.06% 的家长曾经向家委会反映过学校或班级问题,其中 9.02% 的家长平均一学期反映 2 次及以上。半数以上的家长未曾向家委会反映过学校或班级问题。

(四)家长为学校服务

家长志愿者活动是家校合作的标志性活动。只要说到家校合作,就会联想到家长志愿者。调查数据显示,71.12% 的家长参加过学校或班级的志愿服务工作,如上下学护导、布置教室、运动会服务等。其中,19.06% 的家长做志愿者的次数相对频繁,平均一学期 2 次及以上。

(五)家校资源共享

共享是当前我国经济与社会发展的重要理念之一。家校合作的目的之一也是通过整合学校资源和家庭资源,提高教育教学效果。从家长角度来看,共享一方面包括将家庭闲置资源提供给学校,或为学校提供有利的信息资源;另一方面也包括合理使用学校资源提高个人素养。

1. 家庭为学校提供资源

课题组从两个角度对家长向学校提供共享资源的情况进行了调查,结果发现:第一,将近半数的家长给学校或班级提供过小到日用品,大到办公用品的物品帮助。当被问及是否给学校或班级提供过物品帮助时,44.79%的家长的回答是肯定的。第二,两成左右的家长给学校或班级提供过含教育教学信息、采购信息等在内的信息资源。当被问及是否给学校或班级提供过信息资源时,20.71%的家长的回答是肯定的。对比上述二者可以发现,家长向学校提供的物质方面的帮助远多于其提供的信息方面的帮助。

2. 家长利用学校资源

近年来,教育部等相关部门制定出台了多个文件,鼓励学校资源向社区开放,发挥学校在促进终身学习、建设学习型城市中的积极作用。调查数据显示,相较于向学校提供资源的家长的比例,利用学校资源促进个人发展的家长的比例明显要高很多。近85%的家长曾经去过周边学校的剧场、室内体育馆或游泳池等场馆观看演出、锻炼身体等(陪同孩子上课、训练等除外),其中,26.03%的家长经常使用学校的上述场馆设施,平均一个月2次及以上。

二、家庭教育指导的基本状况

(一) 家长的视角

调查显示,多数家长认为家庭教育指导有必要,认为教师有能力指导家庭教育,且接受家庭教育指导的积极性较高;但是,在现实生活中遇到家庭教育方面的问题时,主动请教班主任或任课老师的家长的比例相对不高。

1. 家长对家庭教育指导的必要性和需求的认识

当被问及是否认为有必要"接受家庭教育指导培训"时,回答"有必要"和"非常有必要"的家长占比达到90%以上。关于家长急需的家教指导内容,幼儿园儿童家长选择最多的三项分别是"良好生活习惯培养"、"幼儿身心发展特点"和"增强幼儿的抗挫能力";中小学生家长选择最多的三项分别是"学习习惯培养"、"青少年心理健康"和"品行教育(行为习惯、德育等)"。

2. 家长对教师家庭教育指导能力的认识

当被问及"班主任和任课教师是否有能力指导您正确教育孩子"时,选择"多数老师有能力"的家长占比达到93.2%,选择"没有"的家长占比不到0.5%。这说明家长比较认可教师的家庭教育指导能力。

3. 家长参加家庭教育指导活动的基本情况

当前,奉贤区教育学院家庭教育指导和研究中心指导家庭教育的途径比较多元,开发开放优秀家教活动项目,为贤城父母进行免费早教指导、家长心理保健指导、青春期孩子家庭教育指导、儿童情绪问题识别与指导等。

家长参与三个常见指导服务的具体情况为:家长学校课程或教育专题讲座、家长慕课(仅在12所学校试行,所以该数据为12所学校的数据)和"贤城父母"微信公众号。其中,家长参加学校或班级组织(含老师发布信息)的家长学校课程或教育专题讲座和学习"家长慕课"的占比较高,都超过了87%;家长阅读"贤城父母"微信公众号文章的占比略低,为65.0%。

4. 家长在家庭教育活动中向教师请教的基本情况

从前面的数据可以看出,当前家长对家庭教育指导的必要性非常认可,而且也会积极参加学校/教师组织或推荐的家庭教育指导活动。那么,当在日常的家庭教育活动中遇到难题时,家长是否会积极主动向教师请教呢?

当被问及这个问题时,选择"基本上会"和教师沟通的家长的比例(66.3%)高于选择"偶尔会"和"从不"的家长的比例,但是,低于相信"多数教师有能力"指导其正确教育孩子的家长的比例(93.2%)。

进一步追问发现,家长在发现孩子日常行为习惯出现问题或发现孩子学习习惯出现问题时,首要求助对象虽然以班主任或任课教师为主,但是其他求助对象也占据相当比例。数据显示,当发现孩子日常行为习惯(如文明礼貌、诚实守信等方面)有问题时,不到五成的家长首先想到和班主任或任课教师沟通,约两成的家长首先求助的是亲戚或好友,还有约一成的家长首先求助的是网络,另有近一成的家长首先求助的是其他对象。而当发现孩子学习习惯出现问题时,将近七成的家长首先求助班主任或任课教师,不到一成的家长首先求助的是亲戚或好友,另外两成家长首先求助的是其他家长、书籍、网络或其他对象。

(二) 学生的视角

总体来看,学生对家庭教育的满意度较高,但不同年龄段学生对家庭教育的满意度不同,总体上满意度随着年龄增长而下降;就家长给予的关心与家长给予的理解和帮助两方面来看,学生对前者的满意度高于后者;而对于家校联系沟通情况,学生的满意度较低。

1. 学生对家庭教育满意度高,但是随着年龄增长满意度有所下降

2017年5月3日到5日,奉贤区在84所中小学校(含中职学校,下同)开展了"中小学生'七彩成长'满意度问卷调查",题目大体分为5个模块:学生对在校学习生活状态的自我评价、对班主任和班集体的认同度、对老师和学校教育教学的认同度、对学校环境设施和后勤保障的认同度、对家庭教育的认同度。

调查数据显示,在5个模块中,学生对家庭教育的认同度得分最高,平均值为9.45分(满分10分,下同),远高于其他几个模块的平均值。

但是学生对家庭教育的满意度随着学生年龄的增长而逐步下降,到高中一年级时达到最低(8.79分),后又有所提高,且在高中三年级时有明显回升。在此次调查的10个年级中,该模块平均值有两次急剧下降,分别出现在小学五年级和初中预备班之间以及初中三年级和高中一年级之间。这说明处于学段过渡期的学生,对家庭教育有特殊需求。

2. 学生对家长给予关心的满意度最高,对家长给予理解和帮助的满意度略低

"中小学生'七彩成长'满意度问卷调查"中关于家庭教育的问题有两个:一个是对"父母亲和长辈们关心我的快乐成长"(简称家长给予关心,下同)的满意度,一个是对"父母亲和长辈们理解我学习或生活上的困难,并给予及时合适的帮助"(简称家长给予理解和帮助)的满意度。对于这两个问题,学生的反馈略有差异。

学生对家长给予关心的满意度为9.61分,在24个与满意度有关的问题中位居榜首。具体来看,近95.0%的学生对家长给予关心表示"满意"和"基本满意",其中选择"满意"的学生占比高达86.0%。学生对家长给予理解和帮助的满意度为9.30分,在24个与满意度有关的问题中位居第10位。具体来看,近92.0%的学生对家长给予理解和帮助表示"满意"和"基本满意",其中选择"满意"的学生

占比为76.7%。

这种差异在一定程度上说明,家庭教育的水平普遍尚停留在比较低的层面,还不能完全满足学生成长和发展的需要,家长的教育能力有待提高。尤其是随着学生年龄增长,匮乏性需要的迫切性逐渐降低,成长性需要的迫切性逐渐增加,家庭教育的重点需要随之有所变化。

3. 学生对于教师与家长的联系沟通情况的满意度较低

"中小学生'七彩成长'满意度问卷调查"特别涉及学生对"老师经常通过家访、电话或微信等联系我父母亲等家长,反映和了解我的学习情况"(简称家校联系沟通情况)的满意度。

调查数据显示,学生对家校联系沟通情况的满意度为8.59分,在24个与满意度有关的问题中居第21位。具体来看,随着学生年龄的增长,学生对家校联系沟通情况的满意度逐渐下降,并在高中一年级时达到极低值。

学生对家校联系沟通情况不甚满意的状况,从另一个方面反映出当前家校联系沟通存在较大问题,相关教育行政部门、专业指导机构和中小学校需要重新审思这一问题,并提出相应的改善措施。

(三) 学者的视角

学者们认为家庭教育指导需要政府、学校、社区、媒体和社会机构的共同参与,其中各级各类学校的教育工作者是家庭教育指导的主力军;同时,他们指出,家庭教育指导有正向功能与负向功能,在实践中要正视负向功能,增加正向功能,减少负向功能。

家庭教育指导是家庭以外的机构、团体和个人为使家庭正常发挥教育功能而向家庭提供帮助与指引的活动。担负家庭教育指导责任的主体有政府、学校、社区、媒体和社会机构等,它们在家庭教育指导中发挥着不同职能。政府的职能主要体现在对家庭教育指导的领导决策、组织协调、规范监督和评价考核等方面;学校和教师的职能主要体现在与家长形成合作伙伴式的教育联盟、提高教育质量、促进儿童发展、推动教育公平等方面;社区的职能主要是利用丰富的资源和天然优势建立家庭教育指导公共服务体系;媒体的职能是确保宣传家庭教育的正确导向,对家庭教育进行科学的引领;社会机构的职能是为家庭教育指导提供法律依据、政策指导和物质保障,提高家庭教育指导的专业化水平,加强规范,提升资源的整合力度等。①

总之,家庭教育指导需要全社会共同参与,但是因为学校和班级老师比较了解学生的基本情况,所以其在家庭教育指导中具有独特的优势和意义。中国儿童中心对六省市(山西、山东、江苏、河南、广西、重庆)家庭教育指导现状的调查也显示,超过半数的家庭教育指导来自学校,不到十分之一的家庭教育指导来自社会专业指导机构。②

虽然家庭教育指导的正向功能不容置疑,如它能有效提升家长的教育素质,对家长的教育思想和观念会产生潜移默化的影响,有助于促进儿童健康成长,但是,需要注意的是,家庭教育指导也有一定的负向功能。一方面,家长在接受指导后改变自己的教育观念、教育方法或者教育行为,会在一定程度上给儿童带来适应上的困惑与困难,有可能在一定时间内给儿童的成长带来消极影响;另一方面,家庭教育指导不可避免地会受主流价值引导,可能对多元价值观造成一定冲击。因此,学者们提醒教师在开展工作时,要正视正向功能与负向功能并存的现象,提高辨别能力,增加正向功能,减少负向功能。③

(四) 家庭教育指导者的视角

家庭教育指导者直言不讳地指出他们在开展工作时遇到多重困难,需要专业培训。

虽然家庭教育指导活动一直通过不同形式进行着,但是近年来全国妇联和联合国儿童基金会通过"家庭教育与社会性别平等"项目调查获得的数据显示,62.6%的家庭教育指导工作者表示,他们在工作中遇到的最大困难是"缺乏家庭教育的专业知识"、"缺乏有关儿童发展的专业知识"和"缺乏指导家长的方法"。另外,家庭教育指导者接受定期专业培训的机会不多,他们对接受专业培训有广泛需求。④正是基于上述困境和需求,近年来已有多个省市通过多种渠道开展家庭教育指导者培训活动。

---

① 关颖.家庭教育指导者培训教材[M].天津:天津社会科学院出版社,2017:136—139.
② 黄鹤.我国家庭教育指导的对象、渠道、内容与形式——六省市家庭教育指导现状调查的总结[J].中国校外教育杂志,2017(3):1—3,5.
③ 关颖.家庭教育指导者培训教材[M].天津:天津社会科学院出版社,2017:101—102.
④ 焦健.中国家庭教育现状与家庭教育指导/服务展望[C].2008年改革开放与家庭教育论坛文集,127—132.

综上所述,当前多数家庭的家庭教育尚存在不科学、不合理之处,加强家庭教育指导刻不容缓,对此,学校与教师应发挥重要作用,主动承担指导使命。然而,部分教师特别是青年教师缺少必要的知识储备,在开展工作时往往困难重重,他们迫切需要专业机构提供的专业培训。

学校教育与家庭教育的边界在哪里(节选)

杨 雄

中国教育学会家庭教育专业委员会副理事长、
上海社科院青少年研究所所长

1. 家庭:一切教育的基础,培养孩子学会"规矩"

从人的发展序列而言,家庭是个体生命成长的最初始的场所。尽管家庭教育与学校教育有交叉重叠部分,但是,家庭教育无法完全被学校教育所替代,家庭教育作为一切教育的基础、教育的重要组成部分,它在孩子成长、发展过程中承担着独特的、终身的教化功能。在笔者看来,学校教育要训练学生遵循"规定",社会教育要训练公民遵守"规则",家庭教育则培养孩子学会"规矩"。

2. 学校:帮孩子"扣好人生的第一粒扣子",迈好人生第一步

如何走好未来生活道路的每一步,是由人生目标与信仰决定的。孩子在12岁到18岁的时候,是树立理想的关键时期。为了让青少年学会自主选择、自我决定,学校需要创造环境,教育引导青少年,尊重他们的抉择,帮助他们去实现目标。引导青少年迈好人生第一步,理应成为当前学校指导家庭教育之首要任务。

3. 家长:不只教认字、读书,更要培养完整的人

教育始于家庭。家长的教育理念、教育方法、教养方式深深影响着孩子。做父母的应明白,教育并不只是教认字、读书、数数等,也包括促进孩子的举止行为、感知认知等各方面的发展。首先,家长在平时生活中应潜移默化地为孩子做出行为示范。比如,如果父母相亲相爱、关系融洽,脾气各方面都很好,那孩子在以后的人生道路上也会平易近人。其次,家长应让孩子在规则与

自由中健康"成人",让孩子学会遵守规则又拥有自由。没有规则的自由是放任,没有自由的规则是控制,都是家庭教育不得法的表现。再次,家长应培养孩子自信、悦纳、爱思考、善表达之品性,使他们既要看到自己的优势,也要了解自身的弱点。

4. 教师:帮助家长认识家教,纠偏纠错

众所周知,学校任课教师,尤其是班主任老师对本班学生接触了解较多,在学生眼中也更具权威性。因此,当前由老师指导家长实施、开展家庭教育,无疑是较为合适的。老师的主要任务是帮助家长提高自身素养与能力,对孩子的家庭教育主要由家长来实施。老师要放下"教育权威"的架子,经常向家长征求意见,虚心听取他们的批评建议;老师要加强学习,提高自身素养与指导能力,指导家长来开展科学、有效的家庭教育。

总之,家教、家长、学校、教师、社会,厘清不同教育因子的边界,使它们有机结合在一起,形成一种整合优势,是新时代面临的重要教育课题。

杨雄.学校教育与家庭教育的边界在哪里[N].光明日报,2018—2—27:13版.

第三章 ‖ 家庭教育指导新方位

家庭教育指导,是时代赋予学校和教师的重要使命。家庭教育指导应注重科学性、针对性和实用性,因此,作为家庭教育指导者的教师就要树立正确的教育理念,充分运用多种教师教育渠道,提升自身专业素养,提高家庭教育指导力和胜任力。

本章主要介绍了开展家庭教育指导需要具备的教育理念,需要熟悉的相关政策,家庭教育指导对中小学幼儿园教师的要求以及区域教育学院(教师专业发展机构)在家庭教育指导中应该承担的责任。

第一节 家庭教育指导的政策导向

家庭教育指导并非新生事物,从20世纪80年代开设家长学校以来,我国就有了形式多样的家庭教育指导实践活动,宣传普及科学的家庭教育理念、知识和方法。从办学主体来看,我国的家长学校模式主要有五种类型:中小学和幼儿园主办的家长学校、社会机构主办的家长学校、街道社区主办的家长学校、民办教育服务机构主办的家长教育学校、大众媒体主办的家长学校。

随着家校共育理念逐渐深入人心,中小学幼儿园在家庭教育指导中的地位日益受到重视。据悉,全国学校系统普遍建立家长学校并常态化开展活动,已建成的幼儿园、小学、普通中学和中等职业学校家长学校有 33.8 万余所。[①] 家庭教育指导进入新的历史阶段。

一、家校共育新理念

随着教育改革向纵深发展,在探索和推动实现学生全面发展的过程中,家校合作育人的新格局逐渐形成。"政府主导、部门协作、家长参与、学校组织、社会支持"是《教育部关于加强家庭教育工作的指导意见》对家庭教育工作格局的定义。

---

① 我国建成33.8万所家长学校[EB/OL].新华网.http://news.xinhuanet.com/politics/2016-12/08/c_129395417.htm.

家校合作育人,不仅是一种教育新理念,而且会是一种教育新生态。

"家校合作",绝不仅仅是加强家庭教育的一项措施,更应当是教育思想、培养模式、学校制度的根本性转变。①

(一) 教育思想从小到大的转变

"家校合作",首先是教育思想的转变,是教育思想从"小"到"大"、从"传统"到"现代"的转变。"大"与"小"的观念是指我们对教育的看法,到底是大教育观念还是小教育观念。以往没有实施"家校合作",是因为小教育观念在人们的头脑中占据着主导地位,认为教育就是学校教育,学校教育就是教育的全部。但作为现代教育工作者,一定要有现代教育观念。现代教育观念,应该是一个大教育观念,即认识到教育包括学校教育、家庭教育、社会教育。如果只看到学校教育,或者认为教育就只是学校教育,那这种教育观念就是小教育观念,或者说是一种传统教育观念,而不是现代教育观念。教育思想从"小"到"大"的转变,就是从"传统教育思想"向"现代教育思想"的转变。

(二) 培养模式组成内容的转变

"家校合作"本义上应当是一个研究人的培养模式转变的重大课题,是一个人才培养体制改革的创新探索,绝不仅仅是加强家庭教育的一个措施。"家校合作",包括今后的"家庭学校社会合作",可以为构建中国基础教育"全新的育人模式"贡献智慧和方案。中国教育培养模式是"素质教育"模式,采用这一"全新的育人模式"是国家政策。不管"未来教育"如何变化,国家政策是绕不过去的。"家校合作",准确的定位应当是"素质教育"培养模式的组成内容之一。因此,"家校合作"应当具有并要能体现"素质教育"的理念与特征。

(三) 学校制度现代化的转变

当前世界教育开始从"家校合作"走向"家校社合作"。据了解,美国已成立"学校、家庭、社会(社区)合作委员会",以开展"家校社合作"教育的研究。我国2007年5月颁布的《全国家庭教育工作十一五规划》则为我国教育培养模式从"家

---

① 傅国亮.三大转变:"家校合作"再认识[N].光明日报,2018—2—27:13版.

校合作"走向"家校社合作"创造了一定的条件。

二、家庭教育工作新政策

(一) 明确家长的主体责任

《教育部关于加强家庭教育工作的指导意见》(教基一〔2015〕10号)是一个标志性的文件。该文件除在工作指导上加强了力度,关键还表明了教育部对家庭教育工作的态度。从此,教育行政部门和中小学要切实担负起指导和推进家庭教育的责任,成为教育系统必须执行的指令。

这个标志性文件还进一步明确了家长在家庭教育中的主体责任[①]:

1. 依法履行家庭教育职责。教育孩子是父母或者其他监护人的法定职责。广大家长要及时了解掌握孩子不同年龄段的表现和成长特点,真正做到因材施教,不断提高家庭教育的针对性;要始终坚持儿童为本,尊重孩子的合理需要和个性,创设适合孩子成长的必要条件和生活情境,努力把握家庭教育的规律性;要提升自身素质和能力,积极发挥榜样作用,与学校、社会共同形成教育合力,避免缺教少护、教而不当,切实增强家庭教育的有效性。

2. 严格遵循孩子成长规律。学龄前儿童家长要为孩子提供健康、丰富的生活和活动环境,培养孩子健康体魄、良好生活习惯和品德行为,让他们在快乐的童年生活中获得有益于身心发展的经验。小学生家长要督促孩子坚持体育锻炼,增长自我保护知识和基本自救技能,鼓励参与劳动,养成良好生活自理习惯和学习习惯,引导孩子学会感恩父母、诚实为人、诚实做事。中学生家长要对孩子开展性别教育、媒介素养教育,培养孩子积极学业态度,与学校配合减轻孩子过重学业负担,指导孩子学会自主选择。切实消除学校减负、家长增负,不问兴趣、盲目报班,不做"虎妈"、"狼爸"。

3. 不断提升家庭教育水平。广大家长要全面学习家庭教育知识,系统掌握家庭教育科学理念和方法,增强家庭教育本领,用正确思想、正确方法、正确行动教育引导孩子;不断更新家庭教育观念,坚持立德树人导向,以端正的育儿观、成才

---

① 教育部关于加强家庭教育工作的指导意见(教基一〔2015〕10号)[EB/OL].中华人民共和国教育部官网.http://www.moe.edu.cn/srcsite/A06/s7053/201510/t20151020_214366.html.

观、成人观引导孩子逐渐形成正确的世界观、人生观、价值观；不断提高自身素质，重视以身作则和言传身教，要时时处处给孩子做榜样，以自身健康的思想、良好的品行影响和帮助孩子养成好思想、好品格、好习惯；努力拓展家庭教育空间，不断创造家庭教育机会，积极主动与学校沟通孩子情况，支持孩子参加适合的社会实践，推动家庭教育和学校教育、社会教育有机融合。

（二）确立学校在家庭教育指导中的重要地位

学校在家庭教育中有着重要的作用。对于家庭、学校和社会在家庭教育工作中各自的作用，《教育部关于加强家庭教育工作的指导意见》（教基一〔2015〕10号）提出，要"充分发挥学校在家庭教育中的重要作用，加快形成家庭教育社会支持网络"。家长、学校和社会在家庭教育中各有其定位。为深入贯彻落实立德树人根本任务，形成全员育人、全程育人、全方位育人的德育工作格局，2017年8月，教育部《中小学德育工作指南》（教基〔2017〕8号）进一步明确指出："坚持协同配合。发挥学校主导作用，引导家庭、社会增强育人责任意识，提高对学生道德发展、成长成人的重视程度和参与度，形成学校、家庭、社会协调一致的育人合力。"教育部再一次强调了学校在家庭教育中的指导作用。

第二节　家庭教育指导的变革要求

"基本实现教育现代化，基本形成学习型社会，进入人力资源强国行列"是当前教育工作的战略目标。家庭教育指导有利于实现更高水平的普及教育，形成惠及全民的公平教育，提供更加丰富的优质教育，构建体系完备的终身教育，健全充满活力的教育体制。

一、家教指导服务体系构建

（一）地方教育部门和中小学幼儿园

学校进行家庭教育指导的途径有很多，其中家长学校和家委会的作用不容忽视。

家长学校是宣传普及家庭教育知识，提升家长素质的重要场所，是指导推进家庭教育的主阵地和主渠道。2011年，全国妇联、教育部、中央文明办《关于进一步加强家长学校工作的指导意见》(妇字〔2011〕2号)从指导思想、主要任务、组织管理、保障措施四大方面提出了十三条意见，其中，特别对不同类型的家长学校（幼儿园、中小学校、中等职业学校、社区的家长学校等）的领导成员及师资队伍做了明确规定。比如，中小学校家长学校校长由分管德育工作的校长兼任，与德育主任、年级组长、班主任、家长代表等人员共同组成校务管理委员会，负责家长学校日常管理事务，每学期至少召开一次管理委员会会议。中小学校家长学校师资队伍可由学校教师、志愿者、优秀家长等组成，有条件的学校可聘请专家或社会工作者开展相关工作。

家长委员会是现代学校制度建设的重要内容。为贯彻落实《国家中长期教育改革和发展规划纲要（2010—2020年）》提出的现代学校制度建设，完善中小学幼儿园管理制度，教育部就建立中小学幼儿园家长委员会（以下简称家长委员会）工作出台《教育部关于建立中小学幼儿园家长委员会的指导意见》(教基一〔2012〕2号)。该意见把家长委员会作为依法办学、自主管理、民主监督、社会参与的现代学校制度建设的重要内容，明确了家长委员会的基本职责主要有参与学校管理、参与教育工作、沟通学校与家庭三大方面，并就家长委员会建设对学校提出了要发挥主导作用、落实组织责任、纳入日常管理工作这三项要求，强调家长委员会是家长在教育改革发展中发挥作用的有效途径，是构建学校、家庭、社会密切配合的育人体系的重大举措。

（二）发挥区域教育学院的枢纽作用

在家校合作育人这样一个教育生态系统中，作为集区域教师培训进修、教学研究、教育科研和教育信息化等功能于一体的区域教育事业发展专业机构的区域教育学院，要在家校合育格局中发挥"总枢纽"作用。

1. 区域教育学院在家校共育中的角色

"枢纽"，《辞海》的解释为"比喻冲要处或事物的关键之处"，常指事物相互联系的中心环节。区域教育学院在家校合育大格局中能够起到"总枢纽"作用，理由至少有三：

其一，家校合育构建了一个复杂的教育生态系统，在此生态系统中，有传统教育性主体,如各级教育行政部门、学校和师生,也有非传统教育性主体,如妇联、社会组织和广大家庭。在这样一个复杂的新生态系统中,如何理顺各主体相互之间的关系成为家校合作育人落地时首先要解决的问题。

其二,家校合育需要走专业化建设之路,这不是仅凭单纯的行政指令能够实现的,同时也不是单纯依靠家长和教师的个体力量就能完成的。现实情况是,广大教师尤其是85后、90后的青年教师十分欠缺家庭教育专业指导力,难以自觉完成家校合育这样一个"专业活",需要专业指导和专业培训。

其三,家庭教育的社会化服务工作是一种界于行政指导与专业志愿者服务之间的工作,需要一个独特的专业化的机构或平台来完成。区域教育学院因其"小实体、多功能、专业化、大服务"的职能定位,正适合承担这一角色。

2. 区域教育学院在家校共育中的功能

具体看,区域教育学院在家校共育中的"总枢纽"功能,主要通过五项工作来实现:整合教育资源、建设师资队伍、引领专业建设、组织指导服务和评估监测。

古语道,"名不正则言不顺,言不顺则事不成",家校共育需要有一个区域性平台来统筹。要发挥区域教育学院在区域教育中的"人才、信息和专业"等优势,树立"大德育"理念,以学院德研室和学生心理健康教育中心为主体,建立区域家庭教育研究与指导服务中心(简称"家教中心")。区域教育学院要围绕"服务师生、服务家长、服务社会"的工作宗旨,立足教育需求,聚集专业力量,将区域内分散的家庭教育指导服务资源进行有机整合,重点做好专业力量组建、工作制度规范、信息化平台搭建和工作机制探索四项基础工作,开展区域家庭教育理论研究,指导业务、提供社会化服务。

(1) 通过专业化来促进家校共育科学化,这是家校合作育人的基础,更是区域教育学院的立身之本。要从"教师改变和提高"做起,研制涵盖中小幼一体化的区本家庭教育指导教师用书,形成区域化的家教指导专业"标准",并将之列入新教师和骨干教师常态化培训内容,为教师家教专业素养提升提供保障。要围绕普及并提高广大家长的家教素养开发家长课程,从课程建设的"四个维度"——课程目标、课程内容、课程实施和课程评价出发,系统地架构区本化家长课程。

(2) 开展课题研究,提供决策和咨询服务,这是区域教育学院提供家教专业化服务的又一"重器"。要以问题导向和目标导向鼓励和指导各学校及广大教师参与家校合作育人专题研究,让有专长的教师参与各类家庭教育专业论坛、会议,拓展专业视野,逐步形成特色化区域家庭教育课题群。

(3) 发挥专业指导和评价的作用,因地制宜,研制开发测评工具和指标,设立区域家庭教育示范校、优秀校、合格校"三校"建设评价标准,以评促建,以评促改。开展教师家庭教育指导服务专业能力评价,形成科学的评价导向。激发学校和家长的参与热情,让教师和家长群体的教育理念和教育行为经历一次静悄悄的"革命"。

当然,区域教育学院发挥家校共育"总枢纽"作用也面临一些挑战。比如,在相对分散的家教资源体系中,如何做到既准确"定位"、及时"到位",又不"越位"和"错位",实现各种家教资源的有机整合,还需体制机制创新。又比如,家校合作育人是一个"润物细无声"、"细水长流"的过程,需要教育学院和广大德研员有"功成不必在我"的教育境界和教育情怀,以静待花开的定力和境界参与家校合作育人。

总之,家校合作育人已经成为区域教育学院发展的新的生长点,发挥家校共育大格局中的"总枢纽"作用,促进家校在教育教学、学校治理、资源共享方面的合作,是区域教育学院的职责所在、目标所在。

二、提升教师家庭教育指导的专业素养[①]

(一) 专业伦理

专业伦理是专业团体针对其专业领域特性而发展出来的一套理想信念、价值取向、道德准则与行为规范,是在该专业领域里工作的行动指南,为专业人士在专业领域内遇到伦理道德问题时提供抉择依据[②]。教师在开展家庭教育指导工作时,面对现代多元化社会所带来的种种冲突与矛盾,要从儿童发展和家庭利益出发,站在国家和民族的高度,坚持公益为先、儿童为本、家长主体的基本价值取向,坚守高尚的道德情操,严格遵守各项法律法规,妥善协调各方矛盾与各种利益关系,发挥家庭教育指导的积极作用。

1. 公益为先

我国的家庭教育指导长期处于社会各界齐抓共管而责任主体不明确的状态。

---

① 关颖.家庭教育指导者培训教程[M].天津:天津社会科学院出版社,2017:139—143.
② 晏红.家庭教育指导者的专业素质结构分析[J].江苏教育,2017(16):11—14.

在多元主体之间的冲突与矛盾中,公益为先是家庭教育指导者应该坚守的基本专业伦理。

2. 儿童为本

受传统文化中封建家长制深远影响的忽视儿童权利的成人观以及急功近利的成才观阻碍了现代儿童观的确立。"以儿童为本"理念的确立要求广大教师引领家长尊重儿童的人格与权益,尊重儿童的独特性,尊重儿童的年龄特点与个性特点,并在此基础上促进每一个儿童生动、活泼、主动、全面地发展。

3. 家长主体

家长是教师在家庭教育指导中最直接的服务对象,只有尊重家长的主体地位,尊重家长的自身需求、学习特点与教育规律,才能为家长提供有针对性的教育指导。以学校(幼儿园)为中心的家庭教育指导要避免使家庭教育成为学校教育的"附属",因为丧失了自身相对独立性的家庭教育,将无法发挥其自身的优势与积极作用。

(二) 专业知识

专业知识作为一种知识类型,是人们为胜任某一领域的工作而必须具备的专门知识。20世纪中后期,学者把教师的专业知识分为本体性知识、条件性知识和实践性知识,这种相对完整的划分被国内众多研究者所援引。[①] 教师要胜任家庭教育指导工作,也需要具备如上三种专业知识。

1. 本体性知识

家庭教育指导的主要任务是围绕儿童的身心发育规律和教育发展需求,帮助家长树立正确的教育观念,掌握正确的教育方法。所以,教师要掌握儿童生理学和儿童心理学以及普通教育学和家庭教育学等基本知识与基本理论,这些专业知识是家庭教育指导者需要熟知的本体性知识。

2. 条件性知识

条件性知识是胜任工作所应具备的具有保障作用的知识。家庭教育是基于家庭的教育,不少家庭教育问题既是教育问题,也是家庭问题,甚至与社会问题有一定的关联度。为了胜任家庭教育指导工作,教师需要掌握相应的家庭学、伦理

---

① 林崇德,申继亮,辛涛.教师素质的构成及其培养途径[J].中国教育学刊,1996(6):16—22.

学、社会学以及心理咨询和家庭治疗的基本原理;进行教学与培训工作的家庭教育指导者还要掌握一定的教学论知识以及学习与培训原理;在法制社会,一些基本的法律知识也成为家庭教育指导者在工作中认识问题与分析问题所必需的条件性知识。

3. 实践性知识

教师所面临的家庭教育问题情境比较复杂,分析与解决问题的时候需要综合了解来自家长、儿童、家庭、社区、学校和儿童的同伴等多方面的信息以及它们之间的关系,并根据自己的实践经验对复杂的情境与关系做出相对明确的判断与决策,还要不断地修正与完善这些判断和决策。在这个过程中,教师需不断地积累与丰富自己的实践性知识。

可以说,本体性知识是教师在日常工作中经常遇到的、需要熟练掌握的普通专业知识;条件性知识是教师在解决具体问题时不可缺少的相关专业知识;实践性知识则是教师在解决实际问题时经过亲身体验和相互交流学习获得的个性化经验与专业认知。

(三) 专业能力

专业能力是顺利完成某种专门活动和专业工作所必备的能力。家庭教育指导专业能力是建立在一定的专业伦理和专业知识基础之上,在实践中逐步发展起来的胜任家庭教育指导工作的特殊能力。教师的家庭教育指导基本专业能力包括以下六个方面:

1. 观察与了解指导对象的能力

教师需要具备进行个别约谈、家访、问卷调查以及相应的统计分析等多种能力,这样观察指导家长时才能更加客观,了解的情况才会更加接近事实。

2. 指导活动的设计与实施能力

为了提高指导工作的效率,教师往往会采取集体活动的形式,为松散的家长群体搭建共同活动的平台。教师作为活动的组织者,必须要有明确的目标意识,要能设计出内容与形式有机结合的活动方案,有效地组织家长参与活动,并能进行灵活的监控与调整,最后还要对活动进行评价、反思与总结。

3. 提供个性化指导服务与咨询的能力

家庭教育问题既有共性又有个性,个性化的问题只能依托个性化的指导服务方案来解决。家教指导的实效性主要取决于指导者对儿童及其家庭个体差异的认识水平与分析能力，以及其所提供的个性化指导方案。这就意味着，教师需要根据儿童的现有问题、发展水平、个性特点和家庭环境，还有家长的理解水平、合作态度与教育能力，为家长提供适合其家庭环境的教育指导方案，调动家长教育儿童的主动性和创造性。因此，教师需要同时考虑儿童和家长两个指导对象；而且即使是同一个问题，针对不同的家长也会有不同的沟通方式和指导方法。

4. 同家庭、学校、社区沟通与合作的能力

家庭、学校与社区是影响儿童健康成长的三大环境，无论是了解这三大环境对儿童成长的实际影响，还是为促进儿童的健康成长而整合这三方面的教育力量，都需要教师具备相应的沟通与合作能力。当然，家庭、学校与社区是三种不同的社会组织，具有不同的社会运行机制和文化特点，这就要求教师具有相应的工作交流能力和合作共育能力。

5. 专业学习与反思研究能力

专业能力发展的重要支撑是从业者的主体意识，以及在主体意识主导下的学习、思考与自我发展能力。美国心理学家波斯纳曾经提出教师专业成长的公式为：成长＝经验＋反思。没有反思的经验是狭隘的经验，至多只能形成肤浅的知识。学习与反思能力帮助教师把理论与实践、知识与经验有机地联结起来，从而使他们不断地优化自己的专业结构，提升自己的专业能力，促进自身的专业成长。

6. 发现家庭教育问题和成功经验的能力

作为教师，在对学生进行教育教学以及与家长进行沟通交往的过程中，除了要掌握相应的方法技巧外，还要有一定的发现问题的敏感性，要能敏锐地捕捉到家庭教育出现问题或获得成功经验背后的真正原因。想要发现家庭教育出现的问题和成功的经验，就要确立一种基本的家庭教育指导理念：家庭教育是家长实施的教育，主体是家长，教师在学校的指导再高明，也无法替代家庭教育。因此，教师家庭教育指导的一项基础性工作和基本技能，就是不断去发现家长在家庭教育中存在的各种各样的问题和有效的成功经验，并借助各种平台，让家长互相分享和学习。及时发现学生的家庭教育问题，总结家长的家庭教育经验，有利于提高教师家庭教育指导的针对性和有效性，有利于发挥家长的自我教育能力。

家教指导力——教师的必备素养(节选)

张竹林

上海市奉贤区教育学院副院长

在学习贯彻《关于全面深化新时代教师队伍建设改革的意见》(以下简称《意见》)的过程中,笔者领悟到,家庭教育指导力应成为新时代教师,尤其是中小学校教师必备的专业素养。

一些学生学习和行为表现异常,很多时候是因家庭教育不当或者缺失引起的;但由于教师缺乏专业观察力和实践指导力,使本可避免的事情出现了,本可减轻的问题加重了,这样的案例屡见不鲜。

当下的年轻教师大多为"80后"、"90后",几乎是名副其实的"独一代"。多数教师不仅没有接受过相关专业培训,甚至连基本的家庭教育指导经验也没有。而受多种因素影响,家庭教育指导课程尚未纳入师范院校和区域教育学院(教师专业发展机构)的相关学科建设中,在职教师的家庭教育指导专业培训尚未成为政府行为,家庭教育指导者专业化培训尚未形成国家"标准(体系)"。诸多原因造成教师队伍家庭教育指导力建设滞后,远远不能适应时代发展。

近年来,教师家庭教育指导力建设在部分地区和学校形成了一些制度化经验成果,但整体还处于粗放、零碎的状态,传统教育思想束缚和桎梏仍然严重,家庭教育指导被认为是班主任和德育干部的事,是学校领导的事,是家委会的事,是教学素养之外的事。如果将课程教学能力比作教师专业中的米饭、馒头等"主食",将家庭教育指导力视为味精、酱油等"调味品",显然无法适应家校合作育人的新要求。

事实上,家教指导力是提高新时代教师素养的"调节器",普惠性家庭教育公共服务需求是新形势下教育供给侧改革的重要内容,重视和开展中小学校教师家教指导力建设,是教育供给侧改革的重要体现和有效途径。

优化家庭教育指导力建设的制度环境,需要各级党委政府、教育行政部门和学校进一步提高认识;建立教师家教指导力建设的科学评价机制,需要用好教师专业发展和业绩考核评价导向,将其纳入新教师入职的专业测试和培训范围,与教学业务、教育学和心理学知识考测"同等要求",作为中小学校发展和校长业绩考核的重要内容,形成全员重视家庭教育指导力建设的良好氛围。

张竹林.家教指导力——教师的必备素养[N].中国教育报,2018—3—8:9版.

❀ 问题与思考

1. 你认为教师对家长进行的家庭教育指导的内容主要有哪几方面?
2. 作为教师,你在家庭教育指导方面最急需哪方面的知识?
3. 回顾你从教以来与家长进行沟通的难忘事件,你觉得哪一种类型的家长特别需要帮助和指导?

/ 第二编 /

家庭教育指导途径

教育的效果取决于学校和家庭的教育影响的一致性。如果没有这种一致性,那么学校的教学和教育过程就会像纸做的房子一样倒塌下来。

——苏霍姆林斯基

本篇概要：

▶ 每个年龄段学生的成长都有需要家长共同关注的内容，家长在开展家庭教育时也面临着一些共性问题，教师可以利用家长会、家长开放日、家长接待日、亲子活动、家长学校等途径，对家长展开有关家庭教育的集体指导。

▶ 每个孩子都是独一无二的，每位家长也都有自己独特的个性，家庭教育指导中的特殊需求比比皆是，教师可以通过上门家访、邀请个别家长来访等方式或者利用微信、QQ、电话等工具单独给予家长指导。

▶ 媒介一直是家庭教育指导不可或缺的载体，从传统通信工具如电话、家校联系簿等，到现代通信工具如微信等各种软件，教师可以利用的途径日益增多。教师一方面要充分利用这些媒介的便利性，另一方面也要建立规则，正确使用这些媒介。

▶ 教师除了自己进行指导之外，还可以发挥家长的智慧，让优秀家长带动更多家长转变家庭教育观念、掌握科学的教育方法。为此，教师要做好组织策划工作，如组建班级家委会，招募家长志愿者，组织家长沙龙等。

第四章 集体指导

由于同一个年龄段的孩子在身心发展方面有其共同之处,家长在进行家庭教育时可能面临着共同的问题,因此,用集体指导的方式为家长提供一些应知应会的知识技能,最大范围普及家庭教育的专业知识和技能,是学校在开展家庭教育指导时的基本考量。

学校通常会借用家长会、家长开放日、家长接待日、亲子活动等机会开展家庭教育的集体指导,有些学校还专门开设了家长学校,通过开发专门课程,通过系统授课,对家长进行集体指导。

第一节 家长会:家教指导好时机

家长会一般由学校或教师发起,面向学生、学生家长,以教师的交流、互动、介绍性的会议或活动为主。召开家长会是进行家校合作的一种有效途径,同时也是班主任工作的重要组成部分。

通过召开家长会,班主任可以把学校的先进管理理念和管理措施展示给家长,以取得家长对学校各项管理工作的理解和支持,并提升学校在社会上的影响力;同时也可以展示自身的风采,促进家长对班主任管理工作的理解和支持;可以让家长全面了解班级管理的各项制度和要求并请家长做好配合工作等,提高教育的针对性和有效性。

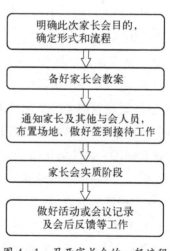

图 4-1 召开家长会的一般流程

问题聚焦

王老师在观察参加家长会的家长时发现,来的几乎都是妈妈,只有几位爸爸。在日常教育中,老师们与爸爸接触也较少。其实,"爸爸缺席"家庭教育是小学教育阶段一个突出的现象。多数爸爸将不参加家长会的理由归结为忙。还有个别爸爸坦言,参加家长会比较尴尬。每次家长会上,妈妈们都围着老师问这问那,爸爸挤在一群女家长中间,显得有点格格不入。

王老师重点观察了班里几个"爸爸缺席"家庭教育的孩子,发现男孩子性格相对柔弱,女孩子在与同学交往时也表现出焦虑和无所适从。王老师陷入思考:应该通过什么办法,尽快让爸爸们知道自己在家庭教育中的重要性并主动参与到日常家庭教育活动中呢?

教师思考

1. 爸爸对自身在家庭教育中的作用认识有误

造成爸爸缺席家长会的原因很多,有客观原因,如工作等条件限制,也有主观原因,如爸爸对自身作用的认识不足,也有传统文化中"男主外女主内"思想的影响。但是,在这些原因中,认知方面的原因占主导,即爸爸对自己在家庭教育中的作用认识不清。

2. 家庭教育指导内容和形式单一

事实上,家长的素质提升很快,他们看待自己孩子的发展,已不仅只是关注考试成绩,更注重孩子的全面发展,尤其是孩子性格的塑造及完善。鉴于教师教过各种学习水平、性格特征的孩子,有对比,也有经验反思,所以,有相当多的家长更喜欢教师讲一些如何让孩子全面发展的理论与实践经验,特别是希望听到班主任介绍班级管理的理念和特色。而以往的家长会的形式单一,内容与家长需求有差距,一定程度上造成"爸爸缺席"。

3. 家长会的氛围较严肃

家长会上,教师一定要注重谈话技巧,切忌开成教师发牢骚、家长听批评的"批斗会"、"告状会",切忌语言生硬,态度死板。教师回答家长问题要耐心,做到实事求是,既不夸大事实,也不掩饰毛病。对学生的优点、闪光点老师要充分肯定,语气要舒缓、亲切,让家长感到教师对他们子女的关心;对学生的缺点、错误不要"告状",而应批评现象,严肃指出后果,积极地帮助家长分析学生犯错的原因,提出矫正的措施和意见。家长会是教师与家长平等交流的场所,双方要真正有互动,为达成共同的目标而互相出谋划策,不应将家长会变为教师的"一言堂",致使它失去最初的存在意义。教师要转变以成绩作为衡量学生的核心标准的做法,从更多的角度来发现学生的闪光点,让家长也能认识到孩子的优势所在,继而发展孩子的能力,要给家长指明学生最佳的发展走向,使家长感到学校、教师对所有学生一视同仁,甚至对后进生更为关心,这样家长才能够放心,并乐于配合校方做好工作。家长会上教师要注意,不要随便说其他班级的分数或者不好的方面,不能随便诋毁任课教师。

教师策略

王老师当了十几年的班主任,召开了无数次家长会,但是来参加家长会的大多是妈妈,爸爸很少参加,她已习以为常。据统计,在小学和幼儿园阶段,爸爸缺席家长会是种普遍现象,孩子年级越低,爸爸到场率越低。但是这次,她决定组织一次专门面向爸爸的家长会。

1. 确定主题

王老师决定召开一次主题为"欢迎你们,班级爸爸们!"的家长会。王老师希望通过与爸爸们面对面交流,鼓励更多爸爸回归应有的角色,对孩子多一份关注,多一份陪伴,家校合力,共促孩子发展。

2. 发出邀请

会前,她发放了"爸爸家长会邀请函",以"父亲的出现是一种独特的存在,对培养孩子有一种特别的力量"为主题进行动员。

3. 会议筹备

通知发出后,她忐忑不安,爸爸们会来吗?家长会有什么反应?怎样开好这次"爸爸家长会"呢?她翻阅教育杂志,边读边思考。接着,她做了两项工作,一是请孩子们说说各自眼中爸爸的形象及其陪伴自己的情况,二是录制了几位孩子对爸爸说的心里话。而这一切,都在暗中进行,爸爸们毫不知情。

4. 拉开序幕

家长会正式召开了,大部分的爸爸都来了,少数因工作不能参加的爸爸也都亲自打电话请假,委托妈妈来参加。王老师首先给大家深深地鞠了一躬,继而热情洋溢地说:"奥巴马曾说,在竞选过程中有一件事他很自豪,那就是在其长达21个月的选战中,他没有错过一次孩子的家长会。无论多忙,他每晚都仍和女儿一起吃晚餐,耐心回答她们的问题,为她们在学校交朋友的事儿出谋划策。而这一切只因奥巴马知道自己不可能做一辈子的总统,却一生都是孩子的父亲!"就这样,"爸爸家长会"拉开了序幕。

5. 探讨思辨

孩子们眼中的爸爸是什么样的呢?王老师首先用幻灯片展示了孩子们对爸爸的评价:"忙于上班"、"喜欢打牌"、"喜欢上网打游戏"……接着她播放了一段视频:在《爸爸去哪儿》(第三季)里,刘烨自顾自地玩着手机,儿子诺一突然说:"爸爸,我做了一个梦,观音菩萨让我陪你聊会儿天……"很童真的一句话,道出了孩子内心对父母陪伴的渴望,爸爸们若有所思。王老师接着播放了几位孩子对爸爸说的心里话的录音,有的孩子说:"爸爸,请你周末不要玩牌了,多陪陪我好吗?"有的孩子说:"爸爸,这个周末能不加班吗?"……听着孩子们一句句真挚的话语,爸爸们陷入了沉思。

父亲是孩子通往外部世界的引路人。在教育孩子的过程中,无论是性格培养、情感教育、知识训练,还是道德品质的养成,父亲都起着至关重要的作用。一份对全国千余名未成年犯的调查表明,回答"对你产生正面影响最大的人"是"父亲"的有39%,是"母亲"的有22.5%;回答"对你产生负面影响最大的人"是"父亲"的有11.9%,是"母亲"的有8%。而缺乏父爱的孩子年龄越小,患"缺乏父爱综合征"的可能性就越大。更令人意外的是,在双亲俱全但缺乏父爱的家庭中长大的孩子,患上"缺乏父爱综合征"的可能性更大。

看到调查数据,爸爸们都陷入了沉思。紧接着,王老师开启了健康家庭教育模式:"美国心理学家研究发现,父亲对孩子的影响往往远远大于母亲。作为孩子生命中'重要的人',同样一句肯定的话,如果由爸爸说出来,对孩子的影响会更大。"爸爸们或静静聆听,或低头记笔记,个个都是那么认真,一股暖流在教室里静静流淌!

6. 歌曲结束

最后,在《父亲》这首歌词优美、旋律动人的歌曲中,爸爸们畅谈了对此次家长会的感受。"从今晚起我争取每天陪伴孩子!"一位父亲站起来,激动地立下"军令状",好多爸爸当即表示赞同。会后还有很多爸爸发来短信表示会多参与孩子的教育,这让王老师感动不已。

这次爸爸家长会,有效改变了爸爸的教育理念,增强了爸爸积极参与家庭教育的责任心。一段时间后,王老师发现爸爸们对孩子的关注增多了:班级群里,有更多爸爸参与了对孩子教育的讨论；作业本上，爸爸签名的字迹也逐渐增多……

为了让爸爸真正高质量地陪伴孩子，王老师决定在以后的日子里进行如下尝试：组织班级"爸爸会"，定期开展亲子活动，活动内容由"爸爸会"决定，如体育竞赛、野炊等。爸爸可以在活动中拍摄照片、发微博、做专辑；孩子们写写和爸爸一起参加活动的感受；王老师负责将"爸爸会"活动的情况汇总，看看哪组亲子在活动中玩得最开心，玩得最有创意。王老师希望通过这样的活动，不仅增强父亲和孩子之间的感情，也让父亲们在相互学习中提高陪伴孩子的质量。但要使这项活动顺利展开，需要老师和家长通力合作，不懈努力！

● 行动反思

1. 家长会注重教育理念的渗透

一个优秀的集体对一个孩子的成长起着不可估量的作用。在家长会上，当班主任讲到班级建设问题的时候，家长们表现出来的情绪很高涨。一位优秀班主任的班级管理理念对集体的影响是举足轻重的，生活在优秀集体中的孩子必定受益匪浅。比如班主任可以在家长会上介绍班级建设特色，请优秀家长代表交流分享教育方法，策划创意"爸爸家长会"等。一些学校每年的家长会可以分别安排"妈妈家长会"和"爸爸家长会"。

2. 家长会前要告知家长做好准备工作

（1）建议家长会最好由学生父亲或者母亲亲自参加。孩子虽然在学校上学，但更加重要的教育发生在家庭中，影响孩子成长的最重要的因素也是家庭。所以班主任要把握家长会的机会，更加全面了解孩子的成长过程。

（2）提醒家长要准时到校，准备好记录本和笔，将手机调至静音模式，认真听讲、认真记录。提醒家长在记录过程中，要结合家庭、孩子的成长实际，做重点记录，以便会后反思，如果可能的话，利用手机微信功能，将重点发给爱人，同步家长会，共同反思。

（3）建议家长抓住机会在家长会集体会议后和任课老师单独沟通，及时了解孩子在学校的情况。

3. 家长会前教师自己要做好准备工作

（1）明确家长会的目的、任务。家长会前教师一定要选好中心内容，明确目的,要编写讲话提纲,拟好讨论提要。

(2) 做好物质准备。家长会前教师要带领学生打扫卫生,布置场地。学校要张贴标语,如"家长、教师携起手来,共同教育下一代"、"欢迎家长"等,教室的黑板上,也要写上家长会的主题或欢迎词。教师要把教室布置得清新、整洁、亲切,使家长心情舒畅。如果条件允许,教师还可以给家长准备些茶水。关于座位安排,取决于家长会的形式,可以是圆桌式研讨,也可以是集会式研讨。

(3) 准备好展览品。为了让家长全面了解孩子的情况,可以把学生的阶段发展分类评价表展览出来。教室的墙上可以贴出"三好生名单"、"进步生名单"、"纪律评比表"、"学习评比表"、"先进事迹表彰栏"、"优秀作文"、"优秀作品"、"考勤表"等,每个学生的座位上可以摆上学生的成绩单、考试卷子、作业本等。

(4) 选出做典型发言的家长。有时需要家长做典型发言或经验介绍,教师事先要选好有代表性的家长,让其做好准备,以使发言能起到典型引路的作用,活跃会议气氛。

(5) 帮助学生干部准备好发言内容。有的家长会可以让学生干部向家长介绍班级情况,既真实可信,又锻炼了学生干部,但教师要帮助学生干部准备好发言内容。

(6) 通知科任教师开会内容,请科任教师向家长介绍学生的学习情况,发挥教育集体的作用。

(7) 发家长会通知书。通常要提前三天发家长会通知书,以便家长持通知书向单位领导请假。家长通知书要有回执,以便教师掌握哪些家长不能到会,有些时候,教师要协助家长向单位请假,以保证到会人数。家长会通知书要写清会议内容、开会时间和地点。开会时间要尽量选择有利于家长准时参加的时间。

(8) 家长会后的工作。一次家长会是解决不了所有问题的,教师要注重后续的反馈工作,比如个别交谈和跟踪访谈。

智慧分享

家校互动之各国家长会

在国外,学校开家长会另有一番情形,家长会不与成绩挂钩,形式多样,氛围轻松,甚至成为家长参与学校管理的重要渠道,就让我们借鉴一下他们的做法。

英国：家长依次与老师单独交流

英国家长会一学期（一般两个月）一次，一个年级一天，各班分别进行。英国的家长会都是一对一进行，老师和家长直接沟通，但时间有限，一般10—15分钟。家长提前在预约表上填好时间段，然后依次和老师单独交流。

在英国，一个班大约30位学生，家长会从8:50开到15:10，这样做的结果是老师辛苦，家长轻松。老师事先会将每个孩子的情况做一个书面准备，这份长达3页的报告，记录的不是学生的分数等级，而是学生在不同学科中的参与情况、学习态度及能力等，最后是老师据此得出的评语和孩子的自我评价。在这个框架下，家长和老师谈起来比较容易，不可能闲聊，与家长闲聊也是老师忌讳的。另外，老师对学生的评价以夸为主，让家长感到老师将孩子"装"在心里；孩子身上的缺点则被老师隐藏在"需要改进"一栏中。

法国：强调细节与民主

法国家长会十分强调细节。一般而言，每年开学的家长会最为重要，学校需要向家长介绍情况，让他们与孩子熟悉学校的环境、场地、运作方式以及新学期的各项信息与变动。会上有大量时间讨论各种细节，如学生人数、如何分班、学校食堂情况、学校教师情况、教育部新规定、课程设置、新学期时间安排、假期时间等。会议往往需要半天时间。

法国家长会就各种问题提出看法，与校方的对话很多。总体上，家长会的气氛比较民主和平等，无论是校方负责人还是老师，均实事求是地与家长对话，而家长也毫不客气地提出各种疑问并要求回答，家长协会代表会将普遍性意见与诉求向校方提出。此外，家长与老师还会通过练习本的方式相互交流信息。双方可以随时在本子上留言，孩子每天早上将本子带去学校，每天晚上带回家；若家长与老师没有问题则不留言。与中国的家长会不同，成绩不是法国家长会的焦点问题，老师会指出学生学习上需要努力的方向，要求家长配合，但不会因为成绩要求家长抓学生学习。

法国学校也不以学生成绩来评判教师。法国中小学规定不布置家庭作业，教学是学校的问题而非家长的职责，这样家长会不会变成表扬会、批评会。法国家长会不仅是家长了解学校信息与情况的重要渠道，也是家长积极参与学校运作和管理的一种方式。这主要通过全国性的家长联合会来实现。

德国：一起探讨孩子的兴趣爱好

德国的学校一般都会在新学期召开家长会。德国的家长会实际上是家长、教师和学生交流感情的会议,开会时没有人做报告,也没有人谈论考试或成绩等话题,更没有人把学生的成绩拿出来互相比较。德国人认为,孩子们不存在好和差的区别,只是每个学生各有不同的兴趣特长而已,教师和家长的责任,就是要细心地发现和培养孩子们的潜质和特长。教师、家长、学生一起探讨学生的兴趣爱好,以及学生长大后愿意和适合做什么样的工作,这就是德国家长会的主题。

在德国的家长会上,老师也会讲到新学期的课程安排,还有家长委员会的选举,但在选举过程中,老师不会有任何干涉,而是完全让家长们自己协调安排。一般家长委员会选举结束后,老师们才正式出来,轮流解释自己负责的那部分内容。德国家长会每年都会安排一次出游,可以在国内,也可以到欧洲其他国家。这样的家长会,气氛是非常轻松活跃的。

新西兰:校长一般不露面

新西兰的家长会和中国的很不一样。首先,校长一般不露面。其次,不开年级大会,也不开班级会议。家长会就在学校的会堂开,里面划分出一块块的区域,各科老师各占一个。

学生在这之前与自己的各个任课老师预约时间,然后家长按照预约表逐个与老师会面。每次会面时间约为5分钟,老师讲的内容简单扼要、一针见血,主要是汇报孩子情况,该表扬的表扬,该批评的批评,最后都不忘对家长说"以后请和校方保持联络"。当与预约表上的老师会面完毕后,家长就可以离开了。

瑞典:形式多样

在瑞典,老师和家长一直保持互动,而且形式多样。安妮今年7岁,她上幼儿园时,老师至少举行了3次家长会,第一次在学期中间,第二次是家长应校方要求组织的,第三次则是学期末的汇报演出。

日本:家委会管理有序

日本中小学一般在开学和期末召开家长会,主要由妈妈参加,很少能看到爸爸的身影。家长会一般由班主任介绍班级情况和需要家长配合的事项,比如暑假里的安全注意事项等。对于孩子的个别情况,班主任不会在家长会上公开点评,而会在平时和家长具体沟通,这一方面是为了保护隐私,另一方面则是为了避免攀比。

(伊万.家校互动之各国奇葩家长会.http://www.sohu.com/a/53431299_357704.)

第二节 家长开放日：全方位展示好途径

家长开放日活动是教育部门以让学生家长参与到教学过程为目的，为使家长了解学生受教育情况而开展的特定的活动。其面向对象主要为家长，举办形式通常有让学生家长进入课堂聆听教师的授课情况、组织亲子共同参与游戏、让学生与家长共同完成某项任务等。家长开放日活动能使学校教育情况变得更加透明。

家长开放日让家长走进校园，走进课堂，让家校零距离接触，增强学校、教师、家长之间的沟通，让家长了解学校的管理与发展趋势，了解课堂教学和课改动向，从而更好地配合学校，共同关注孩子的健康成长。学校开放日可以起到隐性指导家庭教育的作用，还可以让家长学到不少正确的教育方法。

明确家长开放日目的	拟定并下发家长开放日通知书
确定形式和流程	安排好家长开放日内容
家长到校签到	下发签到纸
家长开放日系列活动	有参观校园、观摩早操、进班听课、观摩午餐等
家长填写开放日评价表	下发评价表

图 4-2 家长开放日的一般流程

问题聚焦

某学校地处城郊接合部，建校不到 5 年，学生大都是动迁户、外来户，少量是本地户籍学生，一部分条件好、重视教育的家庭因为对新学校不信任，让孩子到周边的成熟学校上学。

教师发现多数在校学生家长对家庭教育的重视程度不够，教师联系家长沟通教育教学事宜时经常被家长以不同借口推托。少数家长对家庭教育足够重视，但是其教育理念与学校秉持的"为了每个学生的终身发展"存在较大差距。因此,家长和学校无法形成教育合力,家校合作停留在较低层次。

教师思考

造成家长对家庭教育重视程度不同的原因比较复杂,学校需要通过多种途径为家长提供集体指导,从整体上改进家长对教育的认知,引起家长对家庭教育的重视;在整体提升的基础上,再为个别家长提供有针对性的指导。

1. 增进家长对教师工作的了解

很多家校沟通障碍来源于家长对学校工作缺乏了解。有些家长即使对学校工作有所了解,也因为缺乏细致的观察和深入的体验而难以理解教师的具体做法,很容易站在自己的角度去看待教师工作。通过家长开放日活动,家长更容易设身处地感受到教师工作的辛苦,理解教师的工作,与教师的沟通也就会更容易、更有效。

2. 传播新兴教育观

在家长开放日活动中,教师可以用丰富多彩的活动形式,让家长参与活动,亲身体验愉悦和成功,并借助这些活动向家长宣传正确的教育理念——采取适合孩子接受的内容和学习方法,以提高学生的学习能力,使他们在有效学习的同时得到全面发展。同时,教师还要把尊重学生、相信学生、充分给予学生机会等宝贵的经验和教育观念传递给家长。

3. 形成家校共育合力

我们知道家校合作有利于促进家庭和学校的教育目的达成一致,而家长开放日活动则为家校沟通搭建了桥梁,不仅让每一位学生家长直观、真切地了解学校开展的教育教学工作,也为学校知晓家长的需求,及时地、更好地调整教学工作,提高教育教学质量提供了帮助。

教师策略

1. 确定主题和时间

家长开放日的主题最好可以让家长和学生都眼前一亮,并能突出本次活动的主要内容,如"让我们的心走得更近"、"共同的责任,共同的期待"等,可以拉近学校和家长之间的距离,让家长切身感受到,走进校园、配合学校工作可以更好地教育孩子。

同时,家长开放日的时间最好不要放在上午,要照顾到更多的家长的时间,上午可能很多家长工作比较忙,难以脱身,最好在下午,能够让更多的父母来参加,而不是由爷爷奶奶代劳。

2. 合理安排活动内容

(1) 把家长请进来。诚挚邀请家长走进校园、走进课堂,亲临教育教学第一线,以开放的校园、开放的课堂迎接家长。

(2) 让家长看一看。让家长参观学校,感受班级文化氛围,观摩学校活动、课堂教学,了解学校教育教学的要求和情况。

(3) 让家长听一听、说一说。由各班班主任老师和任课老师一起向家长介绍学校的教育理念,汇报班级管理和教学工作,家长则参与到教育教学管理中,提出建议和意见,真正实现"家校携手共话成长",最后可以由家长填写反馈表。

3. 具体分工

教务处:制定活动方案,安排开放日当天课程,全面关注活动过程,组织教师备课、试讲,回收当天家长反馈表,做好活动总结。

德育处:做好学校校园内外卫生;做好当天活动策划,并安排学生志愿者接待家长。

班主任:

(1) 认真做好宣传、动员工作,向学生和家长宣传开放日活动,发放邀请函。

(2) 精心布置教室,加强班级文化氛围建设。

(3) 做好家长签到工作,向家长发放家长签到表、家长开放日活动意见反馈表。

(4) 做好展示学生和班级风采的PPT等影像资料。

任课教师:

(1) 所有任课教师认真钻研教材、精心备课、上好课。开放班级任课教师要于活动前一天上报上课课题或内容。

(2) 所有教师要热情接待家长,耐心与家长交流,使家长真正了解孩子,了解教师,了解学校。

4. 总结及收尾工作

● 行动反思

1. 开放日活动的时间应便于家长出席

择定家长开放日活动时间时应考虑到家长的时间,如果条件允许,最好放在周末进行,以便使家长有时间参加。教师可以事先发书面通知邀请家长,让家长有充分的准备和安排,这样家长在心情上也会比较轻松,能更好地参与到活动中来。

2. 开放日活动的形式应是多样的

家长开放日活动深受广大家长的欢迎,家长的参与意识很强,因此活动不仅可以由老师来组织,还可以多让家长来组织,尤其是鼓励孩子的父亲组织、参与,给活动带来更多不同的思维碰撞和阳刚活力。除了老师和家长们在活动中互动以外,家长参与活动的形式可以更加多样化,如参与娱乐性质的亲子活动,或由家长亲自参与组织游戏,这样家长的体验会更丰富、更为长久有效。老师不可能成为每一个领域的专家,而家长来自各行各业,比如说医生、演员、运动员、警察等,能弥补老师的不足,丰富课堂的教学内容。让家长充分积极地参与到学校的教育活动中,不仅能使家校双方都受益,更重要的是能使孩子开阔眼界,获得最全面的发展。

3. 家长开放日的好处

对于家长来说,家长开放日是一种有效的家校合作方式,使他们有机会参与到学校教育中来,参与到孩子每天的学习生活中,能够深刻地体会到孩子学习的不容易,从而使他们更加关注孩子,不仅关注他们的衣食住行,更关心其对知识的掌握情况、与小伙伴的交往情况等。家长还能通过学校举办的活动与孩子进行深入的沟通,加强对孩子各个方面发展的重视程度。而对于学生来说,通过家长开放日,他们看到了父母对自己的关心,也看到了父母的不容易,进而能体谅父母、理解父母。和谐的家校合作关系增进了父母与子女之间的感情,有利于亲子交流。

4. 家长开放日的不足

家长开放日活动的时间和频率与家长的需求不完全相符。对于要在上班时间来参加孩子的活动,部分家长感到很有困难;多数学校每学期向家长开放一次,而大部分家长则有更多的了解需求。家长开放日活动的结构自由度偏小:家长开放日活动主要以学校组织的集体活动为主,学生自由活动的时间、家长自主选择的机会都比较少。参与开放日活动的父母亲比例不够均衡:在开放日活动中,父亲的出席率不高,远远低于母亲,更有一部分是爷爷奶奶前来参加的,所以能够起到的效果相对有限。

智慧分享

如何使家长开放日受欢迎?

家长开放日是家长与学校交流的平台与窗口。我校多次成功地举办了家长开放日活动,且活动深受家长欢迎。我们的主要经验有以下三点。

1. 目的明确

开展家长开放日活动时,有些家长问:"你们为什么要开展这样的活动?我们来学校能起什么作用?"刚开始,有的家长不愿意来,找人替他们参加开放日活动。这说明许多家长还没有真正弄清楚活动的目的与意义。于是,我校通过板报、宣传单、信函、家长会等形式对家长开放日的目的进行了广泛和深入的宣传,家长了解之后,都表示支持并以认真的姿态积极参与这项活动。

我校将家长开放日的主旨定位于四个方面:

(1) 沟通家长与教师的感情,加强家庭与学校的联系,让家长关注教师的教学情况,了解学校的发展状况,更好地支持学校的管理工作。

(2) 展示推进素质教育和深化课程改革的成果,让家长亲身感受新课改后的课堂教学氛围和师生的精神面貌。

(3) 广泛听取家长对学校办学的意见,全面提升教学质量和管理水平。

(4) 展示名师的风采,更重要的是推出青年教师,让他们接受锻炼,尽快成才。

2. 准备充分

我校对家长开放日活动给予高度重视,为活动做了充分的准备。

(1) 制作精美的请柬或署有被邀请人姓名的邀请信,加盖校章并派专人送达家长手中,以示对家长的尊重和对活动的重视。

(2) 在校内竖立欢迎标语牌,在听课的多媒体教室中播放滚动幻灯片,内容有"热烈欢迎各位家长来我校参加开放日活动"、"展示教学成果,提高教师素质"、"坚持教学开放,加强家校联系"、"广泛征求家长意见,全面提升管理水平"等。在校门口悬挂横幅,预祝开放日活动圆满成功。

(3) 后勤部门负责招待工作,准备茶水及杯子;负责室内外卫生,布置好环境。

教务处准备教材及教案,方便家长听课。

(4)校长热情洋溢地致欢迎词,同时也对家长提出一些注意事项,如听课时不吸烟、不接手机、不讲话、不随意走动、不提前退场等。

3. 活动丰富

我校安排了丰富多彩的活动调动家长的积极性,保证活动的实效性,具体体现为以下五个字:

(1)"看"。带领家长看校容校貌,看是否做到了绿化美化,看教学设备设施是否能满足教学需要,看荣誉室的成果展览,看活动展示,如体操表演、科技活动、文艺会演等,让家长了解学校全面贯彻教育方针、培养学生创新精神和实践能力的情况。

(2)"听"。听领导汇报,了解学校的办学情况和教育理念;听爱岗敬业的教师代表、教子有方的家长代表和刻苦学习的学生代表的演讲;听教师上课,感受教师教学方式与学生学习方式的显著变化。课程安排兼顾语、数、外等学科,并综合考虑低、中、高年级的教学情况,尽可能安排师生互动活动,有条件的话,让家长也参与其中。如一位数学教师在上"找规律"一课时,让学生将自己在课堂上亲手制作的手帕献给在座的父母,还请他们对作品进行评价。家长参与此类教学活动的兴趣非常浓厚。

(3)"查"。查教案是否规范,是否关注了学生的学习基础和个别差异等;查教师的作业布置是否做到了精选习题、分量适当等;查学校管理制度是否完善,教研活动的安排是否合理等。

(4)"谈"。与教师座谈,了解学生在校的学习及思想状况,咨询家教方法;与领导座谈,就某一个教育观点进行探讨,或就规范办学和师德、师风等问题交换意见,如收费问题、体罚或变相体罚问题、开辅导班以及有偿补课问题等。

(5)"写"。发放意见反馈表,让家长填写意见,对学校办学条件和办学水平进行评估,对开放课进行评议,对学校特色活动进行评价。

(夏循藻.如何使"家长开放日"受欢迎.中小学管理,2006(8).)

第三节　家长接待日:深化交流好窗口

家长接待日作为家长了解学校教育新观念,了解学生在校情况的一个窗口,能够引导家长逐渐形成正确的教育观,从而为学生发展构建和谐的成长环境。与家长开放日略有不同,家长接待日更侧重于解决家长认为学校教育教学中存在的问题和困惑,跟踪落实治理方案并听取反馈意见。

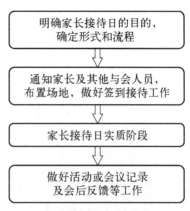

图4-3 家长接待日的一般流程

● **问题聚焦**

> 下午放学前,学校外面经常挤满了等候孩子放学的家长,在等候的时间里,家长就常聊有关学校的事情:食堂台阶上摆放的自行车太多,孩子们进出食堂容易摔倒;家门口的学校篮球场关灯时间有点早,晚上带孩子出来运动不方便;学校医务室的老师不是一直都在岗位,万一孩子需要紧急包扎多不方便啊……

教师思考

学生的发展需要多方资源的密切配合。为了促进学生全面发展,学校作为对学生实施教育的第一主体,应主动配合,同步教育,促进学生素质的提高。

政府有专门的接待日、接待地点和接待人员解决来访百姓提出的困难问题,那么学校如果有专门的家长接待日就为家校沟通提供了正式的场合和时间,家长也不会为无处反馈情况而困扰。另外,如果是学校的问题,家长也不好意思请班级的老师转达,有了专门的家长接待日,就赋予了家长监督办学的权力。

为了广泛听取家长对学校管理和教育教学方面的建议,争取家长支持,形成家校合力,学校决定尽快组织家长接待日活动。

教师策略

1. 做好接待的前期准备

（1）安排接待的时间和地点。

（2）负责接待的人员工牌须佩戴端正。

（3）保持接待室环境卫生。

（4）熟悉单位内所有部门的位置和电话号码。

（5）接待时热情周到，做到来有迎声，去有送声，有问必答，百问不厌。

（6）主动问好和话别。

（7）接待家长来访不能说"不知道"、"不清楚"。

（8）提前准备好接待用的资料，接待前先请家长登记，留下家长的详细资料。

2. 接待的一般内容

接待人员解答来访家长提出的问题或困惑，认真记录下来。接待人员能马上解答的一定要第一时间答复，没能及时解答的要向学校提出，在听取相关负责人的意见后，尽快给予家长答复。同时也要向家长介绍学校整体情况，向家长宣传新的学生教育观，将家长吸引到学生教育中来。接待人员引导家长以发展的眼光看待学生，关注学生发展的速度、特点和倾向。改变部分家长只关心学生学习成绩的错误教育倾向，强调学校的教育是为了让每一位学生在原有基础上得到发展，并请家长积极配合学校开发学生潜能，促进学生各方面全面发展。

3. 接待需要注意的地方

（1）加强沟通，了解家长需求

了解家长的需求和希望、家长的性格类型、家长的教育观念和方法，了解家长的职业、文化水平、待人接物的习惯等情况。不同的家长有不同的爱好、兴趣和特长，若将家长的优势资源应用到学校的各方面工作中，能获得意想不到的收获。我校以学生的发展和教育为关注点积极与家长进行沟通，不断了解家长的需求，有力地促进各项工作顺利进行。

（2）密切家校关系，形成良好的合作氛围

我校本着尊重平等的原则，吸引家长主动参与学校的教育工作，争取家长的理解、支持和参与,真正形成家校配合,使学生在学校获得的学习经验能够在家庭中得到延续、巩固和发展,同时,也使学生在家庭获得的经验能够在学校的学习活动中得到应用。要把家长对学生的关注转化为积极的配合,需要提高家长对家校互动的重要性的认识。

在接待日,家长提出如下问题:食堂台阶上摆放的自行车太多;学校篮球场关灯时间有点早;学校医务室周六不开门。

上述问题在家长接待日提出后,校领导现场指示:请基建、后勤、保卫处充分论证在学校适当地方搭建一个方便学生自行车存放的简易车棚的方案,暑期推进到位,并请保卫处做好后期车棚相关监控设置等工作;请学校医务室老师将自己外出培训或请假不在岗的时间及时告诉学校,学校会请其他老师顶替,便于学生及时求助。而对于家长提出的不甚恰当的要求,教师也可以向家长做出解释,比如为了便于同学们开展体育锻炼,我校夜间球场的开放时间为夏季到晚 9:30,冬季到晚 9:00,考虑到节能减排及同学们的休息,经征求大部分同学意见,目前开关灯时间已经比较合理,不宜延长。

● 行动反思

1. 家长接待日需要遵守的制度

(1) 学校设立家长接待室,所有来访家长必须出示有效身份证件,履行登记手续。家长来访须经传达室通知学校有关部门或有关人员,家长身份被核实后方可进入接待室。

(2) 学校正常上课期间,学生家长不得要求与学生见面;学生可在课间经所在班级班主任及学校有关部门同意后在学校接待室与家长见面。

(3) 老师对家长应热情、诚恳,做到彬彬有礼。家长来校访问,老师若是没课,不管多忙都要热情接待,老师若是有课,绝不能把本班学生放诸一旁不理,只管与家长谈话,应向家长说明不能接待的原因。

(4) 所有接待人员必须提高对家长来访接待工作重要性的认识,认真负责、耐心细致地解答问题,热情帮助家长解决困难,并做好接访解答记录,为家长提供满意的服务。

(5) 凡是老师约见家长,必须定好时间,并在家长接待室等候家长,接待完后,老师要主动将家长送出校门。

(6) 对重要来访,老师要做好跟踪,对反馈的意见、要求、建议、投诉,应及时逐项研究,妥善解决。

2. 家长接待日当天需要注意的地方

(1) 了解和满足家长需求。筹备家长接待日之前,学校可以用多种方式了解家长的需求和兴趣,和家长委员会成员讨论确定家长的参与方式及相关活动的安排,满足家长的参与需要。

(2) 注意细节。许多活动的成功之处在于人们对细节的追求,家长接待日也是如此。如家长的饮水、家长的座椅、接待家长的形式等细节,都能充分体现相关工作是否到位。另外,我们在接待家长时要诚心、热心、细致和有爱心。

(3) 体现班级个性。家长接待日一般是由学校统一安排的,班主任除了要配合学校完成工作以外,还可以调动班上其他任课教师的积极性,分工合作,增加班级个性活动设计,体现班中团结、和谐的氛围。但是内容不要过多,否则会使家长感到紧张,自己也手忙脚乱。

智慧分享

即将分班时的家长接待日

每周的星期三是我校的家长接待日。这学期来,我接待了二十多名家长的校访。九月,家长们集中反应各班老师的搭配问题,尤其是对二年级新扩的一个班的教师持怀疑态度。家长们用孩子小不容易适应新老师为由,不想让孩子从原班分出来,有的家长还试图用心理学理论说服我。其实我能理解他们的心理,一方面觉得班级人数多,不利于孩子学习,希望学校能分班;一方面又担心新老师(外校调来的老师)能力不足。我首先做了耐心的解释工作,同时向家长详细地介绍了新老师;其次是让教师用行动说话。有一名家长说,和我交流后,他感觉我们这个团队是一个办实事的团队,他决定观察一个月,一个月后如果还是不满意的话,就一定要让孩子回原班。一个月,时间是不长,但让教师想办法使学生喜欢上自己,一个月足矣。班主任说:请相信我,我会让孩子们舍不得走的。她把这份压力变为动力,在接下来的一个月里,展示出了她的魅力,用一颗真心、一片诚意让家长们信服了。四十八名学生没有一个流失。

第四节 亲子活动：亲子交流好平台

亲子活动是指父母与子女间或（外）祖父母与（外）孙子女间的游戏行为，它是以孩子为主体，家长为主导，家庭为单位进行的。亲子活动是儿童活动的一种重要形式，在儿童成长发展过程中占有重要的地位。

学校组织开展亲子活动是学校德育和心理健康教育的重要组成部分，活动的开展有利于增进亲子关系，促进家校合作，形成教育合力。学校组织开展亲子活动，可以为学生与家长、教师与家长、家长与家长之间搭起一座沟通的桥梁。开展亲子活动既可以满足儿童依恋家长的情感需要和家长希望了解孩子在集体生活中一些情况的愿望，进一步密切教师与家长的关系，实现家校同步教育；还可以促进家长与家长间的交流学习，使教育资源利用达到最大化。

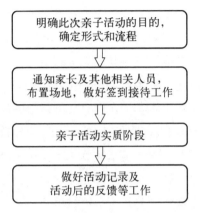

图4-4 开展亲子活动的一般流程

🌼 问题聚焦

> 很多家长说感觉现在的孩子越来越难懂，随着孩子慢慢长大，自己与孩子之间好像有了隔阂。孩子回家就把自己关在自己的房间里，也不知道孩子到底在做什么，是在学习还是在玩游戏？孩子放学回来，家长当然是想问问成绩啊，但没说几句，孩子就回自己屋了。没办法，有家长偷偷地到孩子学校，从教室外面看看孩子的上课情况，有的被孩子看到了，孩子回家大闹一场，觉得家长不信任自己。家长自己心里也很委屈，觉得拼命工作挣钱，全是为了孩子好，他/她却不领情。

教师思考

随着我国不断开放和发展,家庭亲子关系正在发生急剧变化,特别是青少年在这个多元化环境中有着显著变化。有研究表明,青少年时期是人生中最关键而又有特色的时期,是依恋与独立两种倾向暂时冲突和对立的阶段。而许多父母都没有或缺乏主动意识去调适自己与青少年子女的关系。许多父母,或多或少地面对过一种困惑,不知道为什么自己正确的意见与建议,却不能被孩子接受。而不少青少年学生在面对父母絮叨的教导时,则表现出较强的叛逆性格。加之工作压力大,很多家长没时间陪孩子,导致亲子间出现隔膜,这是父母所不乐见的。

1. 帮助家长建立教育主体意识

教师与家长都是儿童教育的主体,共同的目标是促进儿童发展,相互间是合作伙伴的关系。学校组织开展亲子活动可以让忙碌的家长建立主体意识,与教师共同担当教育孩子的责任。

2. 帮助家长了解孩子的情况

在活动中教师有针对性的指导可以拉近教师与家长的距离,同时经过观察教师的教育行为和孩子的表现,家长会反思自己的家庭教育内容和方法,在活动中获得正确的育儿观念和育儿方法,并将观念和方法融入与孩子相处的每一刻,逐步了解培养、教育孩子的重要性,从而促进孩子的健康和谐发展。

3. 促进亲子关系的健康发展

家庭中的亲子关系直接影响孩子的心理发展、态度行为、价值观念及未来成就。但现代社会中,家长的压力较大,常被自身的一些问题所困扰,容易情绪不稳定。如果家长对孩子的态度较急躁,会导致亲子关系比较紧张,使亲子关系缺乏应有的和谐、愉悦。还有些家庭,几个大人围着一个小孩,对孩子过分溺爱,这种亲子关系也是不正常的。由此可见,开展丰富多彩的亲子活动有益于亲子之间的情感交流,能促使亲子关系健康发展。

4. 为家长与家长之间的沟通搭起一座桥梁

有些家长为了更好地培养孩子,不让孩子输在起跑线上,经常去学习好的教育知识和育儿经验,都成了半个育儿专家。学校组织开展亲子活动,可让家长相互交流,相互学习,共同探讨"育儿经"。

教师策略

1. 做好亲子活动的宣传工作

（1）向家长介绍亲子活动的目的、意义、在活动中家长应承担的责任以及需要家长配合和注意的事项等内容。

（2）有针对性地发放宣传资料和开展免费咨询活动，使更多的人了解亲子活动的重要性。

（3）利用访谈形式了解家长教育观念，并进行有针对性的指导。

2. 过程与方法

（1）确定亲子活动的目的、主题、场地以及时间。

（2）当天的活动开展时，首先请学校组织者发言，介绍此次亲子活动的目的。

（3）开始亲子活动。首先一般都是孩子们的才艺展示，然后家长也可以进行表演，这样不但可以使孩子更加了解自己的父母，拉近双方之间的关系，还可以使孩子更加崇拜自己的父母，以自己的父母为榜样进行学习。

（4）最重要的亲子互动时间。既然是互动，自然少不了家长和孩子之间的协作，比如两人三足、夹气球等游戏，也可以根据具体的情况选择最适合的活动，只要不脱离"协作"这个主题就行。

（5）亲子互动结束后，教师可以向家长们询问意见和建议，以便以后更好地开展工作。

行动反思[①]

1. 亲子活动中家长的差别

（1）个体差异大。有的家长文化素养高并且比较开朗，这些家长就容易投入到活动中；有的家长比较内向、教育方式陈旧，停留在保育一方面；而有的家长只知道游戏的娱乐性，忽视了教育性，使亲子游戏成了溺爱孩子的表现。

（2）少数家庭的孩子是由老人带大的，小学生特别喜欢跑动，爷爷奶奶们常常

---

① 参考邵文琼.亲子活动现状与指导策略[J].新课程学习(下)，2013(1)：179.

跟不上,导致亲子活动的效果不佳。

(3) 家长忽视对孩子生活行为习惯的培养,亲子活动反映出部分孩子特娇气、爱发脾气、不懂礼貌、不愿谦让的坏毛病。

2. 帮助家长正确认识亲子活动

为了帮助家长正确认识亲子教育,正确看待孩子的发展,有意识地调整自己的不适宜行为,学校在组织实施亲子活动时,要以家长为教育重点,面向家长进行示范、讲解和指导,有目的地对家长的教养行为进行积极影响。活动前的介绍要能让家长明确活动的目的,让家长"心知肚明"地参与活动。

3. 亲子活动中的个别化指导

个别化指导有助于帮助家长掌握适宜的教养方法。孩子在活动中的表现各不相同。在参与活动时,家长们常常会遇到孩子不愿参与、不按要求活动、不能很好地掌握活动规则等困难。面对这些困难,家长常常会十分着急,不是急着拉孩子回来活动,就是训斥孩子,强迫他们按要求活动,甚至自己上手帮孩子完成"任务"。针对亲子活动中存在的问题,教师会帮助家长分析孩子出现这种行为的原因,使他们学会倾听孩子的特殊要求,以"平常心"看待孩子的不合作,正确看待孩子独特的表现。同时,教师也会通过交谈、行为示范等方式,帮助家长分析自己的不适宜行为对孩子的不利影响,使家长能够逐渐转变自己的一些错误的认识,尝试用适宜的方法教育孩子。

智慧分享

一次亲子阅读活动

某小学举行了主题为"让读书成为一种习惯"的亲子阅读活动,参加活动的主要是一年级的家长和孩子们。活动分为三个环节。第一个环节由老师和家长们交流读书的重要意义,结合推荐书籍《亲爱的笨笨猪》向家长们建议如何和孩子一起阅读;第二个环节让家长们和孩子一起选取《亲爱的笨笨猪》中的一个故事阅读;第三个环节孩子和家长一起上台,由孩子给全班讲《亲爱的笨笨猪》中的故事,家长可以帮助、提示孩子把故事讲完。在亲子阅读环节中,家长们有的给孩子讲得绘声绘色,有的和孩子们一起读得津津有味,有的聚精会神地听孩子读故事,家长和孩子们完全被书中的内容所吸引,沉浸在故事里。讲故事环节中孩子和家长接力把故事完整地呈现给大家,虽然孩子有些胆怯,但是勇气可嘉,赢得了大家的热烈掌声。

第五节 家长学校:家教指导好阵地

家长学校作为一个分年级段系统传授、专题普及家庭教育知识,改进家庭教育方法的平台,是学校家庭教育工作中的一个重要组成部分。办好家长学校对提高父母教育素质和促进孩子健康成长,促进家庭教育和学校教育发展,破解家庭教育低效难题具有重要的理论和实践意义。在家长学校开设实践中涌现出的由不同主体举办的各种模式的家长学校,是对家长学校发展的一种积极探索。创新家长学校发展的理念、模式、内涵,强化家长学校指导队伍的专业化建设和师资队伍的专业培训,提高家长学校的办学质量和教学水平,是促进家长学校优质可持续发展的必由之路和有效策略。

根据家长学校工作计划了解开设的主题	根据不同年级学生的特点
根据培训主题备好指导课	根据不同年级不同班级进行调整
安排好时间和地点	以年级或班级为单位
通知接受培训的家长	下发邀请书
上好家庭教育指导课	填写家长学校记录和反馈
总结反思	

图 4-5 家长学校开设的一般流程

◉ 问题聚焦

"好困。爸爸,我不想做作业了。明天再做好吗?"那是某一天晚上,时间已经接近 10 点了。从来都是 9 点前睡觉的薇薇此刻已经开始犯困了。"不行,必须做完作业才能睡觉。"爸爸强硬地说,丝毫不给女儿商量的机会。"但是我真的好困啊。"薇薇委屈地说。由于孩子的妈妈加班,爸爸回来得又晚,薇薇在奶奶家里根本没有做作业,一直在看电视。当爸爸把薇薇接到家里时已经快晚上9点了,可是薇薇的作业还没写。然而薇薇已经表现出了乏力、困倦,明显写不动了。

爸爸犹豫了,他是应该坚持不管多晚都让薇薇写完作业呢,还是应该让薇薇按时休息以保证第二天的学习效果呢?第二天他发微信给班主任程教师请教该怎么处理类似的问题。

教师思考

1. 提前给予家庭教育指导有助于家长及时科学地处理问题

作为有三年班主任经验的程老师,几乎每天都能收到家长通过微信、QQ、电话等方式反映的家庭教育的各种问题,对于他能把握的问题他基本上都会及时给予指导,对于他不太有把握的问题他会查阅相关资料或请教前辈后给予指导。

最近家长咨询的问题尤其多,开学近两个月,学生多有懈怠情绪,时有学科教师反映学生上课时注意力不集中,作业质量也参差不齐;家长反映最多的是孩子回家不爱预习、复习、朗读、写作业等问题。

程老师想如果能把家长共同关心的问题整理出来,通过固定的途径解答家长的疑惑,这样不仅有助于家长丰富自己的知识,及时解决面临的问题,而且也能在一定程度上降低班主任临时指导的频率,一举两得。

2. 家长学校是系统地为家长提前提供集体指导的专门方式

《关于进一步加强家长学校工作的指导意见》(妇字[2011]2号)要求:"家长学校要按照阵地共用、资源共享、节俭办学、务求实效的原则,努力达到有挂牌标识、有师资队伍、有固定场所、有教学计划、有活动开展、有教学效果的规范化建设目标。""中小学校家长学校校长由分管德育工作的校长兼任,与德育主任、年级组长、班主任、家长代表等人员共同组成校务管理委员会,负责家长学校日常管理事务。"家长学校有固定的组织机构,有专业师资和既定的教学计划,有科学的组织活动的要求等,所有这些都为家长学校向家长系统提供家庭教育指导提供了保障。

程老师基于上述这些思考,决定将自己平日为家长提供指导的内容整理成文档,并与学校校长和分管校长商讨在家长学校共享这些文档的事宜。

教师策略

程老师的想法得到了学校校长和分管校长的赞同。在提交校务管理委员会讨论通过后,该设想被交由程老师组建的团队来完成。于是,程老师循序渐进开展了如下工作:

1. 明确家庭教育指导的真实需求

程老师认为,不同年级甚至同一个年级不同班级的学生,由于受到身心发展阶段、班级文化、教师引导等多方面因素的影响,表现出来的问题不尽相同,家长面临的家庭教育问题也五花八门。所以,程老师首先要求各班班主任通过问卷、微信、电话等方式,收集家长对家庭教育指导的需求。该项工作用时一周。

2. 对家长需求分类,确定主题编制课程

当各位班主任把家长提出的需要指导的问题汇总给程老师时,他根据关键词对这些问题进行了汇总,整理出来的问题有60个。校务管理委员会召开会议,组建专门团队,对每个问题都进行了回答,并汇编了《百分爸妈60问》发给每一个家庭。对个别家长提出的问题,程老师要求班主任给予及时指导。

同时,程老师团队以学生身心发展规律、学习品质培养、家长情绪管理、家校合作共育等为专题,设计系列课程,确定课程目标、课程内容、课时、授课方式等。此外,程老师组织专门教师,对南桥镇妇联编写的《聆听孩子的心声——外来务工人员随迁子女家庭教育指导手册》进行校本化实施设计。

3. 家长学校培训方式灵活,有序开展

学校为提高家庭教育指导效果,将这些指导潜移默化地融入日常工作中,如利用家长会、学校开放日等,面向全体家长开展指导(2016、2017学年课程见表4-1)。学校还针对不同年级的学生和家长的需求,围绕热点和难点,请专家进行科学的指导(2016、2017学年专题讲座见表4-2)。另外,学校组织开展"百分爸妈"评选活动,如2017学年有40位家长获选,以宣传先进典型,弘扬新风正气。

表4-1 ××小学家长课程一览表

时 间	主 题	授课教师	对 象
2016年9月13日	陪着孩子慢慢走	校长	全体家长
2016年12月29日	关注学习品质 引领孩子成长	教导主任	全体家长

(续表)

时　间	主　题	授课教师	对　象
2017年3月2日	行规造就好未来	德育主任	全体家长
2017年9月14日	家校合力 文明同行	德育主任	全体家长
2018年1月4日	唤醒孩子,让每个孩子都精彩	德育主任	全体家长

表4-2　××小学家庭教育指导专题讲座一览表

时　间	讲座内容	讲座人	听讲对象
2016年8月21日	家有小学生 加油小学生	×××老师工作室全体成员	一年级家长
2016年12月22日	帮孩子成为学习的赢家	北京某教育专家	三、五年级家长
2017年4月5日	品质塑造孩子一生	中国关心下一代儿童发展研究中心	二、四年家长
2017年8月23日	幼小衔接	校长	一年级家长
2017年11月1日	关键的十岁	奉贤区家庭教育专家讲师团×××	三年级家长
2017年11月14日	帮助孩子迈好青春期的第一步	校长	五年级家长
2018年3月24日	播下快乐的种子	校长和某专家	一年级准新生
2018年3月30日	陪孩子一起成长	上海市教育科学研究院家教中心	二年级家长
2018年4月25日	关注孩子注意力缺失的问题	国家教育高级讲师	四年级家长

行动反思

1. 规范家长学校的授课形式

家长学校可根据家长的文化水平、孩子的年级、家庭的结构等不同进行分班授课。这样就保证了每个家长学员都能学到自己想要得到的知识。家长学校教材要采用国家权威部门指定的教材、上海市专业机构编写的家庭教育指导教材、区域教育机构根据本地区家长基本情况编写的指导教材和校本教材等。只有使用正规的教材才能保证授课质量,才能更具体、更系统地向广大家长传授新理念、新方法,才能保证家长学校的教学质量。

2. 制定完整教学制度

教师要确保每个家长学员都已登记入册,要加强对家长资料的收集;按规章制度对学员进行制度化管理;家长的学习成绩可与学生的操行积分挂钩;要对家长听课率和知识掌握率进行记载;要对家长通过学习转变观念、改变方法的事例进行记载。这样做既能保证家长学校的教学计划有效推进,也融洽了家长与孩子之间的亲子关系,实现大手牵小手共同成长进步的目标。

3. 配备专职家庭指导师资

作为学校要为家长学校配备专门的师资力量,作为教师要有志向成为专职的家庭教育指导讲师,这样才能更好地为家长学校服务。即使是兼职的教师也要提前接受家庭教育指导师的课程培训,具有讲师资格,这样才能保证家长学校教学的有效性、权威性。同时还要调动社会上一切可用的家庭教育资源,积极组建家庭教育志愿者团队,壮大家庭教育指导的师资力量。

 智慧分享

表 4-3　青岛某中学家长指导课教案(节选)

课题	和青春期的孩子一起成长
目标	16—18岁的孩子经过青春期的迅速发育后进入相对稳定的时期。其身体生长主要表现在形态发育、体内器官的成熟与机能的发育、性生理成熟等方面;在认知方面,青春期孩子认知结构的完整体系基本形成,抽象逻辑思维占据优势地位;观察力、联想能力等迅速发展;情绪情感方面以内隐、自制为主,自尊心与自卑感并存;性意识呈现身心发展不平衡的特点。这一时期,家长应引导孩子与异性正确交往,引导孩子积极开展社交活动;利用日常生活的相关事件,适时适当适度对孩子开展性生理、性心理辅导。 教学目标: 1. 通过交流沟通,帮助家长正确认识青春孩子的特点。 2. 引导家长了解教育青春期孩子的正确方法,改善亲子关系,帮助孩子顺利度过青春期。
板书	明确青春期孩子的特点 学习教育青春期孩子的正确方法 讲究沟通的艺术　　朋友式的赞美与鼓励 呵护孩子的自尊心

(续表)

教 学 过 程	课堂互动
（一）导入 　　中国一直流传着一个"爱子杀子"的故事,说的是一位母亲对儿子百般疼爱,娇生惯养,使孩子养成了不良的习惯。孩子最初的不良习惯发展为不良习气,再从恶习发展到恶行乃至犯罪,最终,孩子被判死刑。在行刑前,即将失去生命的儿子对母亲提出了最后一个要求："再吃妈妈一口奶。"就在母亲再一次献出"爱心"之际,儿子却残忍地咬掉了母亲的乳头,表达了对母亲"养不教"的愤恨。 　　小的时候听到这个故事,我对于孩子的表现感到不可理喻,长大了,从事教师这个职业后,从教育的角度再审视这个案例,我领悟到,家长对孩子教育的盲目性。父母对孩子的爱代替不了正确的教育,而正确的教育才是对孩子最深沉的爱。 　　如果说做父母是一种幸福,那么做家长就是一种责任。每一个孩子都会走进青春期,做青春期孩子的合格家长是一门学问,它要求我们和青春期的孩子一起成长。 （二）家长谈青春期孩子的变化,明确青春期孩子的特点 　　家长甲：我儿子每天随身带个小镜子,没事就拿起来照,特别爱美,上学前要整理半小时的发型。 　　家长乙：我家××本来在家里有说有笑,和我们无话不谈,现在回家一声不吭,总是心事重重的样子。 　　家长丙：有一天,收拾房间时我翻看了她的手机,手机里净是她和班里的一位男孩子发的短信,真不知她在想什么？ （三）分析案例,学习教育青春期孩子的正确方法。 **案例回放** 　　陈××,正处于青春期的孩子,厌学、不写作业、爱打扮自己,跟母亲水火不容,当母亲的话是耳旁风。 **母子之间关于周末玩多长时间的对话** 　　妈妈：你觉得一个礼拜给你几天玩合适？ 　　儿子：我要求不高,半天。 　　妈妈：你现在没有吗？ 　　儿子：没有。 　　妈妈：没有啊,你再说,你算一下,说话要凭良心讲,不要信口雌黄。我没有让你玩？我哪一次答应你的事情没做到？ 　　儿子：你都对,你什么都对,你对我太好了！ 　　妈妈很无奈：又是这副德行,就知道说了也没用。 　　陈××沉默无语,没有任何表情。 **家长交流** 　　家长甲：这样的现象屡见不鲜,经常和孩子谈着谈着就陷入了僵局。 　　家长乙：这样还好,经常你说一句,她说十句,根本说不过她,就知道犟嘴。 　　家长丙：根本没法管,什么都不听……	在这一环节,家长自由畅谈孩子们的表现。 家长在日常生活中和孩子交流时遇到的场面。

(续表)

教 学 过 程	课堂互动
总结：这恰恰说明，孩子和我们家长朋友们沟通的桥梁断了，关承华在《别和青春期的孩子较劲》一书中曾说："经过多年摸索，我得出一个结论：只要孩子把内心的真实想法说出来，就没有解决不了的问题，就没有什么可怕的事。"尹建莉在《好妈妈胜过好老师》中曾说："我最害怕的是孩子关上了沟通的大门。"这足以证明沟通的重要性，我们一起学习掌握沟通的技巧。 1. 理解万岁 即使青春期孩子的想法或行为出现了一些问题，也应该站在孩子的角度思考，多给孩子一些理解和宽容，耐心地告诉孩子自己的看法和想法，以及自己反对的原因。家长切忌简单粗暴地否定孩子，或以父母的"权威身份"粗暴地反对孩子的想法和做法。 2. 充分信任 平日生活中，父母应该经常表示出对孩子有信心，相信他们能够把自己的学习和生活处理好，父母给予的信任会拉近他们与孩子的距离。 3. 少下命令 如果你想要求孩子做些什么事，应该采用商量的态度。对孩子过多的要求和乱下命令，不但会让孩子产生压力，还会激起孩子的逆反心理。 4. 避免唠叨 对于同样一件事情，说的次数多了，肯定会让人烦，也会激起孩子"你越不愿意让我做，我越要做"的反叛心理。对孩子的一些要求应该以坚决、明了、平和的态度对孩子说出来。当孩子犯错误时，不要像"翻老皇历"一样把孩子之前的错误都说出来。 温馨提示： 讲究沟通的艺术，打开孩子心灵的大门，进行平等的交流沟通。当孩子心灵的大门关上时，一切都是徒劳的。 （四）好书推荐：《别和青春期的孩子较劲》 这是一部关注家庭教育、关注青少年成长的书。作者关承华是一位从教近30年的老师，同时也是一位家长。她从青少年的心理特点出发，结合了自己工作实践中的大量案例，剖析孩子们的烦恼，解答家长们的困惑，化解了孩子眼中的"更年期"家长与父母眼中的"青春期"孩子之间的矛盾，为孩子与家长的沟通、理解架起了一座"心"的桥梁。 （五）听听孩子的心声——"爸爸妈妈我想对你说" 总结：让我们以沟通为桥梁，用朋友式的赞美，保护好孩子向上的美好心灵，帮助孩子走出青春期的困惑，和青春期的孩子一起成长。	谈谈自己对"沟通"的再认识。

（郭荟萍.家长指导课教学案——和青春期的孩子一起成长.https://wenku.baidu.com/view/fcc74ec4941ea76e58fa047f.html.）

第五章 ‖ 个 别 指 导

家庭教育的个别指导可以使教育更有针对性,更有利于因材施教。教师要针对学生的个别问题及时与家长沟通,共同商讨教育儿童、青少年的方式方法。作为集体指导的补充,个别指导是一种常用的有效方式,这种指导方式比较灵活机动,便于进行,也更具针对性。

本章主要介绍三种家庭教育的个别指导方式:上门家访、邀请个别家长来访和在线个别指导。

第一节 上 门 家 访

家访是家庭访问的简称,是进行个别家庭教育指导的一种常用的有效方式,是密切教师与学生、教师与家长之间的联系的有效途径,是强化学校教育与家庭教育结合的重要渠道。通过家访教师能深入了解学生的家庭教育状况,和家长更好地形成合力,寻找对策。

随着社会的发展,通信工具越来越发达,电话、微信、QQ 等让家校之间的沟通越来越便捷。于是,不少教师尤其是年轻教师觉得上门家访费时费力,加上有的家长对教师的上门家访不太热情甚至并不欢迎,有的教师到学生家里家访便成了走马观花,坐坐就走。众多的原因让家访逐渐流于形式,失去了应有的作用。

其实,手机屏幕上的文字没有生动的语音语调,电话两端的人看不到对方的面部表情,而传统的老师上门家访,有它独到的优势,教师可以通过家访了解学生

提前备课	设计
预约时间	尊重
实地家访	聚焦 注重沟通艺术,保持平等关系;找到共同语言
持续跟进	关注

图 5-1 上门家访的一般流程

家庭学习环境、家庭人际氛围,拉家常式的面谈更能让学生和家长感受到老师的关心和重视,更能敞开孩子与家长的心扉,增进彼此情感的交流。奉贤民风朴实,人情味重。如果有老师去学生家里家访,那家长一定会对老师产生亲切感。

问题聚焦

> 六年级的小华同学,在开学第一个月就出现上课注意力无法集中的问题,教师对其进行教育后,他出现了抵触心理,有时干脆躲进厕所不出来。由于六年级是初中的预备年级,小华的这一问题很有可能是他不适应初中生活导致的,因此班主任和任课老师商量后,决定去小华家进行一次家访。

教师思考

"小升初"是一个人成长过程中的关键时期。对孩子来说,从小学到初中,这是一个跨越,因为无论学习内容、学习方式还是学习心态都将发生很大变化。譬如科目增多,难度加大,普通的常识性知识越来越少,反映客观事物规律、考验逻辑严密性的知识越来越多。部分学生由于不能适应这种变化,对学习信心不足,成绩下降,不知所措,需要教师家长共同努力一起帮助学生克服困难,适应中学生活。教师要通过家访,了解学生的家庭情况、家长的教育理念,把学校的教育要求告知家长,使家校拧成一股绳,劲儿往一处使,帮助学生健康成长。

上面的案例中,小华同学刚进入中学,还没有很好地适应中学的学习节奏,产生了学习上的不适应,没有学习动力,从而用其他方式来躲避学习。家长对于小学和中学在学习方法及要求上的不同并不知道,让家长及时了解孩子的不适感很重要。学生刚升入六年级,班主任刚接班,此时老师最好能通过上门家访及时和家长沟通。

那么我们在家访时应该注意哪些问题呢?

1. 选择恰当的家访时机

选择好家访的恰当时机,才能使访问产生最佳效果。家访时机的选择应从了解学生、家长及家庭诸方面的情况着手,即从学生的表现、学生的心理、家长的作息规律、脾气性格特点及家庭近期的种种实际情况出发考虑。

遇到以下情况请老师们抓住时机及时进行家访,以发挥家访的功能,争取良好的教育效果。

(1) 班上有新生或新接班。

(2) 学生思想或学业有进步。

(3) 学生思想、情绪或学业有较大波动。

(4) 学生病事假超过三天或家庭发生变故。

(5) 学生在校发生意外事故。

(6) 学生在校发生重大违纪违规行为。

其中,针对意外事件的家访应及时赶到,可以让家长感受到老师对孩子的关心及对事件的关注,及时安抚学生和家长的情绪,这样有利于事件的后续处理。其他家访一般应提前预约,具体时间可以双方协调商量,老师不能以"自我"为中心,随意安排家访时间,应考虑到家长的客观实际,避免在家长上班时或上班前的短暂时刻、学生家庭用餐的时间、学生家里有客人或有事时、学生父母间有矛盾时进行家访,避免给家长增添麻烦,引起家长的反感,从而影响家访的效果。老师们要做个细心人,将心比心,依据具体情况进行具体分析,巧妙地选择好时机。

2. 理解家长对待家访的态度

一般而言,家长对老师的家访都是比较欢迎的,因为老师到访会让家长觉得自己的孩子是被老师重视的。当然,偶尔也会发生家长不欢迎老师家访的情况。一种原因是家长真的忙,或者家里情况不方便。每一个人都有自己的难处,老师也要换位思考,设身处地表示理解。如果家长因为忙或家里不方便而无法接待老师家访,我们可以预约家长在方便的时间到学校来沟通。另一种原因,则是家长对老师的家访存在抵触情绪。这可能是因为以往老师的家访或日常老师与家长的沟通都是以告状为主,比如,说孩子各种各样的问题,批评孩子的同时兼带批评家长,讲话不注意方式方法,伤害了家长的自尊,导致家长的抵触情绪。

作为教师一定要耐心,不能气馁。首先从情感上走近学生和家长,让家长感受到老师的诚意,打开家长的心门。其次,在家访前一定要做好充分的准备。

教师策略

以上述"问题聚焦"中的案例为例,我们看看老师是怎么家访的。

（一）前期准备

1. 提前备课，设计内容

在家访前教师要对小华最近一段时间以来的在校情况进行梳理总结，包括：

（1）从学习、生活、交往等各个方面全面梳理小华在校的表现，特别关注他表现好的方面，如：助人为乐、和同学相处融洽、对数学学习积极性很高等。

（2）聚焦小华目前语文、英语学习动力缺乏的现状，梳理改进意见和具体方法等。

2. 电话确认，预约时间

给小华妈妈打电话，商量并确定具体合适的家访时间。

（二）流程

1. 表达家访目的，拉近与孩子及家长的情感距离

一进家门，老师就感觉到小华妈妈的拘束，于是，老师对小华的妈妈说："我这次来，主要是想更多地认识一下小华的爸爸妈妈，大家增进了解，一起努力，帮助小华尽快适应中学生活。"亲切的话语能够消除家长认为老师家访就是告状的误解，为良好的沟通做好了铺垫。

2. 观察孩子的家庭环境，了解孩子的成长背景和生活习惯

通过沟通老师了解到，小华父母都是外来务工人员，在上海没有依靠，工作繁忙，经常早出晚归，家里又没有老人照应，经常无暇顾及孩子，再加上妈妈文化水平不高，不能有效地辅导孩子的学习并培养孩子养成良好的学习习惯。

3. 沟通孩子的在家和在校表现，分析孩子的具体情况

老师先从小华待人处事的表现说起："小华在学校和同学相处融洽，热情大方，会主动帮助班级做事。"妈妈听了很高兴，"他数学课上积极举手发言，课后作业完成得较好，数学成绩也还是不错的。"老师边说边展示孩子的数学作业，小华妈妈的脸上流露出了骄傲的神色，她很自豪地说："小华从小就很聪明，我们从来不用太担心他的学习，而且他在家还主动做家务，为爸爸妈妈分担。"老师认真地听完妈妈的讲述，对小华的好表现及时予以肯定。但妈妈也说到了："我们家长工作忙，下班时间不固定，孩子经常无人陪伴，无人督促，孩子自控能力不强，我们文化水平有限，对孩子学习、作业的监督指导实在力不从心。"

4. 提出对孩子的希望，对孩子的发展进行具体指导

老师肯定了小华是个聪明懂事的孩子，指出小华已进入从小学到中学过渡转

型的关键时期,如果养成良好的学习习惯,有了积极向上的学习动力,他一定能有更大的提升,但目前小华的学习习惯还未养成,学习动力不足,需要老师和家长共同努力,小华妈妈频频点头。

看到小华妈妈已经认同了老师的观点,老师随即针对小华目前的情况提出指导建议。

(1) 家长要多多鼓励孩子,多多看到他的闪光点,多多看到他的进步,及时肯定和鼓励,告诉孩子他能行,还能做得更好,帮助孩子树立自信心。

(2) 帮助孩子制定一个合理的目标,并不断进行调整、完善,采用激励、奖励等各种方法,帮助孩子实施和完成计划,培养良好学习习惯。

(3) 建议家长加强对孩子家庭作业的检查,不需要检查对错,每天检查一下作业的字迹是否端正,问一问是否完成了读背作业,让他读一读、背一背等。家长有什么问题可以在家校联系册上留言,借助老师的帮助,推动孩子进步。

小华妈妈很愉快地接受了老师的建议,表示不能让孩子再这样偷懒了,家校沟通初步达成共识。在此之后,小华的家庭作业完成情况好了许多,日常的背诵默写过关也渐渐跟了上来。之后老师也经常和小华妈妈交流,发现小华妈妈在那次家访以后就把工作做了调整,早点下班能够陪着孩子。在妈妈的陪伴关心下,小华的学习习惯开始慢慢养成,学习兴趣和学习动力也明显提高。

● 行动反思

成功的家访,要求教师在与家长沟通时能做到人情练达。什么叫人情练达?就是指阅历多而通达人情世故。教师要做到人情练达,必须注意"二要"、"二不要"。

1. 要保持平等的教师、家长关系

(1) 态度谦和,不盛气凌人

教师和家长,从工作关系上讲,地位是平等的,都是学生的教育者。教师和家长的目标也是一致的,都想培养好学生。所以,教师说话态度要谦和,要有礼貌,给人可敬可亲的感觉,这样家长才会向你敞开心扉。教师不要盛气凌人,说话像传达命令,说一不二,家长必要的申诉也一概不睬,好像这样才保持了"为师"的尊严。其实,这样做只会在教师自以为保持尊严的同时给家长留下主观武断、心理素质不佳的印象。

(2) 有礼有节,不懦弱求人

教师到表现差、有不良行为且屡教不改的学生的家里进行家访时,有时会碰到蛮横无理、一意包庇孩子的家长。面对这种家长,教师要坦然处之,坚持有礼有节,开诚布公地指出孩子的缺点,说话时不能吞吞吐吐、含糊其辞。如果教师表现出对学生无可奈何,有求于家长,只有请家长"帮帮忙"才能管住学生,家长会觉得教师性格懦弱,缺少经验,内心深处就降低了对教师的信任感。

2. 要找到与家长的共同语言

在教育孩子的问题上,家长和教师的愿望是一致的。家访开始,教师要避免单刀直入,可先围绕一些家长感兴趣的话题聊上几句,创设良好的谈话气氛,力求与家长产生共鸣,取得家长信任。然后,教师再逐步将话题引入正题,向家长了解、介绍学生的情况。一般地说,家长都想从教师那里了解到孩子的优点、长处,特别是后进生的家长,他们非常想从教师那里了解到孩子最近的进步。因此,我们在家访时,也要"扬长避短",尽量多谈孩子的进步和闪光点,并把孩子的进步归功于家长教育的结果。这样的家访,一定会受到家长的欢迎,在此基础上,教师再要求家长配合,共同教育学生,使其进步得更快、更好。只有当家长相信教师是在真诚地关心和帮助他们的子女时,才有可能实现双方的合作。

3. 不要对后进生的家长流露出厌烦情绪

社会是复杂的,生活境遇的不同常导致不同个体生活理念的差异。有些家长认为,子女的调皮顽劣是一种聪明,而谦恭忍让则是一种愚陋。这时候教师不能对家长流露出厌烦情绪,武断地打断家长的谈话,甚至直接批评家长的错误观点。无论在什么情况下,教师都要耐心倾听家长的意见,即使有的意见不一定正确,也应当在其中找到自己应考虑的东西。在耐心倾听家长的意见后,教师要坚定立场、耐心细致地从学生的心理特点、发展趋势入手,阐明观点,引导家长改变片面陈旧的理念,达到间接教育的目的。

4. 不要接受家长的礼物

有的家长出于感激之情,可能会送些礼物给家访的教师,对此教师要婉言谢绝,并且不要在学生家中用餐。如果教师接受了礼物或在学生家中用餐,不仅会增加家长的负担,而且不利于下次家访;同时会给学生留下坏印象,不利于对学生的教育。

智慧分享

不同类型的学生家访

(一) 对生活贫困生家访要"帮"

生活贫困生是班级中一个不可忽视的"弱势群体"。无论在农村,还是城市,由于经济条件的限制,一些生活贫困生学习情绪往往不大稳定。这些学生容易成为"辍学生"。因此,老师如果能够经常地家访这些贫困生,就可以有效地调节他们的情绪,对稳定班级、控流有着重要作用。老师家访贫困生要做到三"帮":

1. 帮解决难题。针对贫困生家庭的不同情况,老师要力所能及地帮助他们,如发动全班同学捐款、捐物等,帮助贫困生向学校申请助学金,或开展"一帮一"、"手拉手"等活动,以解其燃眉之急,让他们稳定情绪,安心学习。

2. 帮鼓舞士气。针对那些家庭特别困难的学生,老师还要经常帮助他们树立"家贫志不贫"的信念,激起他们敢于面对困难、战胜困难的决心和勇气。

3. 帮激发热情。随着知识经济时代的到来,"谁占有知识谁就拥有未来"的观念已深入人心。通过多次家访,老师要反复向家长和学生阐明"知识改变命运"、"知识创造财富"的深刻内涵,以激发他们努力克服困难、更加刻苦学习的热情。

(二) 对行为偏差生家访要"勤"

所谓行为偏差生是指班级中那些纪律和行为习惯有问题的学生。这些学生由于家庭背景复杂,是班级中的不安定因素,是典型的"问题生"。老师如果不能尽快找出他们的"病因",及时对症下药,就容易出现严重后果。因此,对行为偏差生的家访是老师家访的重中之重。老师对这些学生家访的重点是:

1. 讲明严重后果。家访时老师要及时、严肃、反复地向家长、学生说明不良行为的严重危害,如不及时加以约束和控制,将导致严重的后果,会给社会、家庭、个人带来巨大危害。

2. 深挖偏差的根源。每一位行为偏差生的背后都有一段曲折的故事。老师家访时就要深挖他们的"病根",通过深层次的"CT"、"核磁共振"检查,切中要害,然后才能对症下药,药到病除。

3. 细列纠改措施。帮助行为偏差生尽快走出偏差误区是老师家访的根本目的。老师根据深挖到的"病根",帮助家长、学生尽快制定出详细的纠改计划和严格的督促措施。只有措施得力,方法适当,这些行为偏差生才能逐渐迈上健康成长的轨道。

学生的每一点进步,尤其是行为偏差生的进步往往不是一步到位的,必然有一个反复的过程,家访后,老师要对学生勤加督导,这是家访中一个至关重要的巩固环节。当然,这里的勤也是有讲究的,对行为偏差生的家访次数也不能太过频繁,否则会给学生和家长留下老师无能为力的坏印象。

(三)对性格内向生家访要"细"

俗话说,江山易改,禀性难移。性格内向生的成因比较复杂,他们中大多数人存在孤独、多疑、偏执等不良心理,在班级中经常表现出不合群、认死理、爱钻牛角尖等,有时会出现极端行为。对这些学生进行教育难度较大,因此,对他们家庭进行细访就尤为必要。

(四)对品学优等生家访要"激"

品学优等生是指班级中思想品德与学习成绩都比较优秀的学生。他们在班级中不仅大多受到老师的青睐和信任,而且也多为班级干部,是班集体建设中的骨干和核心。正因为是班中的"精英",所以他们就更容易骄傲自满,不图更大的进步,故步自封。"金无足赤,人无完人",再优秀的学生也有缺点和不足。老师要根据这些学生的不同情况有选择地进行家访,这样不仅能极大地调动品学优等生的学习积极性,促进他们品格的锻炼,而且还可以及时地帮助他们克服骄傲自满的情绪,更好地促进他们的更快发展和健康成长。

(桃之夭夭.怎样进行有效的家访.http://blog.sina.com.cn/s/blog_3f29dc460100f4il.html.)

第二节 邀请个别家长来访

随着现代家庭结构的变化,家长对孩子的期望值不断提高,家长参与子女教育的意识也愈来愈强。为及时全面了解子女在校情况,有些家长时常会主动拜访班主任。家长的来访主要分为主动来访和应邀来访。前者一般是家长为询问孩子的情况及存在的问题主动来的,后者是班主任为解决某些问题而特意邀请家长来访的。

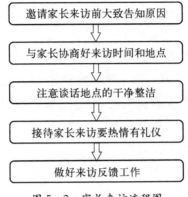

图 5-2　家长来访流程图

问题聚焦

一位学生在校违纪,致使一位同班同学受伤,于是,班主任决定邀请该生家长到学校,共同协商赔偿医药费的问题。但是,家长到办公室后,语文、英语、数学老师你一言我一句:"他最近作业一直不做,你知道吗?""你在家里是不是不管他的作业啊?""你再不好好管管他,就真来不及了。"……家长低下了头,不知道该说什么。班主任老师要解决的问题却被拖延了。

教师思考

接待好来访的每一位家长是我们班主任日常工作中一项繁琐却又十分重要的工作。我们必须用真心、真情去面对他们,及时与他们进行耐心细致的沟通,争取在教育方式、方法上取得共识,使学校教育和家庭教育能够和谐统一。

1. 耐心而仔细的倾听

班主任不要轻易打断家长的话,更不能横加指责,而应耐心倾听、仔细分析,从而对学生有一个更全面、更真实的了解,为随后更有针对性的教育提供可靠依据。

2. 诚恳而坦率的分析

家长来访的主要目的是希望真实了解子女在校各方面的情况,所以,班主任应对其子女在学校表现出的个性品质、学习成绩、能力等坦诚相告,充分肯定其成绩、长处,同时对其存在的问题不回避,详加分析,坦率地指出由此带来的危害,与家长一起找出原因,寻找合适的对策。

3. 科学而含蓄的指导

学校教育和家庭教育在教育内容、教育方式等方面会存在一定的差异。班主任应当抓住家长来访的机会,取得家长的理解、支持和帮助。在具体方法上,班主任可以先提出自己的设想、目前采取的措施以及正准备采取的方法,然后征求家长的意见,以求达成共识。

4. 切实而可行的措施

仅有美好的愿望而无具体落实的措施是不行的。家长来访的目的最终是要在某个方面取得实效。因此,在接待时,班主任还必须与家长落实好各项要求的检查、验收的时间及方式,定期互通信息,并及时调整和补充。

教师策略

鉴于上次家长来访不成功,班主任老师通过电话向这位家长说明是因为自己考虑不周导致场面失控,并真诚地向家长道歉;同时,班主任希望家长能支持自己工作,重新选择时间来访。家长在犹豫再三后同意第二次来校面谈,班主任老师这次采取了如下处理方式:

1. 选择谈话地点

向学校申请专门的接待室。良好的谈话环境有利于消除谈话双方的顾虑,有助于双方推心置腹地交流学生的情况,尽快达成教育学生的共识。教师与家长谈话的地点在操场边、走廊以及过道旁的绿荫树下较为合适,如果学校条件允许,最好是找专门的会议室或者接待室。

2. 注意良好的态度

家长到校后,班主任老师感谢家长的支持,并再次就上次自己的工作失误表达歉意。然后班主任介绍了班级最近的教育教学情况以及该生在学校的表现,对该生的努力和家长的支持表示肯定。家长的紧张情绪得到缓和。

3. 协商问题处理方法

就赔偿医药费的问题,班主任跟家长说:"都是七八岁的小孩子,调皮是难免的,关键是通过这次事件我们要让孩子认识到不遵守纪律带来的后果,以及这样做给别人带来的伤害。您作为家长,要和学校共同教育孩子。"这位家长听老师这样的一番话语后,觉得很有道理,认识到自己孩子所犯的错误,同意尽快赔偿医药费。

4. 征求家长意愿请个别任课教师与家长沟通

事情顺利处理好,班主任征求家长意见,问其是否想了解孩子在某个学科的学习情况,如果愿意,自己将请该科目任课教师来接待室与家长单独沟通。家长表示因为工作时间关系,自己这次仅能和一位任课教师沟通,以后分别请教各位老师。班主任邀请某位任课老师单独与家长交流。家长事后非常感谢班主任细心周到的接待。

● 行动反思

家庭教育是学校教育的重要补充。对于家长的来访,班主任应将之视为自己工作的一个延伸。对家长提出的意见和建议,班主任要虚心接纳;与家长产生意见分歧时,班主任切莫与家长产生争执,而要适时引导他们站在教育孩子的角度去思考,以理服人,以良好的师德服务家长和学生。这样的教育才会是人民满意的教育。接待家长来访要注意以下几个问题:

1. 接待要热情

班主任在接待学生家长来访时,无论是对优秀学生的家长,还是对后进生的家长,都要热情欢迎,认真接待,让家长产生亲切感,哪怕学生已经发生比较严重的违纪问题,也应在宽松气氛中处理。因为家长如果感受到了班主任的真诚和尊重,就会从感情上接近班主任,乐于同班主任探讨学生的教育问题,乐于协助班主任采取措施做好学生的工作。

2. 注意谈话技巧和调动家长谈话的积极性

首先,班主任的谈话要做到宽严有度。严,是指班主任反映学生违纪情况或其他不良行为时不仅要严肃,而且要谨慎,对学校已形成定论的处理意见既要坚决执行,又要做好对学生家长的解释工作。宽,是指班主任在反映学生违纪情况的同时,应实事求是地指出该生的闪光点,进行客观的评价。这一宽一严的目的在于既给家长以压力,又让家长有信心。其次,倾听家长说话,认真记录。最后,班主任提出近期转变学生思想的初步计划,请家长谈谈看法。

3. 谈话时间要适度,切忌冗长拖沓

在弄清目前问题,找出解决问题的办法和途径之后,班主任应该果断地结束谈话内容。这时,班主任应注意做到对本次谈话进行小结,态度要庄重;再次征求家长意见,对家长提出的问题要不厌其烦地解释,让家长弄懂满意为止;对一些尚待解决的问题,也要同家长讲明白。访谈结束后,班主任还应严肃认真地反思谈话过程中的不足之处,认真总结本次谈话的经验教训,克服缺点,以便今后做进一步研究。

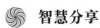 **智慧分享**

为家长来访设置接待室

家长们有时要到学校里找老师谈话,询问学生的在校情况,学校有时也会请家长到校处理学生事务,因为没有专门的接待场所,所以接待家长一般都在老师办公室里。办公室是个公共场所,在这里谈问题,一是会影响其他老师办公,二又会因一些谈话内容的隐私性让家长感到尴尬,如牵扯到学生的成绩、犯的错误、家庭状况等内容时,有时为了避免这种尴尬,许多家长就只好与老师在室外会谈。

为了改善老师和家长会谈的条件,学校应设置专门的家长来访接待室,让家长和老师有一处共商教育之计的专门场所,提高学校的服务水平。接待室内应有配套的待客设备,家长在这里要有地方坐,老师还可以为来访家长倒上一杯热茶,拉近家校距离,让家长有宾至如归的感觉。如果家长要找的老师暂时有课不能来,家长则可以在接待室中阅读专门为家长置备的家教书籍,一边读书一边等人,没有在办公室与一群"陌生人"待在一起的尴尬,也没有站在室外不受尊重的感觉。

在接待室里,双方会谈可以无所顾忌,家长想问的情况老师可以介绍得透彻明了,老师想了解的情况家长也可以说得清楚。没有局外者的干扰,老师和家长之间的会谈更深入,更轻松,时间也会长一些,不像在办公室里那样说上三言两语家长就要匆匆离去。

为家长的来访提供一个专门的接待室,让家长到学校有地方去,有椅子坐,有茶水喝,有书可看,有时间可谈,并且可以放心谈,这是对家长的一种善待。这样家长们再来学校找人,问事或是处理问题就不那么头疼了。

(史峰.为家长来访设置接待室[J].教书育人,2006(12):64.)

第三节 在线个别指导

家访是任课教师,尤其是班主任工作的一部分,也是与家长共同商洽如何教育学生的一个重要环节。家访不仅是学校教育的延伸,也是家庭指导的一种补充。传统的进门家访是一种不可或缺的、有效的家教指导方式。在网络时代,家教指导的途径和方式则越来越多,不仅需要进门家访,更需要及时的、便捷的"互联网+"背景下的在线个别指导。

随着社会的进步,网络时代的到来,即时通信工具的广泛应用,家校沟通出现了不少创新的形式,电话、微信、QQ等目前正成为教师和家长交流的重要工具。它们能十分方便地让教师和家长联系,有利于满足多元家庭的需求。这种通过电话、微信、QQ等现代通信工具进行的家校沟通,其实也是家访的一种形式。因为只要动动手指就可以了,所以被人们形象地称为"指尖家访"。

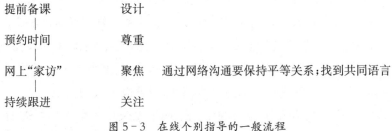

图 5-3 在线个别指导的一般流程

● 问题聚焦

> 某小学曾针对五年级的学生家长做过一次调研。结果,在有效回收的二百多份调查问卷中,有三分之二的学生家长会选择婉拒老师的入户家访。
>
> 调查问卷显示,这个年级的学生家长中,有很大部分是外来务工人员,他们普遍对居住环境不满意,不太愿意让老师看到自己"家"的状态。
>
> 了解到这样的情况,老师们调整了家访的形式,改为预约式家访,

家长们可以选择合适的时间接受家访,也可以到学校与老师谈谈,或者选择直接在手机、QQ、微信上接受在线个别指导。

教师思考

现代化进程的滚滚车轮,让这个世界发生了翻天覆地的变化。曾经很流行的上门家访,已经越来越少了。一方面,多元化的通信工具更加低成本、高效率,还不受时间、空间的制约;另一方面,高大的建筑、穿梭的车流和拥挤的人群,让上门家访变得不那么轻松。在城市里,学生居住在不同的区域,一次家访往往要花费老师不少时间"行走在路上"。

急剧的社会变迁,需要家访与时俱进地融入更多的"时代感"。家访的初衷,在于促进家长和老师的良性互动,塑造教育合力。通过微信、QQ、电话、短信等通信方式,家长和老师即使不能面对面沟通,也能够就孩子的学习状况、生活习惯、精神世界的发育等状况进行交流。在线个别指导尽管看上去不够美好,却是不可阻挡的时代潮流。

教师策略

1. 进行在线个别指导前要做好访谈准备

首先教师要了解学生家长的姓名、年龄、职业以及家庭基本情况;其次要明确在线个别指导的目的,即通过访谈要达到什么效果;再次对在线个别指导的过程进行设计,列出家访的内容提纲,做到心里清楚。

2. 进行在线个别指导时要注重访谈礼节

教师在与家长对话时态度要诚恳亲切,绝不可用"居高临下"、"盛气凌人"的姿态对待家长。由于不是面对面的交谈,对方的表情都看不到,而家长教育子女心切,对老师的话一般都很在意,因此教师在与家长对话时的语气语调就显得尤其重要。教师应尽可能地用平静的心态、平和的语调把家访的内容告诉家长,与家长进行探讨,尽可能让家长时时感受到教师对孩子的关心。

3. 进行在线个别指导要把握家访时机

在线个别指导最好是选择学生不在父母身边的时候进行,以免让学生陷入尴尬的境地,或让学生陷入不安甚至恐慌的情绪中。教师进行在线个别指导要尽量选择家长下班以后的时间,让家长有充足的时间和平静的心态跟教师交流。同时,家长总是很希望及时了解学生在校的学习状况和在校表现,教师切忌让家长觉得"家访就是告状",当学生取得好成绩时,教师要及时将喜讯告知家长,让家长与孩子共同分享成功的喜悦,鼓励孩子继续努力。在交谈时教师应充分肯定家长付出的辛劳,鼓励其更积极主动地做好家庭教育工作。当学生出现成绩滑坡或其他问题时,教师要及时与家长联系,使其知晓实情,并同家长一起分析学生存在的问题的根源,共同寻求解决问题的有效办法。

4. 进行在线个别指导时要掌握访谈要领

开始微信、QQ等在线个别指导前,教师应首先报出自己的身份和姓名,然后要对家长进行恰当得体的称呼,消除家长的紧张情绪。在交流中,教师要善于运用赞赏的语言,对学生多表扬,少责备。如果学生存在不足,教师应委婉地指出,找准切入点,尽可能营造出一种和谐的交谈氛围。教师的谈话内容要简洁明了,言简意赅,尽量缩短交流时间。交流结束时,教师应向家长致谢。

5. 进行在线个别指导时要深刻接受访谈信息

由于在线个别指导或只闻其声或只见其字,就是不见其人,因此,教师要注意聆听、细看家长反馈的信息,以便于了解学生在家的情况和家长的态度,及时调整自己的工作思路。

如果家长对孩子有沮丧、失望的心情,教师要设身处地帮助家长分析问题的症结所在,要善于发掘孩子的闪光点,点燃家长的希望之火。教师要向家长传播先进的教育理念,指导其调整自己的教育方式,用科学的方法教育孩子。

教师要正确对待家长的反馈意见,当家长对学校或某个教师不满时,教师要认真地查找原因,做好沟通工作。特别是当家长用隐晦的语言表达对老师某些做法的不满时,教师要用宽阔地胸怀来对待,勇于承认不足,及时改进工作方法。

6. 进行在线个别指导要不断改进方式

家访并非一定要亲自见家长,有时也可以"信访",比如发放调查问卷、写信、打电话等。在城市或城乡接合部,夫妻双双外出打工的现象较为普遍,班里留守儿童非常多,有的家里甚至只剩下孩子自己一个人。教师如果只是装模作样地例行公事,到学生家里走走看看、说说听听,很难在学生心里激起浪花,也起不到多大作用。教师必须想办法建立起与家长联系的新通道。

行动反思

1. 在线个别指导的特征

（1）操作便捷

随着信息技术的不断发展，家长与教师交流的方式、方法发生了根本变化。教师可以在条件允许的情况下，随时与家长联系、沟通。而且教师可以与家长分享图文并茂、容量较大的内容。

（2）内容有针对性

在信息化环境下，教师与家长的沟通多数以一对一的方式呈现，教师对家长家教行为的指导渗透在个别联系之中，指导内容因人而异，具有较强的针对性和随机性。

（3）形式灵活

在线个别指导不受时空的限制，无论在家中还是在单位里，家长都能自由选择适当的时间，与教师就需要交流探讨的问题进行沟通，灵活方便。同时，在线个别指导没有固定模式与内容，家长与教师有较强的自主选择权，不仅可以自由选择时间，而且可以用各自喜欢的方式进行交流。

（4）关系平等

家长与教师是平等的一对主体。在线个别指导无形之中淡化了教师指导者的形象，使家长和老师在互抛、互接球的过程中改变老师讲、家长听的被动式指导方式，从而增进彼此的情感，使教师与家长都能积极参与到互动式指导、教育工作中。

2. 在线个别指导的方式

（1）开学前老师通过 QQ 群对每个孩子的假期情况进行了解，相当于做了全班家访。

（2）一些老师经常利用"校信通"给家长发一些相关信息，通知一些需要家长配合的事情，以及一些考试或作业情况等。

（3）有些老师除通过手机信息告诉家长孩子在学校的表现和当天布置的作业外，每晚还不忘打开自己的电子信箱、登录 QQ，查看家长给自己的信件，并进行回复。

3. 在线个别指导的优缺点

（1）优点

① 学生居住地分散，在线个别指导可以节约教师的时间，缓解工作压力；

② 部分学生家长在外地工作，在线个别指导可以解决教师与家长因空间距离无法及时交流的问题；

③ 部分家长注重隐私，或是工作较忙，教师登门拜访与他们的作息时间冲突，导致家长抵触教师上门家访，在线个别指导可以避免这类尴尬；

④ 教师通过在线个别指导能够及时迅速地向家长反映学生在校的各种情况以及学校的工作动态；

⑤ 有的家长不善于与人交流，部分家长甚至在与教师的面对面沟通中有紧张感，在线个别指导可以避免这类尴尬；

⑥ 班级人数众多，"指尖家访"能够使教师的家访工作快速顾及到每一个学生，加强了教师与学生、家长的沟通。

（2）缺点

① 不是面对面促膝谈心式的交流，教师和家长缺少直接沟通；

② 教师不能及时、客观、准确地了解孩子的家庭与生活环境，不容易了解孩子学习与生活的真实情况；

③ 在线个别指导让部分家长感觉教师比较陌生与疏远；

④ 在线个别指导中的时空差会导致沟通不畅、信息反馈不及时，容易造成信息失真；

⑤ 部分偏远地区缺乏能够支持在线个别指导的基础设施；

⑥ 在线个别指导要求学生家长具备较高的文化素质和良好的沟通能力。

智慧分享

信息化家访手段利弊谈

在"互联网＋"时代，不少中小学校借助网络资源优势，对原有的家校合作模式进行了有效的拓展和补充，纷纷构建起网络环境下的家校合作新模式。通过电话、短信、QQ、微信等方式进行交流，不仅方便快捷，同时老师和家长也都少了一分拘束感，更容易畅所欲言。

1. 电话、短信家访

与教师通电话是家长了解孩子在校表现的最便捷的方式,也是班主任与家长运用得最频繁的方式。

电话家访在处理、通报学生的紧急情况和突发事件时的作用尤为突出,适合不会使用网络的中老年人,如学生的爷爷奶奶等。

2. QQ 家庭教育指导

通过 QQ,许多家长能及时看到老师的留言,了解孩子在学校里一天的学习情况。如双方同时在线,老师和家长还可以共同探讨如何教育孩子等问题。

QQ 聊天这种家访方式的优势在于,家长、班主任及任课老师能充分整合资源,家长可以很方便地与班主任、任课老师沟通、交流,家长之间也能互相支招。这种形式适合于能熟练使用电脑的中青年家长,一般是学生的爸爸、妈妈等。

3. 微信家庭教育指导

"孩子的作业记录单忘在学校了,哪位家长可以把周末的作业发一下?"这是一位家长在班级微信群里发出的求助信息。很快,就有家长把作业单拍了照片传到群里。

"孩子们,暑假快过去了,收收心学习吧,下面是暑假实践作业小提示。"这是一位班主任在假期里发在班级群中的信息。

现在的年轻家长非常潮,纷纷加入班级微信群。原来很多不与老师联系的家长,也都利用这个机会针对孩子的学习情况与老师进行了简单的交流。老师对表现好的学生会给予鼓励,对存在问题的学生的家长也会进行适当指导。可见,微信,让交流互动变得更加方便快捷。

电话、微信、QQ 拉近了人与人之间的距离,使交流更加便捷高效,无论大家是否接受,这都是一种进步。在线个别指导的速度和广度,是传统家访无法做到的,而传统家访的面对面沟通,又是通过微信、QQ 隔空交流所不能及的。网络可以弥补传统家访不够及时、便捷的不足,而传统面对面的家访,可以弥补在线个别指导感情沟通的不足。不可否认的是,家访形式多元化是必然趋势,但上门家访依然不可或缺。

(王贺,李宗峰.信息化家访手段利弊谈[J].辅导员,2017(15):8.)

第六章 ‖ 媒 介 指 导

家校联系指家庭和学校为了实现共同的教育目标,彼此了解、相互合作,通过语言等多种媒介进行的信息传递、思想交流的行为。教师和家长通过互相交流与沟通、共同讨论与研究,来促进学生健康、全面的发展。家校联系有多种方式,就其使用的媒介来说,有传统媒介和现代媒介之分,两类媒介各有优劣,教师需要根据具体情况进行选择。

本章主要介绍传统媒介和现代媒介的选择和利用,并以现在普遍使用的微信(QQ)群为例,对教师在家教指导中正确使用和管理媒介做详细说明。

第一节 联系媒介:传统与现代的"立交桥"

家校联系是现代青少年教育中非常重要的一环,在家庭、学校、社会三位一体的教育环境中,对受教育者影响最紧密、最深远。随着社会的发展,家校联系也有更多便捷的方式和方法。本节将介绍那些历久弥新的传统联系方法以及现代社会发展中出现的一些时尚的联系方法,供教师选择。

一、传统通信

家校之间坦率而又真诚的交流是良好的家校合作关系的基础。当一个个体想要传递信息的时候,交流便发生了,学校和家庭之间可以通过各种媒介和人际交流来传递信息。鼓励家长对学校发出的信息做出反应,并将他们所了解的情况、关心的问题和心中所想反馈给学校,是加强家校沟通,促进学校发展的有效方式。那么哪些传统的家校联系方式还在当今时代继续"飘香"呢?

(一)传统通信手段

1. 便条或喜报

学生带回家的便条或喜报,是一种非常有效的交流手段。学生的精彩绘画、有趣的发言、优美的作文、好人好事等,都可以成为教师用便条或喜报向家长汇报的内容。便条或喜报可使用一个固定的标记,如一张笑脸或者其他类似的符号。教师用便条或喜报向家长汇报学生成绩(不是考试分数)的做法是一种积极的与家长交流的方式。

2. 结对子

家长结对互助。教师可以在和家长倾心交谈的过程中向家长推荐在教育孩子时可与之结对互助的其他家长,以形成"家长—教师—家长"的教育网络。教师对家长的需求、兴趣,儿童的年龄以及家庭住址等有较详细的记录,家长可以利用它来寻找"对子"。教师不定期地和结对互助的家长进行交流,注意学生的动态,并及时地反馈给家长,使家长结对互助能真正有效,提高家校合作的效率。

3. 电话

随着经济的发展,家庭电话和手机日益普及,电话联系已经成为教师和家长相互联系的重要手段。它快捷、省时,已成为教师与家长及时沟通最常用的方法。在现实中,如果学生在学校惹了大麻烦,家长通常都会接到教师的电话,这使得家长们形成了一种印象:接到学校打来的电话一定是子女发生了什么不好的事情。教师应该尽力消除家长对教师打电话的不好印象。教师如果事先安排好时间,每个晚上给五六位家长打电话沟通孩子的教育问题,在一星期之内就可和班上的每位家长联络一次。教师要用友善的语气,表示他们只是想让学生家长知道自己是多么地高兴能教到他们的子女,并说出两三件自己最想努力的事,可以对家长说:"希望我们可以一起合作,为孩子的学习提供最好的安排与协助。"此外,教师也要让家长知道在这一学年中,他们有时可能会收到教师的短函或其他的资料。

4. 家校联系簿

书面联系,是教师行之有效、简单易行的和家长保持联系的一种方式。通过书面联系,班主任可以把学校或班级要开展的重大教育活动以及学生在学校的各种表现及时告诉家长,使每个家长及时了解学生在校的表现情况。学期之初,教师便向学生发放"家校联系簿",并在最后一页附上全班学生的联系电话,便于联系;学生每天把作业及时地记录下来,教师和家长则记录学生在校和在家的学习生活情况,这样,教师和家长就可以及时交流彼此的意见和要求了。

(二) 传统通信的优劣

虽然现代社会已发展到了互联网、智能机器人时代,社会的变革也日新月异,但学校中一些传统的家校沟通方式仍有一定优势。

家校联系簿这种联系方式就有两大好处：第一，能全面记录学生的成长。教师每周都将学生的在校情况记录下来，例如完成作业、考试测验、思想品德、文明礼貌、文体卫生及遵守纪律等情况。第二，家校联系簿如同教师、家长之间友谊的桥梁。教师长时间、定期地与学生家长保持联系，双方把各自的建议、要求及教育学生的方法，通过联系簿进行交流，可以提高各自的认识水平，同时也可以促进教师与家长之间的相互理解。这种理解的产生，又会对学生的教育产生积极影响。

再比如通过便条或者喜报的交流可以密切教师、学生和家长之间的关系，特别是能增强学生的信心。但是要注意，便条或喜报的内容一定要自然真诚，富有意义，如果教师写得太长或在语言上仔细推敲，必然耗费时间，使便条或喜报的最大优点荡然无存。假如教师这样做只是迫于学校的要求，敷衍了事，内容空洞无物，那么家长所收到的不过是一张废纸而已。

当然，随着现代信息技术的飞速发展，这些传统通信手段也显示出了它的不足。如沟通不及时，所要花费的时间较多，教师付出的精力也会较多，这样就使沟通的效果受到影响。因此，在现代家校联系中需要打造现代的通信手段和平台，以更加适应现代信息技术发展的趋势。

二、现代通信手段

近年来，社会经济的高速发展，人们生活、学习、工作节奏的加快，不可避免地对家校联系的手段产生了许多影响。家校通软件能帮助教师和家长进行及时的沟通，促进孩子们更好地成长。那么，除了QQ群、微信外，常用的家校通软件还有哪些呢？教师需要了解一些常见的现代通信媒介，同时指导家长选择更适合的通信媒介。

（一）现代通信平台

1. 晓黑板

该软件是基于青少年的成长规律，根据教师与家长的需求定制的一款专业、科学、现代化的家校沟通与家校管理工具。截至2017年7月，晓黑板在全国覆盖了15 000所学校，其中包括上海的3 000所学校。目前全国有10余万名教师和近百万个家庭使用晓黑板。

晓黑板目前拥有"发通知"、"开讨论"、"做调查"、"发视频"、"晓成长"等功能。老师下载晓黑板 APP，可以立刻创建自己的班级；晓黑板支持用户发送图片、语音、视频、文字、表情等形式的信息。晓黑板采用星状联络结构，规避了微信群和 QQ 群等传统社交群的网状结构，有效避免了家校沟通中不必要的摩擦。

2. 一起作业

该软件以作业为纽带，串联起了教师、学生、家长三个群体，并有效地促进了师生、家校、亲子间的互动。

在该平台上，教师可以一键布置作业，高效批改作业，随时查看学情分析，轻松获取丰富的教学资源。学生可以便捷地完成作业，获得个性化的学习指导，有针对性地查漏补缺，并可以使用优质的自学产品。家长可以及时查看孩子的作业报告，获得专业的家庭教育指导，并为孩子定制科学、个性化的成长路径。

3. 家校即时通

该软件是一款方便学校和家长联系的即时通信工具，通过这款软件家长和教师可以在手机上进行点对点的语音、图片、文字交流，还可以通过班级群组参与整个班级的讨论等。

家校即时通是为促进中小学校教师和家长之间互动与沟通，班级各类信息发布与交流，学校、班级和学生风采展示与资料共享，基于语音、图片、文字等方式，面向中小学校学生家长、老师用户群体推出的一款移动通信应用。

4. 叮咚校园 APP

该软件是一个家校沟通服务平台，通过学生佩戴的校徽，该软件可监测到学生是否进校，让学校与家庭能更好地监督学生，防止学生逃课，胡乱玩耍，甚至在无人看管的情况下发生意外。

叮咚校园 APP 是基于无线射频识别技术的全新考勤、签到服务平台，面向学校提供智能化的移动互联网考勤、签到服务。叮咚校园 APP 有消息通、学生到校签到管理、小纸条管理、班级通讯录管理与共享文件管理等功能，通过学生佩戴的电子校徽感知学生是否到达学校，并将信息传递给家长。家长可每天通过叮咚校园 APP 掌握学生到校和离校的时间，做到对孩子是否安全到达学校、是否缺勤、是否按时放学等事项了如指掌。

5. 群英学校通 APP

该软件是一个家校沟通平台，教师使用群英学校通 APP 能更好地管理学生的日常生活与学习状况,随时随地与家长进行交流,了解孩子的家庭状况,以便在学习中给予学生更好的引导。该APP使用简单方便。

教师通过该软件将孩子的在校安全、日常表现、学习情况以及学校通知等内容及时发送给家长,让家长随时了解孩子的在校成长情况,建立起良好的家校互动教育氛围。

6. 掌上校讯通

该软件是为满足即时沟通的需求而推出的手机客户端软件,集在线即时通信、作业通知短信、座位表考勤、教育OA、教育资讯等功能于一体,随时随地架起家长、教师、学生沟通的桥梁。

除上述功能外,该软件还包含家校互动、办公短信、平安短信等业务功能以及讨论、相册等网站功能,校讯通用户只需使用手机即可进行操作,方便、快捷。

(二) 现代通信的优劣

新的时代、新的社会环境、新的教育对象需要新的教育方法,新的教育方法离不开新的理念、新的平台和不断探求新思路的精神。上面介绍的这些现代通信手段都是现代家校沟通的新模式,都是基于互联网,为教师、学生和家长提供便捷沟通和个性化服务的信息化平台。

它们通过多媒体通信、移动通信、实时数据通信等技术实现了家长与教师不受地域限制的实时沟通,大大提高了沟通效率及范围。这些平台的出现给家校沟通带来了新的契机,它们不受时间和地点的限制,是传统通信方式的有益延伸和重要补充,加强了教师与家长的联系,为学校和家长沟通提供了便利。现代通信手段在家校联系中的优势非常明显。

1. 信息多样化。这些现代通信平台大多能支持文字、图片、语音、视频等多种信息格式,还支持对其他平台的网页链接的分享,且能向家长和学生推送信息,提供自助查询等服务。

2. 精准推送。这些现代通信平台大多还能支持分组,即针对不同的家庭推送不同的信息。学校可在平台建立虚拟班级、学习小组等,针对学生和家长的特点,推送不同的教育教学内容,使教育的针对性和实效性得以加强。

3. 时效性强。这些现代通信平台都是基于手机或平板电脑的移动在线平台。这样的消息推送,有力地提升了家校信息沟通的便利性和互动性。消息的推送与提醒,保证了教师能够向家长及时传达相关内容,减少因接收不及时导致内容过期、效能降低等问题的出现。

4.互动功能强大。这些现代通信平台除了支持常规社交软件的基于图文和音视频的交流形式外,还有互动交流、及时反馈的功能,它们一般可设置基于关键词等规则形式的自动回复,可自定义菜单等。多样化的交互形式,方便向家长和学生提供多样化的服务。

当然,这些现代通信平台也有其不足之处。如,教师在与家长沟通时需要对素材进行选取、加工,对数据进行采集与统计,对效果进行评估等,这对教师的信息处理能力要求比较高,教师所花的精力和时间比较多,对学校人力资源分配是一种考验。另外,教师和家长在运用这些沟通平台进行家校沟通时缺乏情感的交流,这会阻碍教师对学生生活环境、生活背景的了解,使教育缺少针对性。

第二节 微信(QQ)群:系好家校联系的"纽带扣"

摇一摇、扫一扫、朋友圈、点赞……随着智能手机的普及,这些新名词早已"飞入寻常百姓家"。微信是一种时尚的交流平台,使用者可凭借网络快速发送免费的语音短信、视频、图片和文字,且它能支持多人群聊。为此,微信群这种新型的手机聊天平台受到人们的热烈追捧,俨然成为人们常用聊天方式的"新贵"。那么如何发挥好微信群的作用,让微信群成为家校沟通的桥梁呢?

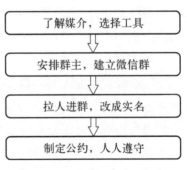

图6-1 微信群组建的一般流程

问题聚焦

陈老师班是学校有名的经典诵读特色班,在他班级里有许多诵读大王,每一个都诵读得有模有样。学校马上要举办诵读大赛了,要求每班要推荐2名学生比赛。在经过班级选拔后,陈老师班的2名学生代表班级参加校级大赛,同学和家长都非常期待。正式比赛前,家长们虽然人在工作,但心在比赛,希望陈老师想办法进行实况转播,把现场朗诵的情况和家长、同学分享。可是,陈老师只能想到用摄像机把活动过程拍摄下来,再花时间导出来,利用QQ群传给家长。等陈老师全部弄好后,活动已经结束了,成绩也出来了。虽然陈老师所教的班取得了第一名的佳绩,但是家长和同学们总觉得没有现场直播那么令人感到兴奋。

教师思考

陈老师没有在班级的学生进行诵读比赛时进行现场直播,使得家长们因不能即时看到自己孩子的比赛情况感到有些失望,这是可以理解的。因为家长们每天工作虽然繁忙,但是都很关注孩子在学校的各种表现。家长想多了解孩子在学校的表现,但关注的途径却有限;而班主任一个人的精力更为有限,不可能天天给每个家长汇报,要满足全班几十名学生家长的需求,显然有难度。利用某一个方便操作和分享的媒介,满足家长需求,让家长见证孩子的成长这件极具意义的事,如今已成为教师动动手指即能完成的"简单任务"。

1. 选择班级共建工具

"工欲善其事,必先利其器",要实现生生、家校、师生之间便捷、互动的交流,必须先选择一个合适的媒介,为此教师首先要考虑最常用的几种交流分享工具。

班级微信群:大部分班级都在用,但群里信息数据大,更新覆盖快,不利于信息的查找和全面传达,更不利于信息的长久保存。

班级朋友圈:编辑发送极为便捷,教师可以随时随地发布有关班级任何方面的信息,家长只要拿出手机就可以充分利用碎片化时间来了解学校文化、班级活动,掌握学生的在校表现情况,满足家校沟通的需求。同时,朋友圈的图片、文字和视频可以作为班级资料长久保存、随时查找。

2. 方便教师管理

建立班级微信群是大势所趋,班主任及任课教师不能回避,而是要主动建立、充分利用。班级微信群一旦建立,班主任工作便由5天×8小时工作制变成了7天×24小时工作制,即班主任不再有真正的休息日。因为微信群中,家长、学生随时会发言、会提出问题。建立微信群的初衷是让教师更便捷、更灵活、更生动地开展班级管理工作，因此如何发挥优势，减少工作量，是需要每一位教师思考的。

3. 熟悉微信群的利弊

微信群有以下特征，需要教师了解，灵活使用。

（1）众向性。群中一人发信息，全群人都能看到，信息透明度高。

（2）即时性。群中新发信息，全群人都可即时看到，传播速度快。

（3）互动性。大家可以在群里一起聊天，可以发表情、图片、语音、视频、名片、收藏、位置、红包等，形式多样，丰富生动。

（4）不显示在线状态。群聊中众人是否在线，无法显示。这样，面对一些信息，当成员选择沉默时，他人无法判定未发言的成员是否在线，这也就给了成员选择权，如果不想发言，可以选择沉默，并可以在事后解释说未看到。

（5）群主特权。群主可将已入群的成员移出，也可设置"群聊邀请确认"，设置后，其他成员邀请他人入群时，需经群主同意方可入群。

教师策略

1. 建立班级微信群

当下在国内几乎每个拥有智能手机的人都已成为微信用户。为了避免班级工作和个人生活信息的混淆，建议教师利用QQ或者闲置手机号申请一个班级专用微信号，此微信号朋友圈发布的内容都是班级事务，方便家长和学生查阅。建立班级微信群，相当于建立了一个班级社区，班主任作为群主，要承担社区组织者的责任。教师可以选择在第一次家长会时面对面建群，操作方法如下：

（1）打开微信，点击下方的通讯录按钮，进入通讯录窗口中。

（2）点击右上角一个＋号按钮，点击它进入下一步。

（3）点击"面对面建群"，随机录入四个数字，便建立一个群聊。

（4）直接点击"确定"进行确认创建群操作，并在"设置"界面，点击"群聊名称"，修改成自己班级名称。

由此，一个班级微信群便建成了，剩下的工作就是使用了。

2. 公布群号，提倡加入

在微信群组建之初，教师要将微信群的号码和名称或群二维码，利用家长开放日、家长会、家校通等平台公布给全体家长,热情邀请家长加入。

3. 尊重选择,带动参与

如果个别家长没有开通微信,教师也要理解,微信悄然改变了我们的生活,但可能有不少家长担心开通微信会对生活造成影响,教师不要强求家长非要开通微信,而要通过分享和鼓励,慢慢带动所有家长参与。

4. 安排管理人员实名入群

班主任及任课教师每天都有忙碌的工作,因此在群的管理上,必须要发挥家长的力量。教师可以推荐四五名富有参与热情、有较强教育能力的家长作为群的管理员,并督促全体家长按照"孩子姓名+爸爸或妈妈"的"备注名"格式修改自己的群名片,让所有的家长在群里都是实名制,以确保表达的真实性。

5. 制定群公约,人人遵守

任何一个新加入的成员一定要先学习群里的规章制度。制度包括群的名称、群的管理、发言规则等,包括对教师的要求、对家长的要求。教师要鼓励大家一起遵守群公约,维护群内积极向上的氛围。

6. 整理归档,总结表彰

教师每隔一段时间要对微信管理进行简短总结,并评选微信群优秀家长,特别要对那些大力支持班级工作、教师工作的家长进行鼓励。同时在微信群运行的过程中,会产生大量的资料,如微信群的网上作业,活动的组织策划、活动的照片等,教师要将文字材料等及时整理存档,为以后开展工作提供良好的借鉴。

行动反思

1. 关注群的组成

每一个家长都有权利加入群中,而教师与其他家长的个人好恶不应该成为把某个家长踢出群的理由。如教师与家长在交流时出现问题,应通过官方正式途径沟通,而不能随意把家长踢出群。

2. 明确群的原则

班级微信群只是一个家校沟通平台,并不具有权威性,因此如果有重要的事情,家长要通过面谈、电话或其他途径保证信息及时准确传达到教师或校方。教师应平等地对待所有学生与家长,不应只发布优等生或表现优异学生的照片;反之,也不应发带有侮辱或者歧视性的照片,比如学生接受处罚的照片。教师也不应在微信群中点名批评学生甚至家长,个别学生有问题教师可单独与家长沟通。

3. 加强群的监督

既然教师建立班级微信群是为了更好地开展班级管理工作,那么,可以参考一般工作邮件联系的方式来制定规则。在工作中,甲乙双方之间的邮件,一般都会抄送自己的上司与对方的上司,顺着这个思路,学校的相关领导也应加入班级微信群中,以监督教师。

4. 关注群的内容

教师在微信群里发布的内容,应该限制在日常性内容,比如通知作业、考试等事项。教师不应在群中发布与家长无关的任务分配,也不得要求家长在文化课上介入。教师作为管理者,如果发现一些不适合发在班级群里的内容,可以提出警示。家长不得在群内发布有关校方的负面信息,如果家长对教师或学校有意见和建议,应通过私聊或电话、电子邮件等方式向有关老师或学校领导提出,这样教师从情感上更能接受,问题的解决也会更有效。

智慧分享

我们不该这样做,应该这样做

(一) 我们不该这样做——家长篇

1. 每日 N 次在班级微信群中向老师询问孩子的情况,生怕孩子在学校出现新"状况"。

2. 一个孩子,三代人都要加入班级微信群,只因都想看到孩子的点滴变化。

3. 时不时把小孩得到的小贴画、完成的作业、写得工工整整的字贴上来,骄傲地请大家点赞,最重要的是希望老师给予关注。

4. 老师一发话,马上回应:"您辛苦了,保重身体";老师一公布"有事需要帮忙",立刻哄抢,没抢到就急得不得了。

5. 集赞、代购、投票……班级微信群成了"市场"。

6. 你说好我跟一句,你说不好我也踩一下,一条信息几十人回复同样内容,很快一条重要的信息就这样被"淹没"了。

(二)我们应该这样做——家长篇

1. 做好自我调节,相信孩子的适应能力并对班主任充满信心。

2. 良性沟通,形成良好的群聊氛围。

3. 晒娃要适度,毕竟班级微信群是一个公共交流平台。

4. 理性对待班级微信群,只关注与自己相关的信息,避免盲目点赞。

5. 晚上尽量不要在群里聊得太晚,以免影响他人休息,有重要的事情可以跟老师单独联系。

(三)我们不该这样做——教师篇

1. 在班级群中点名批评孩子,公布成绩、排名等信息,伤害孩子自尊心的同时也让家长感到不舒服。

2. 每次只发布优等生或表现优异的学生的照片,有些家长永远也看不到自己孩子的照片出现在班级群中。

3. 过度依赖班级群,学生日常的一举一动都要发布到班群中给家长过目,却忘记了其实面对面交流才是最好的沟通。

4. 在班级群中"募捐",小到学生的学习用品,大到奖品、演出的服装道具……

5. 不经考证随意转发网上信息,造成家长不必要的担心。

6. 用"发号施令"的方式说话,交代完给家长的任务就撒手不管了。

(四)我们应该这样做——教师篇

1. 如果个别学生有问题可单独与其家长沟通,普遍问题可以在班群中与家长交流。

2. 在班级群中晒照片要注意公平地看待每一名学生,多表扬,少批评。

3. 试着在每一条通知后加上"不用回复"几个字或类似的话语,以避免大量不必要的信息骚扰。

4. 注意说话方式,传播积极向上的正能量。

5. 做班级群中的引导者,对于一些不适合发在班级群里的内容,要学会婉言提醒。

(花二庄幼儿园.开学了,家长微信群就该这样管理.http://www.sohu.com/a/169182609_779683.)

第三节　建规则：把好微信(QQ)群的"风向标"

QQ群、微信群，因为其便捷、高效、即时的特点，受到了教师的青睐，目前已经被广泛地应用到中小学班级的管理工作中，极大提高了班级管理工作的效率。随着微信被越来越广泛地使用，班级微信群逐渐成了每个班级不可缺少的交流平台。老师们会在微信群里通报孩子们的在校情况、发布重要通知，家长们有疑问也会在微信群里与老师沟通。但是交流的便利让很多老师和家长都"跑偏了"，也给他们增添了许多烦恼。接下来，就和大家一起商讨一下如何把好微信(QQ)群的"风向标"。

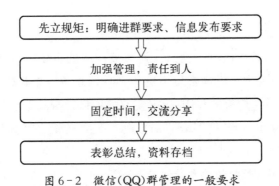

图6-2　微信(QQ)群管理的一般要求

问题聚焦

某小学班主任李老师为了加强和方便与家长的联系，建立了一个班级微信群。但让李老师没想到的是，自从建立这个班级微信群后，自己的手机就响个不停："老师，今天的家庭作业是什么？""老师，浩浩今天在学校的表现好吗？""老师，成成的语文成绩一直提不上去，是什么原因呢？"……家长们在微信群里连珠炮似的发问，让李老师有些招架不住。"工作时间没法及时回复家长信息，只能下班后一一回复，还要考虑措辞，有时就连周末，也得捧着手机不断刷屏。"李老师如是说。

还有，在一次习字练习中，李老师悄悄拍下了学生认真练字的照片，并将其发在了家长微信群中。李老师原本是想让家长看看孩子们的在校动态，不想却引来了家长的一番"指指点点"："程默的头抬得有点低，老师您提醒他一下。""我儿子怎么歪着坐？""老师，照片里没有蒋伟，能不能再拍一张？"……

另外一些家长提出要和李老师互加好友，李老师又不方便拒绝，只能加了家长。可是自从加了一些家长为好友之后，经常会收到一些家长发来的推销化妆品、时尚服装等的广告信息，原来有不少家长是做微商、做海外代购的。李老师觉得这让她很苦恼。

教师思考

互联网时代，班级微信群的确是加强家校沟通的重要渠道，但是案例中李老师的遭遇如今已成为中小学经常发生的一个普遍现象。要让这"变了味"的沟通平台回到正轨，发挥它应有的作用，还需要教师加强自身的新媒体素养，而家长们也应有独立的思考和判断，把握分寸。梳理一下由班级微信群引发的问题，主要有以下几类：

1. 过度沟通侵占教师的作息时间

在过去，教师主要通过家访、电话、短信等方式与家长就孩子成长过程中的一些问题进行沟通，工作时间也主要限于在校时间。而今有了班级微信群后，家长随时可能在群里提出问题，教师的工作时间由此从在校时间扩展成了全天候。一些家长总是想方设法和教师沟通交流，却忽略了教师的作息时间，占用了教师过多的业余时间。另外，教师与家长加了好友后就等于敞开了各自的家庭生活、社交面貌，微信群里的互动、朋友圈共享的信息都有可能触发个体的不满。

2. 过度分享无用的信息

有时候，群里家长的话太多，把老师发布的内容给淹没掉了。班级微信群成了家长炫耀的平台，一会晒去哪玩了，一会晒吃了什么，一会晒自己家的车……各种炫富让人感到不舒服。微信群说到底是一个公共空间，晒娃应该有个限度，不应影响老师和其他家长的正常交流。

3. 伤及家长和孩子的自尊

有时候老师会晒一些小朋友的作业和考试成绩。有家长抱怨道:"成绩好的晒晒也就算了,成绩差的,书写乱的就不用晒了吧?"这个方法实在是有些不妥,孩子的自尊和家长的自尊都受到了伤害。除此之外,还有家长很少被老师作为正面典型晒在群里,这同样会让家长很焦虑。其实,孩子成绩不理想,老师可以单独和家长私聊。

4. 泄露别的孩子的隐私

在班级微信群里,家长与老师交流孩子近期的状况本是平常事,不过有的家长在聊天时,会将从自己孩子嘴里听来的"小秘密"共享出来,殊不知这可能会影响到别的小朋友。俩孩子打架、有矛盾,或哪个孩子在学校受到老师批评等,这种事情家长显然不能在群里说,否则不仅会让当事孩子的家长难堪,还会给孩子带来不小的麻烦。其他家长原先不知道这些事情,看到以后也会去问自己的孩子,结果弄得班上尽人皆知,对事情的后续处理一点好处也没有。家长就算掌握了一些情况,觉得有必要让对方家长知道,也应该先告诉老师,或者私下与对方沟通。

5. 交流平台成了家长泄私愤、吐槽、传播负能量的平台

这是教师尤其要注意的,而且是要及时制止的。这样的微信群,不但对班级管理不利,对孩子家长也没有多少帮助,而且会影响到教师的工作。孩子的个性化问题,个别孩子的问题,家长不应该通过群来讨论。教师要及时关注班里的群聊,学会管理班级群。

教师策略

微信群如果得到妥善管理,将会为教师开展家庭教育指导工作、提高家长素质增加一个通道。为此,教师应该主动发挥管理者的优势,让班级微信群成为一个充满正能量的舞台。

1. 固定时间,交流分享

由于教师职业道德规范要求教师不准在上课期间用手机,所以除特殊情况外,教师一般上班时间不看微信群,有什么问题都在下班回家后回复,所以与家长

沟通的时间几乎是在下班后或节假日。为高效使用班级微信群，充分利用网络优势，推动家校之间信息的及时流动，形成持续的家校沟通的良好氛围，教师可以提前规划好每周的集体上线时间，如星期五下午四点，以图文并茂的方式，及时将孩子成长中的正面事件等进行分享，并将学校各类教育教学活动信息、假期安排等及时告知家长，让他们第一时间了解学校方面的诸多信息。这种固定时间的交流分享既不干扰家长、教师各自的工作，也不忽视孩子的成长。

2. 及时管理，及时提醒

面对家长在群里发的不适合言论和内容，教师要及时加以制止，同时教师还要发挥管理员的作用，定期发布微信群公约要求，确保在群内讨论发言真诚、和谐。教师提醒家长要注意措辞，不得在群内发表自己片面过激的观点；如遇到自己孩子成长的问题，家长应尽量与教师私聊；家长不能在群里发布其他与孩子成长无关的信息，特别是广告等。对于个别多次违反微信群公约，且经过规劝和教育还是没有改进的家长，教师有权让其退群。

3. 寻找亮点，关注每个学生

为了全面展示班级学生的面貌，教师要看到每一个个体，如，默默无闻的尽责组长王同学，背诵能手周同学，昆虫大王邱同学，小发明家黄同学……他们有的成绩并不出色，有的还调皮捣蛋，但是只要他们有自己的闪光点，教师就应在微信群里发专栏介绍。这样家长可以通过不同的角度去认识班级学生，能从不同方面去欣赏孩子，知道班级人人都精彩，个个有特点！

4. 表彰激励，精彩展示

一个优秀的班级需要得到全体家长的认可和支持，如何让全体家长凝聚成一体？如何让家长以孩子在这个班级为荣？通过微信群时常发布光荣榜是个不断传播正能量的有效途径，譬如班级荣誉、比赛证书、参赛场景、公开课照片……这些既能让家长认识到班级里各个学有所长的学生，也能让家长、学生对班级更有信心，让集体更有凝聚力！

5. 微信课堂，紧密对接

微信小课堂是一个有益的帮手，教师可以把上课的课件照片，上课生成的黑板笔记拍下来，发到朋友圈里。这样，孩子回到家还如同身处课堂，家长也能根据照片资料了解到孩子在课堂上的学习情况，对学校的教育更加放心。

行动反思

1. 让微信群成为沟通的彩虹桥

微信群之所以这么有生命力,就因为它强大的沟通功能,老师与家长、家长与家长、学生与老师、学生与学生,可以集体交流也可以私聊。如果是比较普遍的问题,老师就群发,如果是个别问题,老师就要跟家长私聊。家长可以就普遍的问题进行群发,也可以随时给老师留言,老师可以结合自己的实际情况,安排时间答复。家长与家长之间也可以随时沟通。

2. 让微信群成为展示孩子的秀场

家长最热衷于交流的话题往往是孩子,所以,班级微信群还成为了展示学生的秀场。老师把孩子好的表现和参加的活动,以图片的方式展示,既鼓励了获奖的孩子,也让家长看到孩子身边的榜样。教师也可以将孩子们优秀的课堂作业、家庭作业,用照相机拍下来,发在"群共享"里让大家观摩,相互学习。

3. 让微信群成为家长的快乐学堂

微信群还是一个最自然的育儿学堂。在微信群里,家长之间会产生一种互相学习的心态,有的家长会主动向其他家长指出问题,介绍方法,这种现身说法,比老师的说教更具有说服力。教师还要善于发现群中的优秀家长,请他们来担任学习带头人。带头人每月设计一个主题,组织大家学习、交流,同时分享一些优秀的微信育儿小知识。

一个好的班级微信群,可以使大家彼此信任、彼此支持,为孩子的健康快乐成长而共同努力。

智慧分享

让班级微信群成为教学的得力助手

某学校一(2)班的班主任李老师是一名英语教师,他改变了以往的英语预习方法——读课文、背单词,让学生用微信语音对话的方式在周末就先把要学的话题聊起来。李老师会选择像圣诞派对、生日派对这样有意思的主题,请同学们用语音说说自己的想法,然后选择一些有代表性的对话加入到自己的课件,等到上课的时候再播放给全班同学听。这种利用微信进行预习的方法,得到了家长的高度认同,也激发了孩子的学习兴趣。

某校班级微信群管理制度

为更好地利用现代化网络信息技术,让老师和家长、学生之间的沟通更加方便,促进老师与学生、家长共同成长,共同进步,特制定如下管理规定:

1. 群管理员由班主任担任,管理员有权将违反规定的群成员清退出群。微信群只用于家校沟通交流,不作聊天使用。

2. 在班级微信群里交流必须遵守国家法律法规及相关网络信息管理规定,禁止出现有违社会公德、不文明、侮辱性的语言,禁止出现不良政治倾向、宗教、色情、暴力、诅咒等内容。

3. 不得恶意刷屏,发布未经证实的与教育孩子无关的消息。

4. 不得在群内发布其他网站链接,尤其是色情、病毒链接,不得在群中进行微商等商业活动。

5. 不得在群里进行发红包、抢红包等活动。

6. 为了尊重和保护学生,不得在微信群上公布学生成绩,不得点名批评学生。

(思源实验学校家长群管理公约. https://wenku.baidu.com/view/142eb28fc850ad02df804151.html.)

第七章 ‖ 特 殊 指 导

家长参与是提高教育治理能力,实现教育治理现代化的基本要求。家长作为教育活动的利益相关者,对学校可持续发展意义重大。家长参与学校活动的形式多种多样,按照参与内容来看,有家长参与学校活动、家长参与教育教学、家长参与学校管理、家长为学校服务、家校共享资源等多种类别。在家长参与学校事务的过程中,学校可以借此机会对家庭教育进行指导,同时也可以发挥家长的作用,让有成功家庭教育经验的家长对其他家庭进行指导。

本章主要介绍班级家长委员会、家长志愿者和家长沙龙等特殊形式的家庭教育指导。

第一节 班级家长委员会:班级管理有后盾

班级家长委员会(简称家委会)为家长和班级的交流搭建了桥梁和平台,对于促进家校沟通合作,推动家长正确理解和认识学校工作,促进家庭教育和学校教育同向同步,创设良好的教育环境,完善学校、家庭和社会三位一体的教育体系,全面推进中小学素质教育具有重要意义。

成立班级家长委员会的目的是希望能充分调动家长的积极性和创造性,挖掘家长和社会的教育资源,使教育资源最大化,实现多方共赢,即学生、家长、老师、学校共同受益。为了更好地培养孩子良好的行为习惯和学习习惯,培养孩子的竞争意识和团队精神,营造良好的班集体,家长委员会要开展一系列的活动,用行动、用爱心浇灌孩子的心灵,使孩子在守纪律、善学习、做家务等方面从被动到主动,使孩子在兴趣中学习,在竞争中成长。

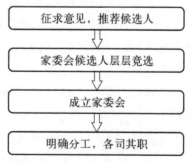

图7-1 家委会成立的一般流程

问题聚焦

> 学校的读书节到了,学校要求家长和孩子开展亲子读书活动并一起撰写读书感想。一年级某班的班主任在家长微信群里发了通知之后,家长们纷纷发表意见。有的家长认为这是个很好的活动,现在的孩子都不太爱读书,家长们应该引导孩子阅读;有的家长认为孩子太小,能阅读的文字还太少,不能真正达到校方举办读书节的目的;有的家长认为一年级的孩子哪里会写什么读书感悟,不过是给家长布置的任务罢了;也有家长提出,应该针对一年级的小朋友改进方式,比如可以让孩子和家长一起选择朗读书中的一段文字,或者讲一个亲子故事,这样更有意义些。年轻的班主任看到群里家长们的发言,一时间不知该如何回复。

教师思考

1. 成立家委会是班级工作的现实需要

上述案例中的情况,其实在中小学的班级生活中经常会出现。每一个班级的家长都来自各个地方,从事着各行各业,具有不同的文化素养和教育观念,因此他们也有各自看待问题的方式和各自的道理。教师如果不加选择地采纳所有的意见和建议,既不切实际,又无此必要,而且会导致工作无法开展。如果只采纳个别家长的意见和建议,则会影响其他家长的积极性,造成不好的影响。如何采纳家长们的意见对学校、对班级管理都至关重要,但是每个人对同一事物都会有自己的看法,因此问题的关键是如何协调一致。而成立家委会,在遇到问题时让家委会成员商量,由家委会出面与家长及时联系并做出决策,是一条不错的途径。

2. 成立家委会为促进学生发展奠定基础

现代教育观强调只有社会、家庭、学校紧密结合,才能形成现代教育立体模式,才能使每个孩子都得到全方位的健康和谐发展。家庭是学校重要的合作伙伴,教师要本着尊重、平等、合作的原则,争取家长的理解、支持和主动参与,并积极支持、帮助家长提高教育能力。社会、家庭与学校、班级要加强相互之间的联系、了解和沟通,共同完成学校及班级的教育教学任务,促进孩子德、智、体、美全面发展,为培养具有创新意识、创新能力的 21 世纪人才奠定基础。

3. 成立家委会是增进家校合作的重要纽带

通过家委会,促进家长和家长、家长和老师的交流和了解,增进家长和孩子、孩子与孩子之间的感情和友谊。通过家委会,提高家长参与班级管理工作的意识,调动家长的积极性,充分尊重家长的参与权、知情权、发言权和评价权。通过家委会,拓展家教指导的阵地,扩大教育信息的收集范围和收集量,提高家长素质和教育能力,使家庭教育更具实效性和可持续性。

教师策略

1. 了解亲子阅读现状

为何开展读书活动会引起那么大的反响?为了更好地了解班级亲子读书的现状,班主任发动班级家委会开展亲子阅读的现状调查。调查发现家长在亲子阅读方面存在着一些困难和误区,譬如家长的素质不高,对亲子阅读的重要性认识不够;亲子阅读活动功利化,把亲子阅读成了"识字课堂";家长没有掌握亲子阅读的方法,缺乏情感的交流;亲子阅读的时间少,大多数家长没有养成与孩子一起进行亲子阅读的习惯等。因为存在这些现状,教师发出活动要求后很多家长质疑或觉得困难,也就容易理解了。

2. 倾听家长的心声

为了更好地举办亲子阅读活动,班主任主动发布读书节亲子活动的消息,征求班级所有家长的意见、要求和希望,同时告知家长,如果有些意见不便直接提出时,可以通过班级家委会提出。

3. 汇聚集体的力量

由班级家委会收集、统计所有家长的意见,并形成意见相对一致的亲子活动的方式,告知全体家长。最后在沟通和协调的基础上,班级家委会形成适合班级实际的亲子活动方案。因为集中了全体家长的智慧,活动也会受到家长们的欢迎。

4. 发挥家委会的主动性

班主任要发挥家委会的主动性,给予家委会平台,使其成为班级形象的维护者、班级活动的引领者、班级管理的践行者；要鼓励家委会成员从自身做起，不仅要主动参与学生校园文化活动，同时还要带领其他家长积极参与，并提供帮助与支持。如学校举办艺术节、运动会及元旦庆祝等活动，家委会均要事先告知全体家长等。同时，班级家委会要经常不断地把家长的意见反馈给班主任，如通过邮箱(电子邮件)、家长座谈会等形式来反馈信息；再如，组织有能力的家长创建家长论坛，请家长们在论坛发帖，谈看法，反馈意见等。

● 行动反思

1. 成立家委会的合适时机

对于起始年级来说，虽然刚开学时班主任有很多事务要处理，也有很多问题需要征求家长们的意见，但不建议在这个时候就选拔家委会成员，因为此时班主任和家长彼此都还不了解。班主任要根据自己的观察，物色好自己心中的人选，在期中考试前后，结合家长的自荐和全体学生家长的公开选拔来确定家委会成员，这样会比较合理客观。

如果是中途接手的班级，班主任可以根据上一届家委会的工作情况，以及班级的现实需要进行换届改选，成立新的家委会。但这种情况下，必须要先召开上一届家委会会议，通告这一决定，并和家委会成员共同商讨换届的流程和方式，以确保新一届家委会工作可以顺利开展。

2. 推荐家委会候选人的注意事项

推荐的家委会候选人应有广泛的代表性，要兼顾不同行业、群体，并能具备以下条件：

(1) 了解和关心教育，懂得一定的教育规律，具有认真负责的工作态度，关心学校，有大局观念，愿意为班级、家长、学生服务。

(2) 关注学校发展，热心为班级提供支持和帮助，为家校合作尽心尽责。

(3) 有较强的组织协调能力和社会活动能力。

(4) 有比较丰富的家庭教育经验。

(5) 能热心听取家长们的意见和建议，并能向学校积极反映家长们所关注的问题。

(6) 热心学校的公共事务管理，处事公正。

3. 明确三级家委会的不同职责

三级家委会包括：校级家委会、年级家委会和班级家委会，它们各有不同的工作职责，具体如下：

（1）校级家委会的主要工作职责：积极参与学校管理，了解学校的发展规划、工作计划的制定与实施情况，并提出意见和合理化建议；关心学校的各项工作，参与学校各种重大教育、教学活动；积极争取家长的支持，充分挖掘家长资源，为学生服务；协助学校调解家长与学校、教师之间的争议和矛盾。

（2）年级家委会的主要工作职责：充分利用各方资源、渠道，为年级家委会活动提出建设性意见或建议；适时召开学生或家长座谈会，及时向学校或校级家委会反应家长的要求、意见、建议，发挥桥梁纽带作用；能起到承上启下的沟通作用，及时反馈校级家委会的工作要求，及时反馈班级、年级家委会的工作情况。

（3）班级家委会的主要工作职责：关心班级教育教学工作，及时解决班级的实际困难，为班级多办实事；利用班级家长的资源，为班级各项活动提供服务，并组织管理或支持协助，培养孩子们的责任感和集体荣誉感；及时向学校、年级家委会反馈家长对学校的意见或建议。

智慧分享

以家委会坐班制为抓手，打造家校共育平台

每年9月，奉贤区教育学院附属小学都会对家长进行问卷调查，招募一批有责任心、乐为大家服务、具有一定组织协调能力的家长组成班级家委会；再由班级推选出的优秀家委会代表组成年级家委会；最后经过严格、激烈的竞选，产生校级家委会。学校每年都按程序召开家委会换届改选，吸引更多优秀家长参与学校事务。学校和家委会制定了表彰家委会、家长的相关政策，制定了《奉教院附小家委会章程》，建立了驻校值班制度，建立了家长评价运作机制和家长评优机制，确保委员会的工作有章可循，有效运行。

经过几年实践，家委会坐班制已经成了学校的品牌。每天早上，都会有家委会成员在不同点位执勤。每周一都会有家长到学校参加"七个一"活动，包括观摩一次升旗仪式、聆听一次课堂教学、倾听一次学生心声、与一位老师进行交流、品尝一次学校午餐、巡视一次校园安全、畅谈一次观摩感悟。至今，已有近千名家长

参与过此类活动,并留下了深刻的感言。每个月都会有家长参与学生午餐监督,与孩子们同吃一样的饭菜,提出建议。每学期都会组织家长参与各类听证会,对学校的一些重大决议进行听证。

第二节　家长志愿者:活动开展有保障

家长志愿者对学校各项教育活动的支持、投入是改善家校关系的重要方式,更是家长参与学校教育和管理的一种实践形式,已成为整合家庭、学校和社会的资源,形成教育合力的有效依托和抓手。

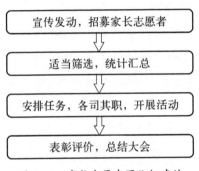

图7-2　家长志愿者团队组建的一般流程

随着教育事业的发展,在各中小学校中,家长志愿者的队伍越来越壮大,他们对孩子、班级、学校的关心和支持也越来越多。通过参与志愿服务,家长进一步了解了学校工作的情况,增强了主人翁意识;通过参与志愿服务,家长之间加强了沟通和了解,家校联系更加紧密、更加和谐。家长志愿者凭着自己的知识、技能和经验,利用自己的休息时间为学校做出了力所能及的贡献。

● 问题聚焦

在S学校学生运动会上,张老师为安排好自己班级的运动员、啦啦队及其他学生而忙碌不堪。他既要把运动员带到相应运动场检录区,又要带领啦啦队为班级运动员呐喊助威,还要处理其他同学各种突发的状况,累得满头大汗。而另一个班级的班主任王老师则管理有序,她身边出现了很多家长志愿者的身影。十几名家长志愿者放弃了自己的休息时间,主动为了班级学生在运动会上的出色表现尽一份力。他们设计制作班级入场式道具,带领班级孩子检录,管理会场纪律,帮忙抓拍各种精彩照片……"小朋友们注意安全,不要在跑道上乱跑。""不要离开座位,文明观赛。""我带你们去检录。"……家长志愿者们的积极参与为王老师减轻了许多工作负担。

教师思考

看着王老师班井井有条的管理,张老师陷入了思考:我也在班级群里告诉了家长们今天学校举办运动会,为什么我们班的家长不像王老师班的家长那样热情参与呢?我该如何发挥好班级家长志愿者的作用呢?

1. 要加强志愿服务精神的宣传

志愿服务是帮助他人、服务社会、传播文明,在服务的过程中,可以体现出个人对他人的价值、对社会的价值,体现出个人对社会的良好的促进作用。作为教师要经常向家长宣传这种精神,同时对表现突出的家长,要及时予以表彰和肯定,从而形成全班家长积极参与志愿服务的良好氛围。

2. 要善于发现家长的优势特长

家长从事不同的职业,有着不同的兴趣爱好,教师要善于发现他们的特长、职业优势,合理加以运用,使其成为教师最佳的教育教学资源。

3. 要讲清志愿活动的要求

很多家长都愿意支持教师,为班级出力,但是往往没找到合适的途径,不知道应该怎么做;或者即使知道应该怎么做,可是一个人做有些不好意思,而且一个人做也确实不方便。因此,教师要讲清志愿服务活动的时间、地点、内容和要求,邀请某位家长担任服务活动的总策划,明确每位家长志愿者在活动中要担负的具体任务、注意事项等。

教师策略

1. 广泛动员

利用家长会等时间对家长进行动员,让他们明白家长志愿者活动的重要性,明确家长志愿者活动的目的、作用。让家长了解在不少发达国家,家长喜欢在学校当志愿者,因为这样可以督促校方、班级的工作,协助教师开展教学活动,家长们都觉得能为学校义务服务是做家长的骄傲。教师要在尊重家长本人意愿的基础上,充分调动家长的积极性和主动性,广泛动员家长参与志愿活动。

2. 报名确认

在家长们对家长志愿者活动有了明确的认识以后,教师要动员家长根据自己的实际情况进行报名。有特长的家长可以选择参加一些能发挥自己特长的活动,而没有特长的家长则可以选择参加一些服务性的活动。

3. 规范培训

建立家长志愿者章程,确定家长志愿者的名称、口号、常规服务内容等具体事项。对每次志愿服务活动,要进行培训辅导,规范管理。

4. 组织活动

根据实际情况,组织开展各种志愿服务。譬如上文提到的S学校的学生运动会,张老师就可以根据运动会的安排和家长的优势特长将整个家长志愿者队伍分为入场式组织策划、道具采购、节目排练小组,现场带领班级运动员进行检录小组,啦啦队口号训练和现场管理小组,会场纪律管理小组等。此外,家长志愿者也可以为学校提供丰富的课程资源。很多家长有较高的文化素质和专业特长,学校可以让这些家长参与教学,使他们与教师成为亲密合作的伙伴,提高课堂教学实效。家长在担任志愿者的过程中,不仅能关注学生的学习状况,还能通过与教师的密切联系增强教育孩子的信心,掌握较好的教育方法。

5. 总结表彰

在平时的家长志愿者活动中,班主任、教师要注意积累资料,包括活动照片和简讯等,可以每隔半学期或一学期进行一次活动总结汇总,为优秀家长志愿者颁发班级奖状或推荐其争取校级荣誉。

◉ 行动反思

1. 要明确家长志愿者服务的工作职责

(1)家长志愿者工作是家委会参与班级、学校工作的一部分,家长志愿者应对学校、班级的工作给予大力支持和帮助。同时,学校、班级也要尊重家长志愿者的志愿服务,对家长的志愿服务表示充分的肯定。

(2)家长志愿者不仅要配合老师组织学生参加综合实践活动,而且要积极向其他家长进行宣传,动员更多家长参与到学校管理中来。

（3）家长志愿者要配合学校的工作，提升对学生的榜样示范作用，鼓励学生积极开展社会综合实践活动，让学生在生活中学习知识，在实践中提升素养。

2. 要建立有效的家长志愿者服务长效机制

（1）建立家长志愿者工作运行机制。建议每学期开学由家委会确定志愿者服务活动的项目和内容，通过校园网站、微信发布招募信息及参与的要求。想要参与的家长向班主任提出申请，学校负责人和家委会主任根据申请家长的具体情况进行筛选，确定家长志愿者人选。

（2）建立志愿者资源库。对已确定的家长志愿者，可通过召开会议的方式部署一学期志愿者活动的具体安排，让家长明确志愿者的义务、责任和权利。发放信息登记表，根据家长填写的特长对其进行归类，建立信息资源库。

（3）开发全方位家长志愿者活动。建立家长志愿者工作站，开展常规工作，辅助组织特色活动等。

3. 要开展形式多样的家长志愿者服务活动

（1）家长志愿者走进学校，走近学生。如组织开展早晚上下学平安护校活动，协助教师辅导学习、写作业有困难的学生等。

（2）家长志愿者参与主题活动、校园节庆、运动会、社会实践等。如协助演出，协助布置环境，做好活动的准备；帮助班级联系参观场地，组织学生参观、保障学生安全，担当监督员、解说员、摄影师等。

（3）家长志愿者走上家长讲坛。如结合自身的兴趣特长、职业特点，为孩子们举办文学、艺术、自然、科技、职业教育等方面的各类讲座。

智慧分享

四团小学利用家长志愿者为外来人员随迁子女插上快乐阅读的翅膀活动

奉贤区四团小学是一所农村百年老校，有一半以上的学生是外来务工人员随迁子女。经过调查，学校发现这些随迁子女在家里的阅读现状不容乐观。随迁子女健康成长是全社会关注的热点和难点问题，四团小学把提高阅读能力作为随迁子女综合素质培养的主抓点。通过挖掘优质家长资源，发挥优秀家长的主观能动性，构建家校互动、多元开放的阅读环境。四团小学组建了家长志愿者队伍，经过

培训后,参与阅读指导。他们的具体做法是:

1. 家长志愿者推荐。由家委会发出倡议,各个班级推荐有时间、有兴趣、有阅读基本能力的家长到德育室。由德育室进行汇总,根据推荐表进行选拔培训。

2. 家长志愿者培训。由德育室、家委会组织家长志愿者培训工作,根据培训积分推选出一批胜任工作的家长志愿者。培训包括家长志愿者专题培训、技能培训、观摩培训、评比培训、模拟训练、知识检测等,通过不同类型的培训让家长志愿者提高自身的指导能力,熟悉随迁子女的身心特点、阅读状况,了解阅读指导的具体操作流程和方法,担负起陪伴孩子、指导随迁子女阅读的责任。学校还下发了一张家长志愿者胸卡、一份阅读册、一份阅读名单、一张阅读评分表。

3. 家长志愿者持胸卡上岗。通过培训,家长志愿者明确了具体要求。在正式上岗前,每位家长志愿者需要佩戴好家长志愿者胸卡,然后到各自的班级阅读区域开展阅读指导工作。

4. 具体阅读指导步骤。家长志愿者进行的阅读指导主要由班主任负责管理。每天,家长志愿者来校后先到班主任处签到,领取材料,再开展阅读指导工作。整个指导过程分为八个步骤:家长志愿者来到教室专门阅读区域,去教室书橱档案柜领取适合不同水平孩子阅读的文章;班主任按名册去教室把孩子逐个叫出来;让孩子挑选文章,准备好之后就开始朗读;其间,家长志愿者用蓝色笔圈出读错的地方;全文读完,再计算出孩子在规定时间内读了多少字;把读错的地方加以指正,从头到尾给孩子大声朗读一遍;让孩子再重新读一遍,用红笔圈出错误点,最后计算成绩;所有阅读完成后,做相关的阅读题目等。

5. 总结阶段。在学期结束前,根据家长志愿者工作的表现,教师、学生的评价等,评比出优秀家长志愿者并进行表彰。根据学生的阅读表现、家长志愿者每次记录的阅读水平能力汇总情况、班主任对该生行规表现的评价、语文教师对该生阅读能力的评价、家长对孩子的评价等进行综合评定,评选出学期"阅读达人"并进行表彰。

在整个过程中,教师感受到了家长志愿者的付出,随迁子女的家长感受到了其他家长对自己孩子的关爱,家长志愿者则因为付出收获了内心的喜悦和满足,自身得到了成长。

第三节　家长沙龙：家教经验有分享

家长沙龙是家庭教育指导的一种形式，是家长之间就一个或多个主题进行思想交流和智慧分享的平台。在家长沙龙上，更多的是家长与家长之间的互动，少了说教，多了启发。因此，它是调动家长进行自我教育、自我指导、互相帮助积极性的一种有效形式，深受家长喜欢。

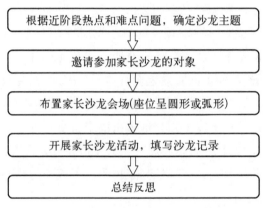

图7-3　家长沙龙组建的一般流程

家长沙龙这样一种增进家校联系的方式能提升学校的品牌形象。当下，各中小学校都非常重视开展家长沙龙活动，有的是家长自发开展的，有的是由学校领导或班主任组织的。如果是学校组织的沙龙，一般会针对家庭教育实践中的疑难问题，邀请专业人士共同参与讨论。

❂ 问题聚焦

> 最近，有很多家长打电话向周老师抱怨："我家孩子小时候是个听话的'宝贝乖乖'，怎么长大了就难以管教了呢？"老师具体问发生了什么事，家长还说不上来，就是觉得孩子爱顶嘴，不容易沟通，家长多关心几句，多问几句关于学习的事情，孩子就关上房门，不再理睬，嫌家长唠叨。还有孩子锁起了日记，拒绝回答家长的各种问题，他们

我行我素,自作主张。一句话,简直不可理喻。也有的家长认为与孩子之间有了代沟,作为家长无能为力。

教师思考

看到家长愁眉苦脸的样子,班主任周老师陷入思考中。青春期是孩子成长过程中一个非常特殊又必然经历的时期。那么,在孩子进入青春期后,家长如何做才能改善亲子关系呢?

1. 让家长了解青春期孩子的身心发展特点

家长的苦恼来源于对青春期孩子的身心发展特点不了解。面对青春期的亲子冲突,家长往往依照自身原生家庭的处理方式来处理,而忽略了孩子个体本身的特殊性和代际差异,从而不能有效地教育孩子。因此,作为教师,首先要让家长走近孩子,了解此时的孩子最重要的发展任务是获得成熟和健康的自主性。自主性是指在没有他人的帮助下完全独立地做出决定。步入青春期的青少年,往往追求独立性与自主性,对家长的管教容易产生逆反情绪。有人说:"12—17岁这个年龄段的孩子可以让父母衰老二十岁!"当家长明白了孩子的身心发展特点后,就容易理解孩子、包容孩子了。

2. 帮助家长学会调整自身的心态

当家长发现自己管教不了青春期的孩子时,常常会产生挫折感与无力感。约有40%的青春期孩子的父母报告有这样的体验:低自尊、生活满意度降低、焦虑和抑郁增加。特别是孩子到了青春期后,内心世界更加丰富了,愿意自己独立思考问题,喜欢保留自己的秘密,不愿吐露内心的真情,不轻易把内心活动表现出来,尤其不愿向老师、家长等有尊严感的成人诉说,而是把心扉严密地闭锁起来。作为教师,要帮助家长调整好心态,告诉家长不必过于担心青春期的孩子会与他们疏离,因为亲情是割不断的。同时,教师还要告诉家长,处理好"心理断乳期",不仅不会使父母与子女的关系淡化或恶化,反而可以使其升华至一个新的层次。

3. 指导家长学习与青春期孩子沟通的方法

家长需要用不同的眼光看待青春期的孩子,需要不断改变与青春期孩子交流的方式方法。既然调整和重塑与成人的关系是孩子青春期的"必修课",那么教师就要告知家长与其一味埋怨孩子的"逆反",不如欣然面对。我们可以采用多种形式的活动,让一些优秀家长讲述自己在教育过程中获得的成功经验,让其他家长受到启发,从而正确认识、挑战并突破自己,以积极的心态来面对青春期的孩子,实现教育观念的转变。家长在教育孩子的过程中要有一个不断反思、不断学习的心态,多陪伴孩子,多与孩子沟通。

教师策略

要疏导家长在教育青春期孩子过程中的焦虑、无助情绪,增强家长的自我效能感,帮助家长个性化地解决教育困惑,开展同伴互助式家长沙龙活动也许是一种比较好的方式。周老师是这样做的:

1. 聚焦冲突,确定主题

根据青春期的亲子冲突主要是由于青少年寻求自主性,以及青少年独立与依赖并存的矛盾心理,周老师将家长沙龙的主题定为"当'不放心'遇上'青春'"。

2. 明确目标,设计活动

在平等、互助、信任的氛围中,家长在小组内分享自己教育孩子的困惑,获得来自同伴情感上的理解与支持,以及教育孩子的方法和策略;通过倾听小组内其他家长的教育困惑,家长缓解了自己在教育青春期孩子时积累的焦虑情绪,理解了孩子在青春期普遍具有的心理发展特点;通过给其他家长提建议,增强家长教育自己孩子的自我效能感;小组内家长就一个问题发表不同的意见,共同探讨教育青春期孩子的观念与策略。

3. 报名参与,安排主持

周老师采用自愿报名的方式,吸引一批有此需求的家长参与沙龙,其中男同学家长与女同学家长的人数比例相当。同时为确保沙龙活动顺利展开,需要落实好不同的主持人,包括大组主持、小组主持和助理主持。大组主持负责整场沙龙的组织协调,小组主持则是小组进行同伴互助分享活动的组织者与协调者,助理主持担任示范、计时与观察者的角色。

4. 组织实施,有序推进

男同学家长组和女同学家长组各自进行小组分享——我家的"青春男"和"青春女"。

第一步:小组主持和嘉宾老师分别入组男同学家长组和女同学家长组,每个小组配一位小组主持和至少一位嘉宾老师,两个小组分别在不同的房间进行讨论。小组主持组织自己的小组成员围圈坐好。

第二步:安排好座位后,小组主持重申活动原则,即主动投入、真诚分享、保守秘密、彼此尊重、一个声音。

第三步:主持抛出讨论主题,"看看我们刚刚勾勒的'青春男'('青春女')的特点,请家长们分享一下孩子进入初中后,让你觉得骄傲与欣慰的成长与变化,同时也分享孩子的一个让你觉得'最不放心'的地方"。家长逐个在小组内分享,记录员主要就"最不放心"的地方做好记录。明确家长们普遍"最不放心"的地方后,小组主持组织小组成员进行深入探讨。

第四步:小组主持邀请嘉宾老师从教师的角度进行总结与回应。

第五步:小组主持进行小组总结,总结的重点在于肯定小组成员投入、主动、真诚分享的表现,同时指出小组讨论不够充分的地方,对小组未来的发展提出期望。

5. 活动分享,有感而发

在谈及参与沙龙的收获时,许多家长都谈到在教育孩子的过程中要抱着不断反思、不断学习的心态,多陪伴孩子,多与孩子沟通。有家长谈到收获时说,感觉自己参与沙龙活动后没那么焦虑了,原来不是只有自己的孩子有这样的问题,其他孩子也有类似的问题。通过倾诉和获得同伴的鼓励,家长感受到了情感上的支持。同时,家长也通过与本班家长交流,更多地了解了自己孩子所交朋友的家庭氛围,增进了对自己孩子的理解。

6. 活动延伸,举一反三

许多家长在参与了班级沙龙活动后,又自行组织了茶话会、亲子游等多种形式的同伴互助活动。他们自行设置主题,开展了类似的沙龙活动,主题包括"什么时候送孩子出国最合适"、"手机如何管"、"做一个开心的初三家长"、"帮助孩子备考"等。班主任也通过沙龙,了解了家长在教育中碰到的困惑,使得接下来的教育指导工作更有针对性。

● 行动反思

1. 家长沙龙要有家长关注的话题

家长沙龙可设定的话题很多,但是如何聚焦家长最迫切的需求呢?我们可以通过四种方式发现家长关注的话题：一是通过网络征集家长感兴趣的话题；二是通过问卷调查全校学生家长的教育理念和关注的学生发展目标，发现其所关注的话题；三是以年段为单位，调研不同学段学生家长关注的焦点话题；四是以班级为单位，调研不同班级学生家长关注的话题。通过调研得到的话题往往较为抽象，话题背后重叠着更深层次的问题，因此，还要邀请专家、学校管理者与教师共同研讨话题背后隐含的具体案例，还原问题在现实生活中的真实情况。话题展开过程就是家长沙龙开展的过程，也是揭示问题和寻找解决策略的过程。值得注意的地方是，家长沙龙要采用面向全体家长、部分家长和个别家长等多种方式。对于有特殊需要的家长，考虑到孩子的特殊性，家长情况各不相同，指导应更具有针对性，宜采取个别沟通的方式。

2. 家长沙龙要有平等的交流

教师要与家长建立相互信任、相互尊重、相互支持的合作伙伴关系。教师对于任何学生和家长都要一视同仁。教师对学生要关爱，对家长要尊重和理解，凡事应与家长平等协商而不是独断专行，只是给家长布置任务。教师要取得家长的信任，要在自己与家长间架起平等交流的桥梁。同伴互助式家长沙龙的主要特点为尊重、交流、共享和宽容，因此，教师必须尊重每位家长的教育方式和生活经验。互助式家长沙龙使家长共同参与，互相分享、传播先进的家庭心理健康教育理论，形成一个共享经验、挖掘潜能的学习共同体和实践共同体，解决自己在教育子女中的困惑与苦恼，从而更好地实现教育目的。家长通过沙龙认识到教育孩子没有一成不变、一劳永逸的方法，每个孩子都有自己的独特之处，自己是最了解孩子的人，要相信孩子，并在生活中开始尝试从沙龙活动中学到的其他家长的管理与沟通策略。

3. 家长沙龙要有共同的目标

组织者水平的高低决定了家长沙龙活动的成效。虽然是家长沙龙活动，但作为教师还要发挥支持、引导作用。在家长沙龙活动中既要以家长为主，也要避免凌乱、无序、讨论趋于表面、过分追求形式等低效现象的发生；同时还要充分发挥专家的引导作用，让家长在学习交流的过程中自觉接受新信息、新理念，提高科学育儿的技能技巧。

智慧分享

激发孩子的学习兴趣，家长可以怎么做？来家长沙龙学一学！

前不久，上城区青少年活动中心迎来了来自上城区不同学校、不同年级的 40

多位孩子的家长。他们在暖阳下,参与了一场主题为"激发孩子学习兴趣,家长可以怎么做?"的精彩家长沙龙活动!

父母应该受到培训而非责备

首先,特邀主持嘉宾林老师用一个幽默的二胎案例,提出"父母应该受到培训而非责备"的观念,在"孩子的问题就是家长的问题"、"孩子的行为就是家长的镜子"这样的观点渐渐深入人心的现状下,林老师的一番论述消除了在座很多家长原本焦虑的内心。

用案例引导家长调整心态

接着,林老师从"修炼内功"的角度出发,以一个个案例引导家长们调整自己的心态。心态分为可以改变的心态和无法改变的心态:一些影响父母心态的生活事件,夫妻教育孩子差异的冲突,孩子问题带来的父母自尊受损等引发的心态问题都是可以通过学习知识来改变的;而一些个人创伤经历和心理支持影响的心态则是无法通过学习知识来改变的。

案例分析与学习

一番互动过后,林老师播放了一段视频——"厌学的优等生",并和家长共同分析得出结论:这个优等生之所以在五年级时一下子变得厌学并逃学,其根本原因在于没有得到自我效能感。

同时林老师又以"小白鼠"挣扎求生的案例,告诉家长们"希望"和"信念"对于人的重要性。孩子在成长的过程中,需要做一些力所能及的家务,家长在"照顾"孩子的同时也在"剥夺"孩子成长的机会,因此,家长把握好照顾的度显得尤为重要。从家长的角度来说,母亲过分的包办,父亲过分的要面子,都会对孩子的学习态度走向极端造成一定的影响。

幸福感三要素

分析了案例后,林老师从愉悦生活、责任生活、意义生活三个方面,提出了幸福感的三要素。

最后,进入答疑环节。家长纷纷提出了:"孩子要是考得更差该怎么办?""当孩子说自己紧张时,家长该如何应对?""如何帮助孩子克服学习上的'畏难'情绪?""孩子睡前一定要陪睡,是什么原因呢?"等问题,林老师从心理学的角度帮助家长一一分析了出现种种问题的原因,并提供了解决方案。

整个沙龙活动在良好的氛围中圆满结束了,家长们意犹未尽,留在教室里迟迟不肯离去。

（激发孩子学习兴趣，家长可以怎么做？来家长沙龙学一学！http://www.sohu.com/a/209772486_349243.）

❀ 问题与思考

1. 如何发挥家长开放日、家长接待日在家庭教育指导中的作用？
2. 请以"亲子共读一本书"为主题策划一份家庭教育指导方案。
3. 家长委员会的主要功能是什么？班级家长委员会在家庭教育指导方面能发挥哪些作用？
4. 请您介绍 2—3 个运用传统媒介或现代媒介开展家庭教育指导的成功案例。

/ 第三编 /

家庭教育指导实务

儿童在未进学校之前，其品性、习惯、身体等，早已受家庭方面深刻而又长久的暗示；在既进学校之后，每天和家庭方面的接触，仍占时间的大部分，品性的陶冶、身体的发育和各种习惯的养成，可说无时不是受着家庭方面的影响，至于知识的灌输又在其次了。所以要讲究儿童教育，还要从最初的基本教育——家庭教育上注意。

——陈鹤琴

本篇概要：

▶ 当前,家庭教育被一些普遍性问题困扰着,如"幼小衔接"、"家庭作业"、"有效陪伴"、"青春期发展"、"生涯规划"等,这些问题是家庭教育指导的热点,也是教师开展家庭教育指导时需重点关注的内容。

▶ 部分家庭由于父母离异、父母外出打工或者是房屋拆迁等因素,家庭环境发生了较大变化,进而对家庭教育观念、方式方法等产生了实质性影响,教师需要对这些变化具有敏感性并及时就发现的问题给予指导。

▶ 特殊学生随班就读模式实施至今,全纳教育的理念逐渐为大众接受。对于需要特殊帮助的学生,学校和教师要给予特别关注,其中,超常学生、智障学生、肢残学生、厌学学生和学习困难学生的家庭教育指导不容忽视。

第八章 家庭教育指导的重点问题

当代中国经济社会飞速发展,家长和教师都面临着须臾变化的新情况、新课题。面对快速变化的局面,很多家长在教育培养孩子时茫然、焦虑,甚至盲目从众,家庭教育问题日益突出。

本章就围绕当前家庭教育中的热点和重点问题,如幼小衔接、生涯教育等,以案例的形式带领教师一起聚焦问题、分析原因、探讨对策、启发思考,启迪教师与家长沟通的智慧,提高教师的家庭教育指导水平,使大家能为茫然焦虑的家长提供专业指导服务。

第一节 焦虑的"幼小衔接"

"幼升小"是每一个有孩子的家庭的一件头等大事。幼儿园时期的儿童教育主要以游戏和能力发展为主,而小学教育主要以正规课业和静态知识的学习为主。为了让孩子适应这种变化,很多父母都帮孩子报各类辅导班,帮助孩子提高学习水平,减轻入学后的负担。以下这个问题相信很多老师都会遇到:家长让孩子参加各类辅导班是为了不让孩子输在起跑线上,然而辅导班的学习不仅对孩子成长没有多少帮助,反而极大地影响到了孩子的身体发育和心理健康。这就需要教师帮助家长去解惑。

◉ 问题聚焦

小陈的孩子马上就要"幼升小"了。孩子什么兴趣班都没有参加,小陈也没有刻意去教过孩子,她总觉得孩子还小,让孩子自然生长,到了会的年龄就自然会了。最近,她听说了其他家长帮孩子报名参加辅导班的事,对此并没有太多兴趣。直到她看到家长群里某些家长议论纷纷:"小学里拼音教得很快,暑假里孩子要先学一遍,不然跟不上。""去报名时,老师要面试20以内的加减法,还要才艺展示,根据面试的成绩来分班。"……这样的话听得多了,小陈也不免忧心忡忡:自己的孩子什么也不会,面试的时候,老师会不会不喜欢自己的孩子?会不会真的把孩子分到一个差班?小陈还担心别人家的孩子都学拼音了,而自家的孩子没学,以后的语文成绩会是全班倒数,而成绩一直落后会挫伤孩子学习的自尊心。她彻夜难眠,看着大家都在给孩子们铺路,自己却什么也没做,免不了难受,同时也担忧自己孩子未来的学习道路。最后,在其他家长的游说下,小陈也给自家孩子报名上了拼音班。

教师思考

每到"幼升小"报名之后,总是会有不少紧张的家长焦急地询问老师:"老师,我家孩子要上什么补习班吗?""老师,我家孩子数学不好,要不要加强一下?"家长为什么会有这样的想法?教师需要明白他们焦虑的根本原因是什么。

1. 家长因担心孩子能力不足而感到焦虑

进入小学后需要进行全面系统的学科知识学习,能力弱的孩子学习确实会比较吃力。这个时候,家长会十分着急,也会开始不断帮孩子报各种辅导班,希望通过这种方式来提升孩子的能力。

2. 受外界影响而感到焦虑

上述案例中,家长小陈就是受外界干扰而感到焦虑的典型。其实,这部分人群占了升学家长人群的大多数。当发现其他孩子的家长都在为孩子升学做准备的时候,自己也会感到急躁不安,然后随波逐流。家长也会因为自己孩子在"幼升小"的衔接上没有做好充足的准备而开始担心孩子日后的学习成绩会不好。

3. 担心孩子输在人生起跑线上

担心孩子输在人生起跑线上的家长,其实是希望孩子出类拔萃,对孩子要求过高的一类家长,他们总是希望孩子能够做一个全能人才。家长要明白,每个孩子都是独立个体,每个孩子的发展都有个体差异。

教师策略

张老师是案例中小陈孩子的班主任,在开学前,张老师到小陈家进行了一次

家访。小陈也把心中的困惑提了出来,张老师为她提供了以下指导:

1. 相信学校的教育,家校形成合力

张老师告诉小陈,学校不存在通过面试分班的情况,报名时老师与孩子进行简单的谈话实质是为了了解孩子的现有水平、兴趣爱好、家庭教育的状况等,以便发现问题及时介入,提供正确的家庭教育指导。张老师建议小陈以后有类似困惑可以及时与老师沟通。

2. 创设良好的家庭氛围,多方面培养孩子的能力

家是最能让孩子放松的场所,家长应该从孩子的兴趣入手,在日常生活中注重对孩子习惯、语言表达、思维能力等的训练,与孩子一起阅读、游戏、角色扮演等,在玩耍中提高孩子对学习的兴趣,这比上某些辅导班更有效果。

3. 让孩子选择兴趣班,并"约法三章"

张老师建议小陈和孩子进行一次谈心,要了解孩子的兴趣爱好,了解孩子内心的真实想法,不要代替孩子做主,而是让孩子来选择,上自己喜欢的兴趣班。但是家长要和孩子"约法三章",孩子一旦参加了兴趣班就要克服一切困难,不能三天打鱼两天晒网。

最后,张老师向小陈介绍了一年级的学习准备期,听到孩子有四个礼拜的时间来调整入学后的作息,适应学习的进度,培养学习的习惯等,小陈终于放心了。

● 行动反思

案例中的张老师是个很有经验的老师,针对新接班,他选择了最有利的时间进行了一次非常成功的家访。在孩子从幼儿园升入小学时,家长往往处在问题多多、迷茫重重的阶段。这个时候老师进行一次家访是一场"及时雨",能让家长少走弯路,教师也可以第一时间掌握学生的家庭教育现状,对今后家校合作有着极其重要的意义。张老师的家访实质上是对家长进行了三方面的指导。

1. 家长要正确全面地认识孩子

孩子不是一样东西,他/她是一个独立的社会人,需要家长去尊重他/她。每一个孩子都是与众不同的,家长不要觉得什么好,就要强塞给自己的孩子,这样的行为根本不利于孩子的成长。正确的做法是引导孩子培养自己的兴趣,并在以后

的成长过程中学会坚持自我。

2. 家长不应该给予孩子过多的压力,要正确看待孩子的能力

在"幼升小"这个阶段,如果孩子确实能力不足,家长也不要着急去报辅导班,而是尽可能地创设让孩子感兴趣的学习氛围,去吸引孩子学习。在低年级,家长要注意以提升孩子学习兴趣和培养良好习惯为主。

3. 强调家校合力的重要性

对于学生而言,学校和家庭是最重要的环境,缺失任何一方,教育都是不全面的,学生的心理发展也是不健全的。如果有一方面薄弱,教育则会产生内耗,会导致事倍功半。家庭是孩子的第一所学校,父母是孩子的第一任教师。家长对孩子的要求、期望也是多层次的,家长的有些期望和学生的实际、学校的教育思想有可能不相符合,所以教师必须和家长联系、沟通,以便相互了解和理解,形成教育的合力。

智慧分享

一年级新生家长开学前后做好十件事

1. 协助孩子完成认知衔接

小学是什么样的?对一个从来没去过小学的幼儿来说,很难想象。父母不妨为孩子讲述,"小学是一个有很多朋友的地方,是一个老师会教你很多本领的地方",并用自己小时候"非常向往上小学"的故事感染孩子。恰当的时候,家长可以带孩子参观一下即将就读的学校。

2. 建立小学规则感

开学后孩子怎么能尽快适应?家长不妨在家里开设模拟课堂,妈妈扮老师,其余家庭成员扮学生。在举手发言环节,大家都在努力举手,"爸爸同学"连举了几次没被"老师"叫到,就直接站起来讲,"爷爷同学"坐在座位上自顾自讲答案,只有"奶奶同学"遵守纪律,即使"老师"一直没有叫到她,她也安静地坐着,要向"奶奶同学"学习。

3. 开展游戏竞赛

早上送孩子去上学的时候,家长可以和孩子比赛开心:"妈妈去上班,宝宝去上学,今天晚上回家我们比赛,你把开心事告诉我,我也把开心事告诉你,看看谁的更开心。"长此以往,孩子会越来越注意乐观积极的一面。

4. 不问不该问的话

孩子放学回家,父母千万不要悄悄地问孩子"老师喜欢谁?""今天老师对你好吗?"之类的话,这种接近"鬼鬼祟祟"的悄声询问会对孩子心理上造成不良影响,他们会觉得学校的环境有一定的危险性或有对他们不利的因素存在。

5. 父母要注意孩子回家后的情绪

因为孩子在适应阶段会遇到各种问题,在课堂上也没那么自由,万一孩子不开心也是正常的。这时父母需要做的不是说一大堆安慰的话,而是给孩子一个拥抱,让孩子感觉到在情绪上得到了安抚,这有助于缓解孩子的压力。

6. 对孩子的学习情况要有一定的了解

不少孩子到了三、四年级,家长会向心理咨询师咨询孩子的学习障碍,但已经较晚,错过最佳调整时间。如果孩子在一年级就出现学习困难,父母要重视,早发现有助于及早干预。如孩子总是把字写反,默写生词错误率超过80%等,这些情况家长都要警惕。

7. 建立好作息规则

小学一年级新生的作息时间如果不调整好,可能会影响孩子的学习。小学一年级新生的作息需要一个仪式来确立。假设早上需要孩子7:10起床,妈妈需要在七点零五分叫他/她一次,并告诉他/她五分钟后妈妈还会再来叫他/她一次。第二次叫他/她如果还不起床,妈妈不用多说话,立刻把衣服裤子一股脑儿给孩子,让他/她立刻穿好准备上学。这样坚持几天,孩子就会慢慢习惯。

8. 睡觉也要一个仪式

如果想让孩子9:00睡觉,那么从8:40家长就要开始宣布准备睡觉了,把家里的大灯都关掉,家长说话的声音也要轻轻的,营造睡眠的气氛。

9. 陪伴中需要鼓励

孩子的功课是家长们最关心的话题,很多学校建议家长在一年级适当陪伴孩子做功课,目的就是纠正孩子的不良习惯。家长如果要陪读,就要学着把自己变成小灰兔,陪宝宝这只小白兔学习,不要把自己变成大老虎,去陪小白兔做功课。在陪读的整个过程中,家长要多鼓励孩子,慢慢培养孩子的学习兴趣。

10. 克制好情绪

家长的情绪和孩子的一切都有关,包括功课。如果家长总是焦虑地催促"动作快,快点做,做完了再去玩",孩子容易对功课产生厌倦感。在孩子学习的过程中,家长尽量不要干扰他/她,包括递水果牛奶,询问是否上厕所等。

（清华键童学馆的博客.家有小一新生,父母做好十件事.http://blog.sina.com.cn/s/blog_dd6045a60101nz0q.html.）

第二节　无形的"标签"

没有比较就没有伤害,对于孩子来说也是这样。在孩子接受小学教育的过程中,很多家长都会无意识地将自己的孩子跟其他孩子做比较,有的家长说孩子胆子小,有的家长说孩子内向……大人们给了孩子无形的"标签"。这些无形的"标签"会对孩子的发展产生影响,有的家长已经有所意识,很多家长还浑然不觉。孩子正在成长,怎么能要求他们有如此健全的人格品质？教师可以给家长有针对性的指导,避免家长的一些不靠谱的言语和做法影响孩子的成长。

● 问题聚焦

"你怎么这么笨,这么简单的事情都不会做！""你这孩子真懒,自己的书包都不整理。""你真没良心,爸妈为了你没日没夜地工作,你就一点都不心疼？""你这孩子怎么一点都不懂礼貌,见了阿姨也不知道打招呼。""你这孩子怎么这样不爱学习呀。""你这孩子做事总是磨磨蹭蹭,太拖拉了。"……

这些话家长们肯定不陌生,甚至特别熟悉。对,这些话很有可能是家长自己从小听到耳朵起茧子的！"笨死了"、"真懒"、"没良心"、"不懂礼貌"、"不爱学习"、"拖拉"……当家长们对孩子讲出这些评价的时候,有没有想过它们会给孩子带来怎样的影响？当很多家长意识到这些负面评价会对孩子产生消极影响时,他们开始用各种话语表扬孩子:"宝贝好棒,你是全世界最棒的！""宝贝好聪明,你是天才!""宝贝好漂亮,长大后一定是大美女。""宝贝真听话,真是个好孩子。"………"最棒的"、"天才"、"美女"、"听话"……这些正面的词汇就一定能给孩子带来积极的影响吗?

教师思考

以上这些都是家长在无意中给孩子贴上的"标签"。家长为什么要给孩子贴上这些"标签"?作为教师要追溯缘由。

1. 家长无意识的言语

没有一个家长想伤害自己的孩子,但是在很多时候,一些无意识的言语就给孩子贴上了"标签"。放学时,不少家长来到学校门口接孩子,在等待时,他们就喜欢一起聊天,而话题永远是孩子。有个小男生,文文静静的,戴着一副黑框眼镜,有一种乖乖的帅气。他妈妈就经常和其他的家长这样说:"你看你家孩子性格多好,我家这个?就是不爱说话,打死也不说,真不知道他到了社会上该怎么办,愁人。"孩子们此时已经到门口了,他们一边走一边笑着,讲着话。但是小男生的妈妈还在继续道:"连见人都不叫人,教了八百遍,没用。"而此时,小男生和伙伴聊得很起劲。家长往往会觉得有些话自己只是随口一说,没有意识到自己已经给孩子贴上了"标签"。家长在孩子童年时给他们贴上的"标签",往往会伴随孩子的一生。

2. 家长对孩子缺乏信心

作为教师,在和家长交流沟通的过程中发现不少家长都会说:"我家孩子不自信,做什么事,总说自己不行。写字拖拖拉拉,穿衣服也磨磨蹭蹭,还很任性,老师怎么办呀?"这些焦虑的话语其实已经给孩子贴上了"标签",这些"标签"的背后是对孩子的失望和不相信。但是孩子们的这些表现也许是因为缺乏经验、常识,或者家长包办过多才造成的。只要家长找到原因,耐心引导,孩子的问题就有可能得到解决。而家长往往不找自身的教育问题,把错误原因全部归结在孩子身上。

3. 家长期望值过高

孩子的成长是一个漫长的过程,不可能一蹴而就。甚至有时候孩子做得相当好,但从家长的眼光看来,仍未能达到十全十美,于是家长忍不住地加以斥责。比如"这么简单都不会,不害羞吗?""这个孩子就是脾气倔强。""这个孩子就是懒惰。""这个孩子就是粗心大意!"当家长们为了过高的期望而讲出这些"标签"时,孩子会在无形之中按照家长"期待"的那样变得越来越像被贴上的"标签"。而"标签"总是具有强烈的暗示和定性导向的作用,无论贴的标签是"好"还是"坏",它们对一个人的个性意识的自我认同都会产生强烈影响。

教师策略

案例中的家长已经给孩子贴上了各类"标签",肯定不利于孩子今后的成长。如果班级中有存在这类问题的家长,也肯定不利于家校教育合力的形成。对此,教师可以采取以下几种措施:

1. 通过家长会,指导家长不要盲目对孩子的行为下结论

孩子的有些行为是一时兴起或无意间做出的,有些行为只是成长过程中短暂出现的,家长如果因为这些行为而给孩子贴"标签",形成结论,孩子则可能真的会持续表现出这种行为。

2. 通过班级微信群和班级QQ群,指导家长对孩子的一些行为要淡化处理

教师可以推荐相关家教经验论文给家长,让家长明白:孩子的一些无关轻重的错误行为,父母要淡化处理,不去过分关注,避免加深孩子对错误行为的印象,形成对孩子的负面暗示。

3. 指导家长用正确的行为给孩子提供示范

孩子犯了错后,往往不知道错在哪里,在教育孩子的过程中,家长如果只是对孩子错误的行为方式一味地指责,那是无法解决实际问题的。正确的方法是家长少批评,少指责,而应该给孩子示范正确的行为,这样才能有效地更正孩子的错误行为。

告诉家长孩子是有自尊的,对孩子的任何评价都不是一件小事。家长对孩子的个性可以认真地讨论、剖析,提出忠告,却不能粗暴地指责。当然,家长一味地表扬,以至于偏离了实际情况,也会让孩子迷惑,一旦孩子对家长的评价产生怀疑,鼓励也就失去了作用,甚至会起到反效果。

行动反思

面对各种各样的贴"标签"的家长,教师要通过各种有效渠道,为他们提供具体

指导。然而在实际工作中,有许多教师也会和家长犯同样的错误,给学生贴上各类"标签"。教师也要思考怎样把这些"标签"撕下来,看到"标签"背后真实的孩子。

1. 给学生贴上"好标签"

任何给孩子贴上的"标签"(包括"好标签"),都会给孩子很强的心理暗示,孩子往往会朝着这个暗示的方向发展。学校教师首先可以以身示范,引导孩子往好的方向发展。在学生学习、生活、活动的过程中,教师要给予孩子更多的关注,多给孩子善意的评价,肯定他们的优点,鼓励他们,给予正向的"标签",即"好标签",比如:当孩子经过探索解决问题时,要给予他们鼓励,当孩子帮助他人时,要赞扬他们。但是这些"好标签"也不能过头,要适当。教师每天发现学生的优点,每天给孩子多点微笑,给他们力量,孩子就会前进,变得积极向上、乐观开朗。

2. 加强专业知识的学习,了解学生的心理特征

教师可以和家长一起通过学习"家长慕课"和权威的家庭教育微信公众号推送的相关教育文章,来了解特定年龄段孩子的心理特点。小学阶段的孩子还没有形成独立思考问题的能力,对家长和教师的依赖都很强,非常容易接受心理暗示,按照父母和老师贴的"标签"去寻找归属。偶一为之的玩笑话不算"标签",毕竟谁都做不到说话滴水不漏。但是如果老师和父母不注意自己的言行,不断将对孩子的评价重复强化,就会形成固有"标签",甚至会潜移默化影响孩子一辈子。

3. 最好的方法是撕下一切"标签",学会就事论事

孩子今天做得好,表扬他/她为此付出的努力和具体的进步;做得不好,指出他/她方法和态度的问题;孩子不敢和其他孩子交流时,鼓励他/她迈出沟通交流的第一步……教师和家长要一起用具体的指导取代下定义、贴"标签"。如果孩子的性格确实有缺陷,多找找背后的原因,不断帮他/她总结,使他/她慢慢进步和成长,永远让他/她相信自己的明天可以更好。

智慧分享

标 签 效 应

心理学中有个词叫作"标签效应"(Labeling theory),是指当一个人被外界用某个或某些词汇描述和分类(也就是贴上"标签")时,他/她的自我认同和行为会

受到影响。

在心理学和社会学领域,"标签效应"都得到了验证。20世纪50年代,美国加州大学的Edwin M. Lemert教授在进行药物成瘾研究时,通过大量的案例调查发现,很多年轻人的吸毒行为和社会评价有关——"我这么干,因为我就是这种人"。

"标签"具有定性导向的作用。贴上的"标签",无论是好是坏,都会影响一个人的个性意识和自我评价,结果往往是使其向"标签"所喻示的方向发展。其中,儿童最容易受"标签效应"的影响。

(一)标签化如何影响孩子

1. 让孩子迷失自己

人是社会性动物,成长就是不断探寻自我、融入认同的群体、寻找自己的位置、实现自我价值的过程。在这个过程中,我们收获的体验和思考,是人生最珍贵的礼物。然而,标签化却可能让孩子错过这份礼物。

"妈妈说我太胆小,我就是胆小啊,我没有妈妈不行。""老师说我太调皮,说我总欺负别人,反正我就是那么坏。"……孩子的认知能力有限,成人的话语在他们眼里又具有权威性,一旦被贴上某些"标签",孩子可能会直接给自己下定义,认为"我就是这样的"。

2. 限制孩子未来的发展

孩子在成长中要不断进行自我实现,有理想和目标是前提条件。但如果我们给孩子贴上"标签",孩子就会用我们赋予的这个"标签"来定位自己,未来也会朝这个方向靠近。被说成"书呆子"的孩子,可能原本想做一个体育运动员;被贴上"好动标签"的孩子,也许接受了心理暗示,放弃了尝试安安静静拉大提琴的音乐家之路。

3. 限制孩子的思维方式

孩子是一张白纸,最先在纸上留下的印记是父母的投影。如果家长习惯给孩子贴"标签",不仅会影响孩子的行为方向,也会影响他们的思维模式。

孩子有可能会学习大人标签化的思维,给他人和事物也贴上"标签"。例如:"小男孩就是很调皮,我不和他们一起玩儿。""女孩子就是特别娇气、爱哭,我讨厌她们。"

这些例子只是一些"孩子气的标签",最多给父母造成某阶段的困扰,但这种思维模式如果陪伴孩子长大,未来也许就会扩大到其对不同种族、肤色、国籍、性取向的人的看法,进而影响孩子世界观和价值观的形成。

（二）如何避免给孩子贴标签

1. 理解孩子的感受

家长要学会共情。一个人做父母的能力，说到底是他/她追溯童年的能力。那些能和孩子共情的家长，往往能回想起自己童年时的经历和感受，并会设身处地进行换位思考，然后再采取行动。

2. 永远就事论事

家长不要去评价孩子，包括孩子的性格、智力、能力等，而是只讨论当前这件事。像我之前发牢骚，说果果"脑袋空的"，就是在评价人；如果换成说"这个词并不难，我们多说几遍就记住了"或者"你已经记得很好了，你一定可以记得更牢，一起加油"，会好很多。

3. 弄清背后的原因

要做到就事论事，其实需要我们当家长的能透过表面现象看本质。我们不妨多问问自己，当事情发生时，我们是否了解了背后的原因才发表的意见？

例如，一个被说成"总是扔东西"、"总是撕书"的孩子，可能正处于成长中的敏感期，这是他/她探索世界的一种方式；一个被说成"总是弄坏玩具"的孩子，可能是因为好奇，总想将玩具拆开，他/她的动手能力和探索能力很强。

这样多思考一层，不仅能避免给孩子贴"标签"，还能顺应孩子的生长发育特点，为他们提供良好的环境，鼓励孩子发挥天赋。

4. 三思而后行

很多时候我们不是故意给孩子贴"标签"，而是说话时并没有意识到，很多家长都是"有口无心"的。那该如何改善呢？

首先，一定要意识到孩子是有自尊的。总有人觉得"孩子还小，什么都不懂"。其实恰恰相反，孩子的心纯洁又敏感，连听不懂的词汇都能从语调中揣摩出含义。

其次，说话前思考10秒钟。有时孩子做错了事，家长脾气上来会先指责一通，很容易"口不择言"。家长不妨每次给自己10秒钟冷静时间，组织一下语言，不要嫌麻烦，要知道对孩子来说，任何评价都不是小事。如果孩子做得不对，我们可以认真讨论、剖析，提出忠告，但不能粗暴地指责。

5. 使用积极词汇

在引导孩子的行为时，应避免使用消极的、负面的词汇，要多用积极的语言和孩子说话。例如，比起说："你再这样哭我就不喜欢你了！"不如说："我喜欢你自信快乐的样子，非常可爱，让我看看好不好？"比起说："你怎么这么胆小？"不如说："宝贝再大胆一些！"比起说："你不要这样黏人。"不如说："宝贝你可以更加独立哦！"比起说："你怎么脾气这么大？"不如说："宝贝冷静一些，我们一起放松一下。"

人无完人，谁能完全不犯错呢？所以我们要一直提醒自己，无论此时此刻孩子的表现如何，未来都有无限可能。

（娟子妈妈讲故事.这样很容易毁了一个孩子，不要再贴标签了！https://www.sohu.com/a/160210570_635606.）

第三节 苦恼的家庭作业

写家庭作业是每个学生必不可少的学习环节，通过完成家庭作业可以巩固每日在课堂上所学的知识，及时发现学习中的薄弱环节。对于教师来说，布置家庭作业是教学的一个重要环节，通过检验学生的家庭作业完成情况，教师可以了解到这个孩子对"学"的掌握情况，以便及时调整教学方法和教学重点。然而，大部分孩子在完成家庭作业的过程中，都或多或少存在这样的问题：效率低、质量差，起不到巩固新知的作用。面对这样的情况，教师头疼不已，希望家长能严格监督孩子家庭作业的完成情况，检查后还要签名。部分家长对此不理解，认为这是教师推卸教学责任。对此，教师需要积极与家长沟通，帮助家长认识到家庭教育与学校教育的不同职责。

◉ 问题聚焦

陆爸爸有一个正在读小学三年级的儿子。由于下班时间晚，陆爸爸没有时间陪孩子，儿子的家庭作业一直是自己独立完成的，陆爸爸只要最后签名就可以了。小学一、二年级时，儿子的各科学习成绩几乎是全优，全家人对孩子的学习引以为傲。可是一进入三年级，儿子的成绩变得很不稳定，每天做家庭作业时，他总是磨磨蹭蹭，做到很晚。老师在群里常常表扬一些家庭作业质量高、正确率高的孩子，表扬名单中，儿子的名字从未出现过。为此，陆爸爸没少责怪儿子。

一次，在等孩子放学期间，陆爸爸和班里其他家长聊起这个问题，家长们告诉他：三年级学业任务变重了，老师在学校里讲课节奏都很快，孩子如果有不懂的地方，家长一定要在家里再教一教，不然孩子肯定跟不上。陆爸爸似乎找到了儿子退步的原因，于是，他与公司商量，调整了上下班的时间，每天下班都陪着孩子做家庭作业，看到孩子有不会的题，马上指导他。经过一段时间的陪伴，儿子的成绩似乎比之前是好了很多，老师也表扬了孩子的进步。

但陆妈妈却不赞成这样的做法，她认为孩子家庭作业完成的效果不应该由家长来负责，因为家庭作业是判断孩子是否掌握当天学习内容的重要标准，如果孩子在家庭作业中不懂的地方，经过家长指导会做了，老师怎么通过家庭作业了解到孩子掌握知识的真实情况？而且，夫妻俩的受教育程度也不高，等孩子再大一些，不会教了，怎么办？陆妈妈觉得孩子学习就是老师的事情，不应该推给家长。陆爸爸觉得妻子说得也有道理，那到底该怎么办呢？

教师思考

陆爸爸和陆妈妈的想法在小学生家长中普遍存在，更有家长反感陪孩子做作业，反对给孩子的作业签名。家长之所以会有这种种想法，大致有以下几个原因：

1. 家长不了解孩子升入中年级后出现的不适应

进入三年级以后，孩子就进入了一个新的学习阶段。这一阶段的一个重要表现是孩子的学习任务比一、二年级有了显著的变化，学习活动的游戏性特征减少，学习过程的组织性，认知过程的规范性、严谨性更强，三年级课程似乎一下子变得难了。随着学习难度增加，学习内容增多，孩子学习时常常有点儿手忙脚乱，顾了这儿顾不上那儿，顾了那儿顾不上这儿，成绩出现不稳定的情况十分正常。这个阶段孩子特别需要家长的鼓励和陪伴，家长要引导孩子慢慢适应。所以陆爸爸责怪儿子的做法是不对的，长此以往，会导致孩子对学习失去兴趣。

2. 错误理解检查作业的定义

许多家长认为教师要求家长关注孩子家庭学习、检查家庭作业是教师推卸教育责任的一种表现，家长教会了，教师就可以少教一些。然而家长不明白，孩子在完成家庭作业的过程中会表现出许多学习品质,如做作业是否能专心致志,在遇到难题时是不是能迎难而上,在解决问题时是不是能举一反三等,这些学习品质的养成远远比完成作业更重要。所以教师要求家长配合教育,是希望家长关注孩子完成家庭作业的态度,是希望家长在家里帮助孩子养成良好的学习习惯,更多地参与孩子的学习过程,最终的目的是提升孩子独立学习的能力。

3. 家长角色认知错误

上述案例中,陆妈妈担心孩子在写作业中遇到的问题会因为得到了家长的指导而不被教师重视,担心孩子会在学习上依赖父母等,认为孩子的学习就是老师的事情。而老师们常常听到这样的话:"老师啊,我们家孩子学习怎么样啊?你对她凶一点,严厉一点,我们家孩子最听你的话了,我们的话她都不听的。"这都是对老师教育功能的错误解读。学校不只是教授孩子一些书本上的知识,更重要的是对孩子进行学习兴趣的培养、学习方法的指导、学习习惯的养成,从而达到使学生学会学习的目标。然而,这些单靠教师在学校的教学是无法实现的,需要家庭配合,因此,家长需要更多关注孩子的学习兴趣的培养、学习方法的指导、学习习惯的养成。

教师策略

班主任小何老师的班级中就有这样的学生家长,她是这样做的:

1. 帮助家长了解孩子

开学第一周,小何老师给每位家长写了一封信,帮助家长了解这个年龄段孩子的特点。三年级是小学学习生活中比较关键的一年,这一年是孩子从低年级向高年级过渡的一年,孩子在低年级养成的良好学习生活习惯要延续和进一步规范,要为高年级的综合学习做准备。同时,小学三年级也是孩子心理过渡的关键期,处在这个年龄段的孩子各方面都起伏不定,时好时坏,对很多事都是似懂非懂的。此外,这一阶段的孩子做事自觉性、主动性、持久性都较差,遇到困难和挫折,往往容易动摇。在这个时候,家长一定要细心观察孩子的变化,遇事要冷静处理,耐心和孩子沟通,当问题反复出现的时候,家长一定要进行正确的引导,不要妥协。

2. 指导家长正确理解检查作业的意义

小何老师利用家长会指导家长正确理解检查作业的意义。三年级学生在学习上的压力感相当明显,教师的授课量比二年级时大,还有作文的学习,对学生提出了更高的要求。许多刚刚进入三年级的孩子学习上会出现不稳定甚至是成绩下滑的情况,因此,需要家长更多的关心与陪伴。在陪伴的过程中,如家长发现孩子的任何问题,都可以及时与教师联系和沟通。

3. 给家长提供有针对性的建议

其实,家长检查孩子家庭作业的过程,就是教孩子检查作业的过程,也是一个及时了解孩子学习动态的过程,还是一个亲子交流的过程。小何老师建议家长检查孩子的作业可以从几个方面入手:孩子的作业有没有遗漏,孩子的作业能否及时完成,孩子作业的错误率高不高,孩子完成作业过程中的习惯是否良好等。家长可以在孩子作业错误的地方做一个标记,方便老师批改作业时给予反馈。

行动反思

小何老师对家长进行了很好的指导,让家长在新学期来临之前就知道孩子将面临的问题,以及该如何去解决,让家长未雨绸缪,不至于手忙脚乱。但是两次指导不能解决全部问题,孩子的家庭作业不只是家长的责任,也是家长和老师共同的责任。那么,老师的责任是什么呢?

1. 了解班级每个学生回家做作业的情况

每个孩子的性格脾气、家庭环境不同,完成作业的效果也不同。老师必须要了解孩子不完成作业背后的原因,比如,有的家长不会辅导作业,有的是孩子不自觉,有的家长上夜班没办法监督,有的孩子常常漏抄作业,还有的孩子认为作业太简单,不愿意做等。

2. 针对不同原因采取不同措施

不会辅导作业的家长可以让孩子求助老师或班级群。如果孩子不自觉,就要注重培养他/她养成良好的学习习惯。如果家长上夜班没法监督孩子写作业,可以尝试远程辅导。如果孩子常常漏抄作业,可以给他/她配个"小老师",起到监督作用。另外,老师还可针对学生学习情况的不同布置分层作业等。

3. 帮助家长走出误区

家长们在监督孩子完成家庭作业的过程中容易走入误区,过多地关注作业的正确率以及完成作业的时间,而忽视许多教育细节。教师应该帮助家长走出误区,使其理解家长陪伴孩子写家庭作业其实是在与老师协力培养孩子良好的学习习惯和端正的学习态度。

❀ 智慧分享

如何检查作业

中低年级的孩子正处在养成良好学习习惯的关键期,家长们一点儿也不能偷懒,对孩子的家庭作业,不能只简单地问一句"完成了没有"就结束了,要有行动。在检查作业的过程中,要着重培养孩子认真学习的好习惯、独立学习的能力以及良好的学习心态。

1. 重"示范",忌"替代"

不要让孩子觉得,"检查作业是爸爸妈妈的事情"。例如,家长可以说"咱们一起来检查",而尽量不说"拿来让我检查一下"。检查时,家长可以出声说出如何检查的方法,这样孩子就可以学习到检查的方法。

2. 重"验证",忌"批评"

检查时不但要跟孩子说做错的地方,也要借机表扬他/她做对的地方。家长可以每道题都念叨一遍:"对的、对的、对的、对的、对的,嗯?这个是对的吗?"这样可以增加正面反馈的机会,让孩子不至于觉得"一起检查"是个特别可怕、会被爸爸妈妈批评的过程。让孩子"不反感",是任何事情在开始阶段非常重要的一点。

3. 逐步放手,循序渐进

一开始让孩子检查,家长可以陪在旁边,孩子检查得对,就夸奖一下,万一不对,及时提醒孩子再仔细看一下。如果孩子不愿意尝试自己检查,家长可以"故意犯错",故意指着他/她本来做对的题目,说"好像不太对吧"。孩子对自己被错怪了这种事儿往往比较激动,这样家长就可以顺势表示:"哎呀,看来我检查也不靠谱,你也一起来查吧,咱们查两遍,这样就安全了。"如果家长察觉到孩子比较依赖家长的检查,可以逐步放宽孩子自己检查的范围,比如从一开始的家长直接指出哪里不对到让孩子自己找出某道题错的地方,再到后来,几道题里有一道不对,让孩子自己检查出来。这样既减轻了孩子的畏难情绪,又实际上增强了孩子检查的能力。

(到底要不要帮孩子检查作业?检查应该怎么查? https://www.baidu.com/sf_baijiahao/s?id=1554512850012025.)

第四节　无效的家长陪伴

家长的陪伴对于孩子的成长有着重要意义,陪伴是家长对孩子的爱的最直接表达。陪伴中,孩子们可以感受到家长的关爱,感受到自己的价值;陪伴中,双方能增进了解,家长能对孩子进行及时、有针对性的引导和帮助,这有助于父母言传身教作用的发挥,能有效促进孩子形成良好的行为习惯。但实际生活中,家长们往往很困惑:我明明花费了大量的时间与精力,陪伴效果却不佳,甚至孩子对我的陪伴表现得非常厌烦与抵触。这就需要教师帮助家长们解惑,并指导他们走出陪伴的误区,实现有效陪伴。

◉ 问题聚焦

> 小黄今年读四年级,原本成绩还算不错的他,这学期却退步了不少。老师们纷纷找小黄谈心,想要了解他在家的学习情况。聊天中,小黄表示:"平时我爸爸不在家,都是我妈妈陪我做作业的。我的妈妈很懒,我做作业的时候,她就躺在旁边床上看电视、玩手机,还在旁边唠唠叨叨。"老师在与小黄的母亲电话沟通几次没有什么效果之后,将小黄的母亲邀请到了学校,与任课老师们一起商讨教育对策。在交谈中,小黄的母亲表示,自己不工作,就在家里照顾小黄,每天小黄做作业时就在旁边陪着。小时候,小黄还是比较自觉的,也肯听她的话,但随着年龄的增长,小黄越来越不听话。他爸爸在家发火了,他才不得不写作业。而每次写作业他都要开小差,作业要做到深更半夜,怎么说都没用。说的时候,小黄的母亲一脸无奈。

◈ 教师思考

不少家长对于"陪伴"这个词是有误解的。他们总以为"陪着"就是"陪伴",殊不知两个词具有不同的含义。陪伴更加强调交流与沟通,有效陪伴意味着家长在保证基本陪伴时间外,要及时关注孩子的情绪,了解孩子的兴趣与需要,并能全心全意,倾情融入,为他们的成长提供支持。小黄母亲和许多家长都走进了"陪伴"的误区。

1. 陪伴不是控制与命令孩子

有部分家长在陪伴孩子时,密切关注与控制着孩子的一举一动,这个不许,那个也不行,要求孩子按照自己的想法或者自己给他/她设定的轨道行进,一旦出现偏差,家长就指手画脚说个没完,或是大发雷霆,动辄打骂。长期处于这种陪伴之下的孩子,很难跟父母建立亲密关系,因为他们无法体会到父母的关爱,只能体会到父母的控制欲。而随着年纪的渐渐增长,孩子的逆反心理会逐步加剧。

2. 陪伴不是看管与陪着孩子

从孩子进入幼儿园开始,教师们就不断呼吁家长陪伴孩子。但是我们常常能看到这样的情景:孩子在一边玩玩具、看电视或者写作业,家长待在一边玩自己的手机或者看自己的电视,偶尔抬起头看几眼孩子。有时候孩子跑过来想要和家长一起玩,家长却三言两语就把他们打发走了。可以说这部分家长知道要陪伴孩子,但他们的"陪伴"往往仅限于确保孩子的安全,并没有和孩子建立起良好的亲子互动关系。这种缺乏交流与互动的关系,并没有满足孩子精神上的需求,长此以往,家长就难以对孩子进行指导或形成榜样作用。

3. 陪伴不是满足孩子的物质需求

当下,不少家长为了谋求更好的生活,满足家庭的物质需求,选择投身工作,将大量时间和精力花费在工作上,相应地,陪伴孩子的时间与精力变少了。出于补偿心理,他们会给孩子购置大量昂贵的玩具和漂亮的衣服,有空就带孩子吃各种山珍海味、佳肴珍馐。还有些家长认为现在自己忙于工作就是为孩子创造更好的生活条件,都是为了孩子,并以此作为忽略孩子的借口。的确,孩子们的成长是需要物质基础,但更需要精神上的满足。

教师策略

在分别听完小黄和小黄母亲的话之后,班主任张老师给小黄母亲提出了几个建议:

1. 和孩子多交流、多互动,让他明白父母的爱

虽然小黄母亲平时都在家照料孩子,但不善言辞的母亲,更多地都是和孩子交流生活上的琐事,没有向孩子表达自己的爱。张老师建议小黄的母亲平时多开口对小黄说"我爱你",多夸夸小黄的优点,多拥抱拥抱这个孩子。

2. 陪伴孩子的时候,不要进行娱乐活动

从小黄的话语中可以得知,当他做作业时,母亲玩手机游戏、看电视,对于孩子来说这是无效的亲子共度时间。此时的母亲不仅是不好的榜样作用,甚至消极地影响着孩子。张老师建议小黄的母亲在孩子学习时,可阅读书籍或进行与提升自己家庭教育素养有关的学习。

3. 陪伴孩子时,少些指责或命令,多谈建议

张老师建议小黄母亲平时在和孩子谈话时,多给予孩子建设性的意见,供他去思考去抉择,而不是否定他,或指挥他、规定他要做或者不要做某些事。

4. 鼓励父亲多抽出时间来陪伴孩子

从小黄和小黄母亲的话中得知,小黄父亲的角色缺失,平时都是母亲在照料小黄。张老师希望小黄母亲和小黄父亲多交流,让他多抽出时间来陪伴孩子,发挥父亲在儿童成长中的正面功能。

◉ 行动反思

案例中的张老师在给予家长帮助和指导时,并没有偏信一方的反馈,而是在聆听两者的表达之后,分析情况,有针对性地提出了建议,对家长进行了"如何进行有效陪伴"的家庭教育指导。

1. 让家长明白,爱是需要表达出来的

家长经常用自己的方式向孩子表达自己的爱,但每个孩子的领悟力和理解力不同。无法有效接收到家长爱的孩子,很容易就会产生质疑:爸爸妈妈不爱我吗?他们为什么不爱我?我要怎么样才能获得他们的爱?这些孩子会用自己的方式,引起家长的注意。所以家长要学会向孩子表达爱,让他们感受爱。爱,是开展有效陪伴的力量源泉。

2. 加强亲子间的交流互动,提升有效陪伴的质量

所谓交流互动,不是指我说你听,而是双方在交流时,一个倾诉,一个聆听,再

交换彼此的想法。互动和交流能让家长和孩子更了解彼此,在这一过程中,家长要注重指导、示范。

3. 父母需要自我克制,发挥榜样作用

曾经有人对孩子进行了一项调查,近八成的孩子不喜欢父母在陪伴自己的时候专注玩手机或进行其他娱乐活动,这会让他们产生强烈的孤独感,会选择做出一些异常行为去吸引家长的注意。所以在陪伴孩子时,家长应该选择放下手机,给予孩子专注的目光与陪伴,肯定他/她的进步,帮助他/她化解困难。父母是孩子的第一任老师,应当注意自己的言行举止,给予孩子积极的而不是消极的影响。

4. 重塑父亲在家庭教育中的角色

父亲的角色与功能是母亲无法替代的。父亲应当在工作繁忙之余抽出时间尽可能地陪伴孩子,因为足够的亲子共度时间是实行有效陪伴的前提。

智慧分享

陈昌辉先生谈"有效陪伴"

儿童教育专家陈昌辉先生在接受记者访问的时候,曾谈过"有效陪伴"这个话题。

在访谈中,他首先谈到了陪伴的意义与重要性。他说:"我曾记得一位作家说过,我们与孩子的缘分是一个渐行渐远的过程,所以对孩子的陪伴,我们本来就应该十分珍惜,但是我们好多家长却往往以工作太忙和共有的惰性去为自己找理由,没有用心陪伴孩子,这是对孩子的一种极大的不负责。我们家长一定要认识到这一点,我们陪伴孩子的时间并不会太多,上小学时我们可以天天陪伴他们,到了初中或高中有一部分孩子开始寄宿,我们只有周末可以陪伴他们了,到了大学可能就只有寒暑假了。我们为什么不去珍惜陪伴孩子的分分秒秒呢?"相信每个为人父母的家长都会有这种感觉,孩子越来越大,却仿佛离你愈来愈远,那是因为随着年龄的增长,孩子们渐渐有了自己的思考,有了自己的生活和一方天地,因此,孩子幼时我们的陪伴便显得极为珍贵了。

不少家长意识到了这点,便天天陪伴孩子左右,甚至是当起了"全职保姆",但陪伴出来的结果却令人不甚满意,要么是家长过于辛劳,要么便是孩子反应不佳。

而对此,陈昌辉先生提出了"有效陪伴"的概念。他认为"有效陪伴"的概念可以有两层,即示范和引领。简单来说,首先作为父母,要给孩子树立一个好的榜样,要规范他们的生活习惯,要培养他们吃苦耐劳的精神。第二个层面的有效陪伴在于引领。一般来说,如果你是爱运动的家长,孩子必然会抛开电脑和手机;如果你是爱阅读的家长,孩子们也必然会喜欢阅读。

陪伴既是父母应尽的责任,也是父母爱的表达。家长只有走出陪伴的误区,进行有效的陪伴,才能使亲子间建立起亲密关系,才能使孩子感受到父母的关爱,体会到自己的价值,建构起健康的人格,获得全面的发展。

(袁伟华. 家长如何"有效陪伴". http://www.360doc.cn/article/3451234_686789218.html.)

第五节　失控的家长情绪

父母良好的情绪管理能力,不仅是孩子安全感的来源,更是良好亲子沟通的保证。但在现实生活中,经常会有这样的情况,在夜深人静时还能听到窗外传来的各种咆哮声:"你的字怎么这么难看!""你动作怎么这么慢!"……很多家长更是控制不住情绪,采取打、骂、罚等方法对待孩子,对孩子的成长产生不利影响。父母是孩子的第一任老师,父母只有先学会管理好自己的情绪,才能在孩子遇到问题时给予他们正确指导。作为教师,要积极指导家长管理好自己的情绪,用自己稳定的、健康的情绪为孩子树立好榜样,帮助孩子学会管理好自己的情绪,心平气和地去解决遇到的问题,使孩子遇事不慌不躁,从容面对。

◉ 问题聚焦

小张是一名七年级的男生,经常会与同学因为一句话不合就发生摩擦,轻则摔本子,重则动手打人。一次,因为同学未经他同意拿了他的一本书,他便大发脾气,冲到校园小广场一脚把大理石桌面踹翻了,桌面摔得四分五裂。班主任陈老师请来了小张的爸爸,想与他沟通一下情况。结果,小张爸爸一进办公室直接就一脚踹在小张身

上,一边大声质问"你又犯了什么事",一边扬起巴掌……老师迅速拉开了小张爸爸,和小张爸爸进行了一次单独的、深入的沟通。通过沟通,老师得知,小张爸爸平时忙于做生意赚钱,家里都是妈妈在管孩子,而妈妈又过分宠溺小张,偶尔爸爸批评小张几句,妈妈还要护着,爸爸索性就不管了。妈妈管不了儿子了就找爸爸,爸爸只能打骂一顿,而随着孩子慢慢长大,这种方式越来越难以奏效,爸爸也不知道该怎么办了。

教师思考

面对孩子出现的问题,家长焦躁咆哮,甚至又打又骂的情况比较常见。这类父母的普遍心态就是"急功近利"、"心浮气躁"。他们望子成龙心切,期望值很高,但做事操之过急,急于求成,一旦遇到问题就心急火燎。教师要认识到家长的不良情绪反应会对孩子产生很多负面影响。

1. 家长的不良情绪会影响孩子的个性成长

有调查研究显示,家长的性格与脾气,会直接影响孩子的心理发育。父母本身性格开朗,情绪稳定,有责任感,子女多半很自信、独立、自主、有安全感、适应性强、善于交往,在智力发展和行为习惯方面也较理想。反之,父母若态度消极、焦虑不安、容易激动发怒,对子女缺少耐心,不与子女交流思想,或者家庭成员之间不和睦,子女就会容易心理紧张,感到有压力,遇事也难免心浮气躁。有的孩子甚至会激动、发怒、反抗,做出故意引人注意或具有侵犯性的行为等。总之,父母的情绪反应很容易被孩子学去。

2. 家长的不良情绪会影响亲子的有效沟通

孩子是敏感的,家长激动的情绪,会使他们感到害怕和不安。家长的不良情绪会让孩子的内心产生恐惧,他们会害怕主动与家长对话沟通。缺少了家长的正确指导,孩子在成长中遇到问题就得不到解决,尤其是孩子到了青春期,得不到家长的尊重、理解、支持,各种问题积累到一定程度就会爆发。父母要摆脱不良情绪的困扰,对孩子的言行举止做出正向的情绪反应;要采取有效措施了解孩子,给予孩子关怀和支持。

教师策略

案例中的陈老师及时提醒小张爸爸,他的教育方式对孩子已经造成了很大的伤害,爸爸不妥当的情绪示范让孩子也模仿学习到了不理智的情绪反应,并已经影响到他与同学的交往。面对出现的问题,陈老师给小张爸爸提出了建议:

1. 先冷静再沟通

陈老师提醒小张爸爸,遇到问题一定不能急躁,不要不问原因就指责打骂孩子,不给孩子说话的机会。爸爸要先让自己冷静下来,然后再和孩子好好沟通,问问孩子发火的原因,耐心听听孩子的想法。爸爸对小张因为别人擅自动自己东西而产生的正常的不满情绪要予以肯定,对之后情绪失控造成的后果要进行分析,在分析中帮助孩子寻找解决或弥补的办法。

2. 多陪伴多指导

陈老师建议爸爸平时即使再忙也要多陪孩子,每天抽时间和孩子谈谈心,及时关注孩子的情绪,及时发现孩子的困惑与烦恼,及时进行正面的、积极的引导。针对目前小张与同学交往中出现的问题,家长要教给孩子恰当的自我调控的方法,积极指导孩子学会与他人交往,不要等孩子出现问题了再靠打骂来强压。

3. 夫妻形成合力

陈老师还建议小张爸爸要与孩子妈妈多沟通,不能因为意见不统一就撒手不管,可以通过书刊、网络、家长慕课平台等资源共同学习一些家庭教育的理念和方法,夫妻要形成合力,共同想办法教育好孩子。

第二天,小张主动找到陈老师,说爸爸没有再打他骂他,父子俩谈了整整一个晚上。当天放学,陈老师看到父子俩在校园里默默地把破碎的大理石桌面搬出去修补。自此以后,小张的暴躁情绪有了很大改善,与同学也相处得越来越好。

行动反思

在家庭教育中,家长的情绪管理直接影响良好亲子关系的建立,影响孩子的身心发展。案例中的陈老师及时发现了小张同学情绪暴躁背后家庭教育存在的问题,并及时予以了指导。

1. 指导家长学会控制自己的情绪

教师一定要帮助家长意识到自己长期不良情绪的不当发泄,会给孩子的身心发展带来难以估量的负面影响。在面对孩子出现的问题时,家长首先要学会控制自己的急躁和愤怒,深呼吸或暂时离开,让自己安静片刻,等情绪稳定下来后,再向孩子表达自己的真实感受,如果家长情绪失控,应及时向孩子致歉。家长要用积极、稳定的情绪为孩子树立可以观察模仿的学习榜样,还要有意识地引导孩子用积极恰当的方法来疏导自己的不良情绪。

2. 指导家长理智对待孩子出现的问题

教师要告诉家长,没有一个孩子是完美的,在成长过程中出现这样那样的问题是正常的,家长不必过分焦虑,也不必急躁。当出现问题时,家长要与孩子心平气和地谈谈心,说说自己的感受,听听孩子的想法,分析问题背后的原因,和孩子共同商讨问题的解决办法,给予孩子及时、正确的指导。

3. 指导家长重视良好家庭关系的营造

夫妻双方需要互相沟通,多体贴对方,共同承担家务劳动,一起完成对孩子的照料,尽力帮助对方减轻压力,避免在孩子面前互相抱怨甚至吵架。同时,夫妻双方需要在沟通中形成统一的教育理念,共同想办法教育孩子。和睦的家庭有益于改善每个家庭成员的心情,为孩子的身心发展创造良好的家庭环境,从而使家庭教育走向良性循环。

智慧分享

暴力教育要不得,恰当的赞扬更给力

经常听到身边的家长满面愁容地说:"白天学的单词晚上回来就不会读了,我一时忍不住把他狠狠揍了一顿。"这样的暴力教育,我也试过,事实上,这样做根本不能使孩子一夜之间变聪明,也不存在一巴掌下去,孩子的成绩就能突飞猛进的情况。当我一遍遍骂孩子"你怎么那么笨"时,孩子也在自责"我怎么就是记不住啊",这反而使孩子对自己失去了信心。所以,我立即改变了方法,对孩子多了一份耐心,适时地鼓励赞扬孩子的进步。

一天，孩子拿着作业回来高兴地对我说："妈妈，我是我们班做得最好的！"虽然作业中几个平时会写错的字还是写错了，但看着孩子那亮亮的眼睛和兴高采烈的表情，我及时给予了孩子肯定："辛苦了，你看，努力就会有收获，对不对？"孩子像在花丛中飞舞的蝴蝶一样围着我转，边转边肯定地回答我："我下次还要更努力。"简单的一句赞扬换来了孩子的自信和对接下来学习的冲劲，何乐而不为呢？

所以，爸爸妈妈，擦亮我们的双眼，敞开我们的心扉，发现孩子的优点、长处，别拿自己的孩子和别人家的孩子比，只要孩子通过自己的方式努力了，进步了，都应该祝贺他、肯定他、鼓励他。对孩子付出努力得到的成绩，别吝啬我们的表扬，孩子一定会更自信。

（奉贤区肇文学校家长　曹昕瑞）

第六节　桀骜不驯的青春期

青春期是个体成长过程中的第二个生长发育高峰期，这一时期，个体身心发展变化迅速而集中，生理的发育、性别角色的确认、性意识的萌动、对异性的关注、自我意识的增强等，一系列突如其来的变化，使青少年不知所措，矛盾交织。而此时的家长往往还把青少年看作小孩子，对他们应对生理变化的辅导甚少，对他们的心理关心不够，这使他们常感到孤独，心理压力加大，因此他们与家长也就"冲突"不断，这一阶段也往往是家长最操心和烦恼的时期。作为教师，要积极指导家长关注孩子青春期的变化，并做好正确的引导，缓解冲突，帮助孩子安全、顺利地渡过这一关键期。

● 问题聚焦

小李妈妈说，自己的儿子最近变了，每天照镜子的时间越来越长，梳梳头发，挤挤痘痘，不停地换着衣服、裤子、鞋子、围巾……妈妈看着着急，总提醒他，快去写作业，别只顾着打扮，他还总是一副爱理不理的样子。小李做作业也经常开小差，老拿着手机不知道在干什么。他还嫌父母烦，跟父母的交流也越来越少，不知道他到底在想什么。有一次妈妈偷偷翻他手机上的聊天记录,吓了一跳,发现他和同学的聊天记录里带了很多黄色字词,妈妈拿着手机去质问他,结果他的火气比妈妈还大,一把抢过手机砸在地上,转身回到房间,重重摔上了房门。那天以后,母子间几乎很少说话,关系搞得非常僵。妈妈找到班主任王老师,希望得到王老师的帮助。

教师思考

子女处于青春期时,亲子之间的各种冲突在生活中非常普遍,教师首先要了解冲突产生的原因,才能指导家长对症下药。

1. 青春期的生理变化给孩子带来一定困惑

进入青春期的孩子到了人体生长发育的第二个高峰,生理上发生巨大变化,身高、体重迅速增长,各项指标接近或达到成人标准。但这些变化发生的时间在不同个体之间存在很大差别,这种差别往往给孩子带来困扰,他们对与同伴之间的不同高度敏感,尤其是外表的不同。这一时期的孩子特别关注自己的外表,对相貌和身材格外重视,尤其注重衣着打扮。同时,随着自我意识的高涨,青少年的内心世界越发丰富起来,他们常常会内省:"我到底是个怎么样的人?""我的特征是什么?""别人喜欢我还是讨厌我?"这一系列关于"我"的问题开始反复萦绕于他们的心中。孩子身体内充满着躁动和不安,但家长往往忽视对他们进行应对生理变化的辅导,孩子内心的疑惑和困扰得不到解答,往往使他们变得更困惑和焦虑。

2. 青春期的心理变化给亲子沟通带来挑战

青春期的孩子开始进入到"心理断乳期"。生理上的成熟使他们产生一种"成人感",他们不愿再像小孩子一样对父母、老师事事听从,他们渴望独立,希望按照自己的方式行事,自己决定自己的事情。他们渴望脱离父母,广交朋友,他们需要一个能向其倾吐烦恼、与其交流思想并相互保守秘密的伙伴,朋友关系在青少年生活中变得日益重要。但由于思维发展、生活技能和社会经验还没完全成熟、完善,他们渴望独立却又事事需要依赖家长,这导致他们不停地摇摆与挣扎;再加上大脑发育不平衡导致的情绪多变、敏感,使得当与家长意见不合时,青春期的孩子很容易产生较大的情绪反应,跟家长发生矛盾冲突。而此时的家长往往还把他们当成孩子，对他们心理上的关心不够，一味地去管束和限制，往往导致孩子表现出偏激行为，给亲子沟通带来巨大的挑战。

教师策略

面对青春期的孩子，教师要引导家长多多观察孩子的变化，分析变化背后的积极因素，给予孩子足够的包容、理解和尊重。针对案例中小李妈妈的苦恼，王老师给了她以下的建议：

1. 接受孩子的变化

小李的很多变化如关注穿着打扮等都是成长过程中的正常现象，李妈妈不用过于担心，坦然地去理解和接受这种变化即可。妈妈应在一旁注意观察孩子，当发现孩子出现困扰时适时地给予引导，但要避免唠叨。王老师建议妈妈可以和小李一起读一本有关青春期的书籍，让孩子明白进入青春期是怎么回事，以减少其进入青春期后可能碰到的问题。

2. 适度适当放手

王老师建议妈妈在孩子穿衣选择、外表打理、时间安排等日常琐事上尽量放手，让孩子自己决定，让孩子对自己的决定负责，妈妈不要过多地干涉。要多尊重孩子的感受，还可对孩子的穿衣搭配大方地表明自己的赞赏，让孩子感受到理解与支持。

3. 尊重孩子隐私

青春期的孩子都愿意将自己想象为成人，父母要理解这种心理，并像对待成年人一样给予孩子充分的尊重。任何强行干预、直接侵入的行为都会让孩子觉得被轻视、被侵犯了。小李妈妈偷看孩子聊天记录的行为会让孩子失去对妈妈的信任和信赖，妈妈要理解孩子的心情，应主动向孩子道歉。

4. 改善亲子沟通

面对目前小李与妈妈的冷战，王老师建议妈妈积极寻找机会与孩子沟通，如饭桌上、亲子运动时，或通过微信、QQ等加强与孩子的沟通，寻找与孩子的共同话题，用温柔的语气、孩子的语言与他交流，多给予孩子正面肯定及鼓励，少批评指责，少发号施令。当然，对孩子的不良行为，家长也不能纵容，但要讲究方式方法，多观察，用比较客观的方式表达立场，明确指出后果，再给出建议，引导孩子强化道德与法律意识。

在晚餐时李妈妈主动向孩子赔礼道歉,对偷翻孩子聊天记录的行为表示了歉意,妈妈真诚的话语得到了孩子的回应,母子俩的关系有了改善。

行动反思

青春期的亲子冲突让很多家长深感焦躁和无力。面对家长的困惑,教师要帮助家长认真分析冲突的原因,并及时给予专业、科学的指导。教师对家长的指导可以从以下几个方面展开:

1. 正确看待叛逆

叛逆是青春期的标签,是孩子迈向独立的象征,是孩子成长的表现,他们开始有主见,喜欢新鲜事物,喜欢挑战。进入青春期,孩子开始疏远父母,更多地与同伴相处,这种人际关系的调整对孩子未来良好地适应社会非常重要。面对青春期叛逆的孩子,家长首先要肯定叛逆是孩子成长的表现,给予更多的理解和关爱,不要盲目否定孩子的想法,不要在言语上与孩子硬碰硬。

2. 理解尊重孩子

青春期的孩子更需要理解、信任和尊重,他们有较强的自尊心,其言行受到肯定和赞赏时,会产生强烈的满足感;反之,易产生强烈的挫折感。家长要多与孩子进行情感交流,与孩子成为朋友。情感交流可以是一起玩游戏、一起运动、一起玩笑,也可以是一个温柔的眼神、一个会意的微笑、一句暖心的话语、一个赞许的姿态、一个体贴入微的动作,这些都能让孩子感受到家长的关心、赏识。

3. 畅通亲子沟通

家长应尽量避免单一的沟通手段,多利用游戏、信件、高科技手段等与孩子沟通。家长不要随意用消极的语言指责孩子,更不要用损伤自尊心的话语来刺激孩子,要试着以朋友的姿态与孩子平等交流,站在孩子的角度和立场上和他们倾心交谈,放低姿态、坦诚自我,多倾听孩子的想法,以开放、民主、自由的态度与孩子交流,争取获得孩子的信任。

4. 理解孩子情绪

家长要理解孩子当时当下的情绪,认同孩子的感受。如孩子向父母抱怨:"这题好难啊,我怎么做也做不出来!"这时,父母的回答可能是:"肯定是你没动脑筋,自己再去好好想想!"也可以是:"是的,这些题目确实不容易,你再试着动动脑筋,好吗？"前一种回答，父母站在孩子的对立面，无视他们的苦恼，将问题推回给孩子，使其处于孤立无援的境地；而后者，父母则是站在孩子的立场上，理解孩子的困难，安慰并鼓励他再次进行思考。显而易见，父母充满同理心的回答，容易打破与孩子的隔阂，有利于双方进行深度交流。

智慧分享

找到适合与孩子沟通的方法

孩子一天天地长大，慢慢变得越来越内向，从前那个爱问爱说爱笑的孩子，变得沉默寡言，每天放学回家说不上三句话就钻进房间独自做作业去了。饭桌上想跟孩子聊聊学校发生的一些事，孩子总以"没有"来敷衍我们。长时间的冷漠，让家里的氛围越来越凝重，甚至几天了都不曾听见她叫一声"爸爸"、"妈妈"。好长时间，我一直在寻找与孩子沟通的方法。

一次在单位的朗诵会上，我用书信的方式将自己教育孩子的迷茫和困惑表达出来，引起了同事们很大的共鸣。这让我想到，是不是我也可以用这样的方式与孩子沟通呢？于是，我下定决心尝试一下。

看着孩子上学的背影，我便静下心开始写信。我肯定了她能坚持每天闹铃一响马上就起床的毅力，肯定了她每天吃完早饭坚持背诵英语的好习惯。先前我只关心孩子有没有完成学习任务，在乎的是结果，现在我更多地肯定她在学习过程中的坚持，有时我也执笔写下一些赞许的话语，和她聊聊自己的一些想法。然后静静地把信放在她的房间。放学回家，看到孩子进房间，我心里犹如小鹿乱撞。当看到孩子用红笔在信上写下"我会好好干的"时，我欣喜若狂。几次下来，孩子也慢慢地愿意和我对话了。终于云开雾散，雨过天晴。

（奉贤区实验中学家长 曹丽莉）

第七节 刻不容缓的生涯教育

人生是需要规划的，成长中的孩子需要有人去引导他们正确认识自己的兴趣，发展特长、培养志向，科学地规划自己的人生。生涯教育实施得越早，越能够在孩子发展的关键阶段注入关键成长要素。作为孩子的第一任老师，父母当仁不让地是孩子生涯教育的原生力量。从对家长的家庭教育指导需求的调查中可以看出，家长对孩子未来从事的职业普遍都有比较明确的期待，但在家庭教育的过程中往往忽视对孩子的生涯教育。家长在孩子生涯教育中缺位或者越位等不当现象非常突出，急需学校和教师给予适当指导，帮助家长做好孩子的生涯教育。

◉ 问题聚焦

在未来发展方向的选择上，小周与其家长发生了分歧，小周执意要报考职业学校的中本贯通机械工程专业，他说他要当一名工程师，这是他从小的梦想。可家长认为小周成绩不错，只要稳定发挥应该可以进入区重点高中，到时可以考个好大学，找份好工作。双方争执不下。随着中考填报志愿临近，冲突愈演愈烈。小周坚持自己的志愿选择，可家长认为孩子还小，还不懂事，作为家长，自己必须要为孩子的未来考虑，因此坚持让小周报考高中，并表示，如果他填中本贯通，就不在志愿表上签名。小周因为这事儿心情郁闷，影响到了他正常的学习生活。家长无奈向班主任张老师求助。

✱ 教师思考

初三学生填报志愿时往往会出现这样的现象：一种是孩子没有丝毫的想法，家长说什么就填什么；另一种则是家长与孩子在未来发展选择上发生分歧，面对分歧，很多家长往往根据自己的主观判断代替孩子做选择、做决定。作为教师，要善于发现这些现象背后的成因。

1. **家长生涯教育意识淡薄导致家庭生涯教育缺失**

当前，家庭、学校、社会普遍关注的还是学生的分数，家长也一味地盯着孩子的学习、作业、成绩,而忽略了孩子的生涯教育。在大多数家长看来,孩子接受教育的最终目的在于高考深造,考虑职业问题是上大学之后的事。由此造成孩子接触社会的机会不多,认识职业、体验职业的机会较少。生涯教育的缺失导致很多学生在填报志愿时一片茫然,甚至在大学毕业后对未来依然感到迷茫,不知道自己想干什么、能干什么、会干什么。

2. 家长不当的成才观导致家庭生涯教育步入误区

怎样才算成才?当前,很多家长还是认为考上大学才能成才,认为上好大学就可以有好工作。受社会大环境的影响,家长对职业的认识还存在着很多误区,还认为社会职业有高低贵贱之分,更期望孩子长大从事收入稳定、丰厚的职业。家长不当的成才观影响了家庭生涯教育的目标与方向,家长对职业认识的误区直接影响到孩子对职业的认识与选择。

3. 家长教育理念偏颇导致亲子之间出现分歧

很多家长常常居高临下地对待孩子,帮助孩子做好一切选择,如给孩子报各式各样的培训辅导班,为孩子确定中考志愿等。过度关心、过度照顾剥夺了孩子成长、选择的空间,过多限制、过多干涉,甚至一手包办阻碍了孩子潜能的释放。不少家长常常因孩子听话而感到骄傲,但往往忽略了孩子的能力、个性、兴趣、智能优势等。很多家长不顾孩子的学业水平和学习能力现状,不考虑孩子的发展意向,坚持鞭策孩子使其根据自己为孩子设计的道路前进。随着孩子自主意识的发展,家长与孩子之间的分歧开始不断增加。

教师策略

针对案例中小周与父母的分歧,张老师采取了以下对策:

1. 帮助家长转变对职业的认识

张老师首先与小周父母进行了一次深入的沟通,通过生活中的真实事例引导家长懂得人的智能结构是多元的,孩子今后的路怎样走,能否一路走好,应充分考虑到个体差异,每个孩子都有适合自己的发展方向。社会需要多种多样的人才,据目前的调查,上海在先进制造业、现代服务业、互联网+等领域的应用型人才缺口,特别是中高级应用型人才的缺口特别巨大,家长要有"匠人"意识,设立较为理性的职业期待。

2. 建议家长认真倾听孩子的想法

张老师建议小周父母认真听听小周的想法。在张老师的鼓励下,小周说出了自己的职业理想与规划,他说自己从小就喜欢动手,喜欢拼装,在学校组织的职业体验活动中,也到工厂去参观体验过,对机械充满了兴趣,对成为一名工程师充满了向往,而且坚信凭着自己的努力和较强的动手能力,一定能学好。在听了小周慎重的回答后,小周父母开始相信,这不是小周的一时冲动,开始认真对待和思考孩子的想法。

3. 全面客观分析帮助孩子做出选择

在明确了小周的想法后,大家一起坐下来,客观全面地分析孩子的个性、能力、兴趣、优势等各方面的情况。小周性格内向、沉稳、做事稳重、细致、认真,动手能力强,喜欢研究,对机械工程的学习充满兴趣,"我想学,我要学"的信念强烈。综合分析判断,小周对学习机械工程有动力,也有优势。小周父母再次与孩子确认,一旦做出选择就要为自己的选择负责,要为自己的选择担负起应尽的责任,小周欣然应允。

通过深入沟通与全面分析,最终小周父母理解并尊重小周的选择,支持了孩子的职业梦想,小周也信心满满地投入到了迎考准备中。

● 行动反思

6—15岁是开展生涯教育的黄金期,教师要引导家长做有智慧、有远见的家长,尽早实施生涯教育,让孩子在未来的生涯发展中少些迷茫和困惑。

1. 帮助家长尽早形成正确的生涯教育观念

教师要通过家长会、家长开放日及日常的沟通交流等帮助家长尽早树立起生涯教育的意识,向家长积极宣传正确的生涯教育观念及生涯教育的基本思路和方法,帮助家长形成正确的成才观。家长要科学合理地对孩子进行生涯指导,不要不顾孩子的实际与孩子的发展意向,代替孩子设计人生道路。

2. 指导家长学会观察和了解自己的孩子

一个人选择什么样的职业和未来,常常与他/她本人的兴趣、爱好、性格、气质及能力有密切关系。教师要主动与家长交流孩子在学校的学习生活,经常与家长一起分析孩子的学习能力、兴趣爱好、个性特长等,帮助家长全面、客观地了解自己的孩子。教师还要鼓励家长经常关注和观察孩子在各种各样的活动中的表现，不断发现孩子的个性、能力、兴趣、潜能等，着力发现孩子的优势智能，并积极加以引导和培养。

3. 共同努力丰富孩子的职业体验

生涯教育应从小开始。教师要指导家长创造机会带领孩子开展实践体验活动，如当一天老师、服务员、交警、记者、厨师等，让孩子真正进入职业角色，在模仿中更客观地认识到自己的兴趣所在，激发他们对未来职业生涯的思考。教师还可以积极整合家长资源，将从事不同职业的家长代表请到校园，为学生开展专门的职业讲座并组织体验活动，让学生充分了解社会上有哪些职业及与各职业相关的知识和素养要求，让学生感受、体验职业的多彩和职业的意义，激发学生学习知识、培养志趣的主动性，也为学生未来的生涯发展打下坚实基础。

智慧分享

适合的就是最好的

在第六届全国数控技能大赛决赛开幕式的会场上，周浩吸引了媒体记者们的眼球。周浩有足够让人惊讶的经历，他从北京大学退学，转学到北京工业技师学院，谈起当年的决定，他说"毫不后悔，很庆幸"。

在当年的高考中，周浩是青海省理科前五名。本来他想报考北京航空航天大学，但这个想法遭到了家人、老师的一致反对，父母觉得这样高的分数不报考清华、北大简直就是浪费，高中班主任也一直希望他能报考更好的学校。"我从小就喜欢拆分机械，家里的电器都被我重装过。在航空航天大学，有很多实用性的课程，这比较对我的胃口。"但是，周浩最终还是妥协了。"当时还小啊，再有主见也还是听家长的。"没想到，当年的妥协竟困扰了他两年多。

到了北大，周浩以为可以有一个新的开始，会习惯这里的生活。事实证明，他错了，不感兴趣的专业让周浩痛不欲生，对于未来，他也时常感到非常迷茫。他开始谋划转院，大二还休学了一年。在转院、逃避都没有解决问题的情况下，周浩开始打起了转校的"算盘"。在终于得到父母的支持以后，周浩从北大到了北京工业技师学院，开始了人生新的起点。找到兴趣点后的周浩重新拾回了对学习的热情，这也让他在新学校得以大显身手。凭借在北大学习的理论基础和在北京工业技师学院学到的技术,周浩慢慢朝着成为知识技能复合型人才的方向努力,他成了学院最优秀的学生之一。尽管有很多企业向周浩伸出橄榄枝,但对于未来,周浩有自己的设想:"现在还不想就业,我还是想继续深造,对数控技术了解得越深我就越觉得自己学得太少,还是要再多充充电。"

(彭燕,吴雪阳.弃北大读技校,自定别样人生.中国青年报,2014—11—17:11版.)

第八节 不畅的家校沟通

教师要做好家庭教育指导工作,实现家校步调一致,良好的家校沟通是关键。因此,如何与家长沟通就成了教师工作中的重要内容。然而,并不是所有的家校互动都是顺利的、相互支持的,也会有一些家长不和教师进行沟通,甚至出现情绪对立的情况,但教师千万不要因此得出家长不关心孩子的结论,这也有可能是家长不知所措的表现。作为教师,必须要掌握与家长沟通的技巧与智慧,取得家长的理解和信任,凝聚起家校教育合力。

◉ 问题聚焦

> 小强经常不能按时完成作业,为了改变这一现状,老师把小强妈妈请到了办公室。"他最近作业一直不做,你知道吗?""你在家里是不是不管他的作业啊?""你再不好好管管他,就真的来不及了。"……办公室里语文、英语、数学老师你一言我一语,小强妈妈低下了头,不知道该说什么。当天放学,妈妈把小强打了一顿。第二天,小强的家庭作业还是没完成,老师又打电话给小强妈妈:"小强妈妈,他怎么今天作业还不做啊,你到底管了没有?"妈妈答:"昨天我打也打了,骂也骂了,他还是不做作业,我也没办法。"随后挂了电话,老师又生气又无奈,小强的作业也依旧拖拖拉拉。之后不久,老师再打电话想请小强妈妈到学校来面谈,结果小强妈妈到了校门口却不肯进校门……

🏛 教师思考

像这样教师与家长沟通不畅,甚至导致家长产生对立情绪的现象在教师的实际工作中并不少见。究其原因,还是教师在与家长的沟通中存在着很多不当行为。

1. 随意呼叫,限定时间

教师在工作中及时与家长取得联系是必要的,但不分轻重缓急、不分时间场合,随意呼叫家长甚至要求家长马上赶来会产生一定的负面影响。家长有自己的工作,并不是随叫就能随到的,家长往往因为老师"有请"要临时请假,甚至耽误工作,这就使得一些家长人还未到校心理上已经产生了一定的抵触情绪,沟通也就较难达成预期的目标。建议教师邀请家长到学校沟通商谈时一定要注意用语及语气,要与家长商议确定时间地点,避免强势地要求家长立即赶到。

2. 居高临下,喜欢说教

作为教师,我们的职业习惯使我们容易在说话时居高临下、喜欢说教,这样的习惯会让我们在和家长的交流中,不注意倾听,不注意分析学生、家长的情况,急于抱怨学生、指责家长。而一味指责、抱怨、教训、说教的口吻会使家长产生"低人一等"的屈辱感,引起家长反感,影响家长主动地去思考和寻找解决问题的方法的积极性。教师在与家长沟通时,要把家长当成朋友来对待,做到起身欢迎、搬椅倒水、语气委婉,与家长一起积极乐观地分析原因,共同找到解决办法。

3. 不分场合,轮番轰炸

很多教师请家长到学校,直接在教师的办公室内交谈,办公室人多口杂,私密性差,家长会有很强的防御心理,不愿意敞开心扉,甚至会觉得自尊受损。在办公室交谈,还经常会有其他任课教师加入进来,你一言我一语,几个教师联合起来轮番轰炸,容易引起家长的抵触情绪,甚至激怒家长引发冲突。因此,如果教师请家长到学校来沟通,首先要寻找一个安静的、相对私密的谈话地点,这样既保护家长的自尊,也保证谈话不被打扰。

🏛 教师策略

针对案例中出现的问题,老师及时改变了态度与方法,采取了积极的应对及沟通策略。

1. 主动出门邀请

老师主动到校门口，把家长请进了学校的接待室，泡上一杯水，让家长先坐下，老师的以礼相待让家长的情绪得到了一定的缓和。

2. 改变说话方式

老师一改电话中咄咄逼人的讲话态度，不再说孩子的不是，而是真诚地表达了想与家长共同商讨方法、帮助孩子进步的愿望，家长的抗拒态度明显有所转变。

3. 认真倾听了解

在老师的询问和鼓励下，小强妈妈开始讲述孩子在家的情况，老师这才了解到孩子的爸妈工作忙，晚上经常加班，孩子一个人在家，自己做饭、写作业。家长无暇照顾孩子，内心已经充满愧疚，听到老师一次次说孩子不做作业，又伤心又无奈。

4. 共同分析商讨

老师理解了家长的难处，与家长积极商讨解决方法。针对家长无暇照顾孩子的困难，老师主动提出会多利用课余时间抓孩子的作业，并会通过《家校联系册》及时反馈孩子的作业情况，家长每天回家要关注《家校联系册》，多鼓励孩子，提醒督促孩子养成良好的写作业的习惯。家长也可以通过《家校联系册》多与老师沟通反馈。家长很感动，一再表达对老师的感谢。

通过积极有效的沟通，问题得到了有效解决，家长与老师之间建起了理解与信任的桥梁，并努力达成了共识。

● 行动反思

教师需要面对各种各样的家长，要实现与家长的良好沟通，形成教育的合力，教师需要掌握一定的沟通方法与技巧。

1. "尊重"是教师与家长沟通的前提

教师与家长的交流是一种平等的交流，教师必须尊重学生家长的人格。尊重家长首先要礼貌待人，不论在何种情况下请家长到校，教师都应主动给家长让座、倒水，要有为人师表的风度和人格魅力。教师还要有平稳的情绪，特别是对待那些调皮孩子的家长，更要悉心交流，教师不要动辄就向家长"告状"，不要当众责备他们的子女，更不能训斥、指责家长。教师要多从自身找原因，不要推卸责任，要站在公正公平的角度客观地来分析问题的症结所在,公正地评价学生的表现和家长的家庭教育工作,与家长共同研究解决问题的方法对策。

2."倾听"是教师与家长沟通的手段

与家长交流,要懂得倾听,不能以"教育权威"自居,一味讲述自己认可的大道理,这样的交流只是片面的交流,不利于教师掌握更多信息,甚至有可能会犯错误。教师只有懂得倾听,才能发现更多,才能更加全面地分析问题。家长永远是最了解他们孩子的人,教师的任务是以合作伙伴的身份和家长一起找出解决问题的办法。教师要认真、耐心、诚恳地倾听家长的意见,使用有效倾听的技巧准确地捕捉家长传达的信息,并尝试着理解家长的观点。

3."策略"是教师与家长沟通的保障

教师与家长交流要讲究方法和策略。首先,在问题初见端倪时教师就要跟家长沟通,不要等到问题严重后才告诉家长,如果家长感到问题出现得很突然,那么就较难配合和支持教师的工作。其次,教师在向家长反映问题时,一定要讲究策略。教师可以采取以下步骤:第一步,肯定孩子的优点与进步,如果教师一上来就用负面信息对家长进行狂轰滥炸,就很可能激起家长的防御心理。第二步,提出孩子存在的问题,教师对问题的分析要做到适可而止,不要过度批评指责,以免引起家长的反感。第三步,了解孩子在家情况及家长的教育方法,与家长共同分析找出问题的原因。第四步,教师与家长共同商讨提出解决问题的设想和方法,明确家长需要配合做的事。教师在提出需要家长配合做的事时,不要用命令式的语气,而是要让家长感受到大家的目标是一致的,要多用鼓励的方法,鼓励会使家长高兴地与教师结为同盟,形成强大的教育合力。

智慧分享

智慧沟通"六步曲"

在咨询室的每一个日子里,我们看着一位位家长在我们面前流泪,看着一位位家长的眼眸里重新燃起亮光。近一年的时间,我们共接待了 86 个家庭的家长。而在这一过程中,咨询室年轻的老师们在不断地学习着,成长着。

"对待家长要真诚","要学会将心比心","家长也需要老师们的表扬",一个个从实践中得来的真知在这里得到了新的碰撞、新的生成,与家长交流的"智慧沟通

'六步曲'"诞生了：

第一步：倾听心声——蹲下身来和孩子面对面沟通交流，听到孩子心底真实的声音。

第二步：寻找对策——从孩子的立场出发，寻找对孩子最有利的策略与方法。

第三步：情感互动——与家长谈话，真诚感谢家长来校，感谢家长的支持。

第四步：激励肯定——肯定孩子的优点与潜能，相信每一个孩子都是好孩子。

第五步：坦诚事实——反馈孩子心里的想法，分析利弊，帮助家长通过事情看到本质。

第六步：有效指导——提出应对策略与方法，指导家长有效实施。

我们把这个方法在全校教师中进行了推广。老师们的思想渐渐改变了，孩子本没错，是不正确的家庭教育理念和方法造就了他们的坏习惯、坏脾气、坏性格，孩子怪异的行为背后是一颗受伤的心。老师们的行为也明显有了变化，喊家长来校的老师减少了，面对来自五湖四海的孩子时也不再感到紧张和压力大了，而是静下心来，分析原因，正确对待，学会"疗伤"。

（奉贤区江海第一小学　"百分爸妈"咨询室）

春风"徐"来暖心田　一片"丹"心育幼苗
——上海市家庭教育优秀指导者　实验中学教师　徐丹

徐丹老师虽是一位80后的小年轻，却是一名拥有10年班主任工作资历的"老班主任"。她常常对85后、90后的年轻班主任说："教育是情感与思想的碰撞，需要面对面、心对心地密切相连。"在她看来，与家长的沟通和交流只用电话"一线牵"是远远不够的，心与心之间的碰撞，需要面对面的真诚交流，所以徐丹始终把家访放在班主任工作的首位。她走进每一个孩子的家庭，亲切而自信地向家长与学生介绍自己，在交流沟通中消除家长和学生的疑虑，她耐心且细致地询问学生与家长的需求，观察家庭互动的方式，一一铭记于心，搭建起家校沟通与合作的有力桥梁。

一次期末家长会上，班中有一位尖子生成绩下滑明显，孩子母亲无法面对这份成绩单，当场急得直掉眼泪。徐丹老师感受到家长的惶恐、焦躁与无助后，担心母亲的情绪会给这位性格较为内向的孩子带来更重的心理压力与负担，于是在家长会后，她留下这位母亲与之单独分析孩子成绩下滑的原因，肯定了孩子的优点，寻找问题的症结所在,提出解决意见,引导这位母亲调节自我情绪与行为,发挥家庭、学校共育合力。

一位学生家长真情感恩道:"孩子进入初一,青春期的叛逆特征尤为明显,而我内心也有无数个茫然和无助的细胞在跳动,我想找个人倾诉。犹豫了许久,最终还是决定与徐老师私聊QQ试试,没想到徐老师马上回应了我。当我切入主题,就自己遇到的教育方面的问题向徐老师请教时,她像我的朋友似的,不仅从教育理论而且从孩子平日的表现等各方面,事无巨细,给予了我全方位的指导,并不断给我鼓励,让我豁然开朗,信心倍增,掌握了更多科学有效的家庭教育方法与策略。"

徐丹老师如徐徐春风,捧一片丹心,呵护每个家庭的幸福平安。她以智慧和辛勤,将学校教育和家庭教育联动起来,二者的有效结合在真正意义上促进了孩子们的身心发展,撑起了孩子们成长的广阔天空。

(奉贤区实验中学.春风"徐"来暖心田,一片"丹"心育幼苗——上海市家庭教育优秀指导者实验中学教师徐丹速写.https://mp.weixin.qq.com/s/4mKgLYAy6TBinG-p16fFRw.)

✺ 问题与思考

1. 你所在班级的学生家长在陪伴孩子方面存在哪些误区?
2. 引发青春期亲子冲突的主要原因有哪些?
3. 面对家长的抵触情绪,教师该如何处理?

第九章 ‖ 特殊家庭的家庭教育指导

改革开放给中国带来了富裕与繁荣,随着人民生活水平提高,一部分人的思想观念也在不断发生着变化。由于种种原因,现代家庭的结构更多样也更复杂,不同家庭结构对家长的教育理念产生不一样的影响,因此,家庭教育效果也各具特色。

本章围绕当前较为普遍存在的特殊家庭,如单亲家庭、隔代家庭、流动家庭、富裕家庭和拆迁家庭中存在的教育问题,引导教师展开有效指导。

第一节　单亲家庭的家庭教育指导

父母双全、温馨美好的家庭氛围对孩子的身心健康尤其是健康人格的形成起着举足轻重的作用。但是,随着离婚率上升,交通事故、天灾等特殊情况的发生,学校里单亲家庭子女日益增多,这些孩子幼小的心灵受到了强烈的震撼,从而产生学习障碍、情绪障碍、交往障碍等心理问题。既影响了学生的健康成长与发展,也会给社会进步带来隐患。

● 问题聚焦

> 有一位同学,名叫小山,父母在他出生不久后就离异了。他先跟父亲生活了一段时间,后来由于读书和父亲要再婚等问题,又回到了母亲身边生活。回到母亲身边之后,由于母亲工作繁忙,小山主要由外婆照顾。虽然母亲陪伴的时间有限,但是小山特别依恋母亲,尤其是进入小学之后,小山更渴望在学习上得到母亲的指导。而母亲回到家已经疲惫不堪,常常由于孩子作业问题而生气,有时候甚至大发雷霆。久而久之,不仅没有让孩子养成良好的生活和学习习惯,也让孩子的心理健康受到了影响。

教师思考

单亲家庭的家长在生活压力下往往会情绪失控,并将这种情绪传递给孩子。离异家庭中的一方会把对过错方的怨恨转嫁给孩子,这是非常可悲的。较多遭受此类变故的家庭,生活负担会由此加重,家长因此会忙于应付生活,忙于工作,与孩子很少有见面机会,更不用说是与孩子沟通。家长自然便会缺少对孩子学习、生活和心理的关怀。

单亲家庭的孩子往往因缺少家长的监督,学业成绩下降,而后因缺乏父亲或母亲的关怀而导致心理失衡。他们常常感到孤独、忧虑、失望,往往情绪低沉、心情浮躁、性格孤僻。为引起家长的注意,他们可能会故意犯错误,惹是生非。如果不及时矫正孩子的这种心态,久而久之,就会使孩子性格扭曲,严重影响其情感、意志和品德的发展。

教师策略

在孩子的成长过程中,无论年龄大小,作为孩子的父母,在任何情况下,都应该关心孩子的成长,不仅仅要提供物质上的保障,更应该关注孩子的身心发展,给予孩子应得的爱和关怀,让孩子在健康和快乐中成长。以下是小山班主任的做法:

1. 建立单亲子女档案。了解和掌握该班单亲家庭学生人数,熟悉并掌握其家庭状况、单亲的原因,进而采取有效的措施。

2. 采用一帮一结对子。教师和一部分学生与这些学生结成对子,主动找他们谈心,给他们物质上的帮助和精神上的鼓励,帮助他们克服自卑心理,消除孤独感。

3. 班主任定期对单亲家庭进行家访,与单亲子女的家长会面。教师要和家长们促膝谈心,讲清情理。家长往往由于家庭的具体原因忽视了子女的教育问题,对子女放任自流,认为有学校教育家里就可以不管了,忽视了家庭教育的重要性。这就需要教师向家长讲清,与家长共同教育学生。

4. 要求严格合理,培养学生自立精神。首先,让学生清楚地知道,克服自身弱点,是自强、自立的基础;其次,老师对学生严格要求是对他们最大的爱护;再次,逐步培养他们自立精神,使他们能自觉自愿地在老师的严格管理和真挚关怀下成长进步,感受到学校这个大家庭的温暖。

5. 积极给出家长对于孩子学习、生活上的指导方法。

① 孩子放学后,家长要尽快与孩子取得联系,分享孩子一天的喜怒哀乐。假如家长不能及时赶回家,可以给孩子打一个电话,让孩子知道家长是时刻关注关心自己的。

② 了解孩子的回家作业内容,指导孩子合理分配时间完成。家长如果不能及时回家时,可以录一段视频或音频,告知孩子在几点之前需要如何完成作业内容,不要让孩子认为作业是可以等家长回家后依赖家长完成的。

③ 告知孩子作业完成的要求、评价方式、奖惩方式。这是学生认真及时完成作业的动力。假如家长不在家,可以让孩子通过拍照片、拍视频等方式发给家长,家长再及时反馈给孩子作业评价,激发孩子的自信。

④ 发现孩子作业问题,家长要及时记录,可以提醒,但不要具体指出。给孩子自己发现问题的机会,孩子没有发现也没关系,第二天让老师指出,这样可以加深孩子对这道题的印象。几天后,家长可以再拿出之前的易错题给孩子操练,帮助孩子补缺补漏。

6. 提供有关情绪控制的书籍,让家长学会自我控制,不把负面情绪传递给孩子。

⬤ 行动反思

单亲家庭的家长,既要当妈妈,又要当爸爸,在子女的教育问题上,尤其要讲究方式和方法,要将爱和管教适当结合。教师在对这类家庭进行教育指导时,需要帮助家长形成以下思想观念:

1. 不要无原则地迁就、溺爱孩子

在丧偶或离异之后,为人父母者往往更加怜悯孩子,啥事都依孩子,一切都任由孩子摆布,宁愿自己受苦受累,也不让孩子受一点"委屈"。这样常常导致孩子处处以自我为中心,变成自私、专横和任性的"小霸王",缺乏同情心和责任感,不懂得尊重他人,甚至瞧不起含辛茹苦养育他们的父母。

2. 要培养孩子的独立意识

有许多单亲家庭的家长与孩子相依为命,把孩子当作生活的唯一希望,唯恐孩子不安全、出事故。家长对孩子的生活包办代替,使孩子从小就养成衣来伸手、饭来张口的习惯。家长还采取种种办法限制孩子的活动,这也不行,那也不准,生怕孩子出问题,使孩子事事不能独立,没有机会亲自去体验一些生活中必须经历的"风险"。这样的孩子缺乏独立意识,一旦离开了家长,便不知如何面对生活中的困难和挫折。

3. 简单粗暴不可取

与特殊照顾和过度保护相反,有的家长对孩子的教育方法简单、粗暴,动不动就又打又骂,使孩子整日生活在惊恐不安之中,个性发展受到严重的压抑,形成胆小、孤僻、倔强、缺乏自信心等不良品质。孩子因害怕惩罚而回避家长,不愿回家,便到外面寻找"温暖",容易被坏人拉下水而走上犯罪的道路。因此,家长教育孩子切忌简单粗暴,要注意正确引导。

4. 孩子不是唯一的支柱

失去配偶之后,许多家长便把孩子作为自己唯一的精神支柱,往往把自己全部的希望、梦想都寄托在孩子身上,要求孩子出人头地。但如果家长对孩子的期望值过高,会导致孩子的心理负担过重。

5. 让孩子参与社会活动

单亲家庭的孩子往往会受到社会的歧视、偏见,因而在性格上容易变得内向、忧郁、自卑,甚至孤僻。家长要注意多和孩子进行交流和沟通,重视孩子情感方面的需要,多给孩子提供精神上的支持,教育孩子自尊、自强、自爱、自励,鼓励孩子积极参加集体活动,尽可能地参与社会活动,不要逃避社会,要主动与人交往,从而培养孩子健康、开朗乐观的性格。

6. 注意性别角色教育

在孩子成长过程中,性别角色的学习是一个重要的环节。没有父亲的男孩或没有母亲的女孩,在性别角色的学习中缺乏最直接的模仿榜样。所以,单亲家庭的家长应注意调动亲戚、朋友中的性别资源,给孩子适宜的影响,让其性别角色得到充分的表现和发展,培养其健康高尚的人格,以适应社会生活的需要。

教师在新形势下必须肩负起保护、教育单亲家庭孩子的重任,而做好这一工作的关键又在于教师对这些孩子要有爱心、耐心和诚心,要动之以情,晓之以理,这样才能够帮助并逐步引导他们克服不正常的心态，与其他孩子一样健康成长。一句话，单亲家庭孩子的教育工作，任重而道远，唯有不懈努力，方能取得最后的成功。

❂ 智慧分享

为孩子撑起一片天

孩子无论随父随母，在和孩子相处的日子里，家长都要为孩子撑起一片天，让生活无限接近从前，将伤害降到最低。

孩子需要的是爱不是恨。不要将自己婚姻的伤痛和对对方的恨强加在孩子身上，无论对方如何，他/她都是孩子的父亲/母亲，血脉之亲，割舍不易。家长过多消极的抱怨，只会徒增孩子的心理负担，要向孩子传递正能量，淡化消极因素。

在家庭成员中树立一个替代性榜样。孩子和父母其中一方生活，客观上缺少另一方的爱，父母可以在生活中为其寻找替代性榜样，这样有利于孩子更好地成长。孩子和母亲一起生活时，可以让孩子的舅舅、姨夫等成为孩子的男性榜样；孩子和父亲一起生活时，可以让姑姑、奶奶等成为女性榜样，给予孩子母性的关怀。

建立畅通的交流渠道。鼓励孩子说出心中的想法与感受，倾听孩子的诉说，给予恰当的引导，打开孩子的心扉。当孩子与父母中的一方发生纠纷时，另一方要先听孩子怎么说，承认孩子的感受，教会孩子如何和父亲或母亲正确沟通，如何处理这样的纠纷和矛盾。

让孩子承担家庭责任。由于父母的分离，孩子对家的意识削弱，甚至感觉家已不复存在，所以，和孩子生活的一方需要向孩子强化家的意识，把孩子彷徨的心重新引向新的家庭。家长可以让孩子为这个家做一些力所能及的事，如家务劳动等，培养孩子对家的归属感和责任感。

（葛莉萍. 爱，永不单行. https://www.baidu.com/sf_edu_wenku/view/532d6ef9964bcf84b8d57b44.html.）

第二节 隔代家庭的家庭教育指导

当前，随着改革开放和经济建设的深入发展，不少年轻的父母，由于诸多方面的因素,或外出务工,或为自己的事业奔波,无暇照顾孩子,他们把孩子托给祖父母或外祖父母照管,形成了隔代家庭的结构。这种变化对孩子教育的影响重大。由于祖辈年龄大,学历低,在孩子教育问题上会有一些落后、陈旧的观念。他们的观念无意中会传播给孩子,以致增加了孩子接受新知识、新事物的难度。隔代家庭的祖辈家长对孩子往往溺爱,一切依着孩子,凡是孩子要的,都想方设法满足。祖辈家长喜欢包办代替,即使是孩子力所能及的事都不要孩子动手,生怕累到孩子。他们一切事都围着孩子转,不利于孩子独立性、自主性及生活自理能力的培养。在隔代家庭中成长起来的孩子,往往会出现一些心理、行为上的偏差。

问题聚焦

> 小亮今年上初二,是某重点中学的学生。刚上初一的时候,小亮学习非常用功,成绩排前五名,爷爷奶奶非常自豪,因为孙子是他们带大的。
>
> 爷爷奶奶宠着,爸爸妈妈对他有求必应,在家当惯了小皇帝的小亮在学校也很随意,看谁不顺眼就要打人,下手还非常狠。一次,一个同学在单杠上倒挂金钩,他上去就把人家脚给碰了下来,造成同学头部受伤;还有一次同学跟他开玩笑,他认为同学侮辱了他,在放学的路上用砖头向同学的后脑拍去,幸亏同学躲得快才没有受伤。
>
> 小亮打同学后,根本没有向同学道歉,发生矛盾时也不会用沟通和交流的方式解决,而是用简单粗暴的方法,一来二去小亮遭到了同学们的疏远和孤立。由于小亮经常与同学发生冲突,而且出手重,最后很多同学的家长集体投诉他,三个月前小亮不得不停学回家。

教师思考

隔代教育可以分为完全隔代教育和不完全隔代教育。完全隔代教育就是孩子长期离开父母,完全由祖辈抚养和教育。不完全隔代教育就是父母和孩子短暂分开,因为父母工作等原因孩子短期由祖辈照顾抚养,在当今城市生活中,这种情况比较常见。不管是完全隔代教育,还是不完全隔代教育,对孩子的成长都有很大影响并影响到学校教育,乃至社会教育。

1. 容易形成溺爱

多数祖辈家长常有一种因自己年轻时生活和工作条件所限没有给予子女很好的照顾,而把更多的爱补偿到孙辈身上的想法。这种想法往往导致"隔代惯"的现象。祖辈家长对孙辈疼爱过度,处处迁就孩子,容易造成孩子任性、依赖性强和生活自理能力低下。还有一些祖辈家长因过度疼爱孩子而"护短",致使孩子的弱点长期得不到矫正。

2. 思想观念陈旧

许多祖辈家长不顾时代已发生了很大的变化,仍用老观点要求孩子,教给孩子过多的老经验,忽视开创性精神和发散性思维的培养。还有一些祖辈家长因文化低、思想旧,无意识地给孩子传授不少封建迷信的东西,无形中增加了孩子接受新思想、新知识的难度。

3. 造成孩子与其父母的感情隔阂

祖辈家长对孙辈的溺爱和护短,造成孩子很难接受其父母的严格要求和批评,容易造成孩子与父母感情隔阂、情绪对立,使正常和必要的教育难以进行。

教师策略

针对小亮的家庭教育情况,班主任对祖辈家长主要提出如下改进建议:

1. 多学习

祖辈在抚养教育孩子方面确实比年轻人有更丰富的实践经验,但时代在进步,人更需要不断学习。老师建议祖辈家长多参加家长学校,订阅家教杂志,浏览"贤城父母"公众号等,学习先进的教育理念,读懂孩子,读懂现代教育。

2. 多交流

祖辈家长由于获取知识的渠道相对单一,容易固执己见。老师建议祖辈家长每天接送孩子上下学时,多与老师、年轻的父母交流孩子在校的学习和生活情况,了解老师对学生的基本要求,了解年轻父母在教育子女时的思想和方法,并有选择地将好方法运用在自己的家庭教育中。

对父辈家长,班主任老师主要提出如下改进建议:

1. 担负家庭教育责任

年轻的父母首先要端正态度,不管多么忙,都要抽时间与孩子在一起,不要把对孩子的教育权、抚养权完全交给祖辈家长——这是对孩子不负责任的做法。做儿女的要把老人放在第一位,不要给他们增加负担,养孩子是自己的责任,不是老人的责任。

2. 两代家长统一思想

父辈在教育孩子的问题上应与祖辈多沟通,相互学习,取长补短,要尽可能地在培养孩子的问题上达成一致。当父母对孩子进行教育时,祖辈务必不要出面干涉,要努力维护孩子父母的权威,让孩子懂得尊重父母。要充分利用隔代抚养与父母抚育的双重优势,为孩子创造一个和谐开放的家庭环境。

● 行动反思

在"隔代教育"中,祖辈家长是非常不容易的,其实他们不该再担负教育小辈的责任,但由于多种原因又不得不承担起年轻父母们该担负的责任。在这个过程中就需要我们鼓励、支持他们,让他们觉得自己不是孤军奋战。同时,家庭教育的指导应该是一个漫长的、持续的过程,家校双方应该多交流、多反馈,及时根据孩子的情况变化做出相应的对策,以便取得更好的结果。

但有些祖辈家长固有的思维不太容易改变,不太会听从教师的建议,所以在实际操作过程中教师会碰到困难。因此教师先要和祖辈家长们搞好关系,在交往中可以热情地招呼、唠唠家常,拉近距离后才能便于沟通。

隔代教育指导恰当,实施顺利,会起到非常好的效果。祖辈家长充分的时间和精力正好弥补了年轻爸爸妈妈工作忙碌的不足,祖辈家长抚养孩子的实践经验也弥补了年轻家长的稚嫩与经验缺乏。

● 智慧分享

利用微课程,指导隔代教育

基于当前出现了"老人带娃真的会毁掉孩子吗"这一矛盾聚焦点,我们让家长参与隔代教育家校互动式微课程的实践,从隔代教育中争论较大的亟需解决的实际问题出发,立足于课堂,融研于教,构成了一种新型的学校教育课程。

我们的微课程具有以下特点:一"微",每节微课15—20分钟,独立设置主题,切入口小;二"真",微课案例全部源于学生成长的真实环境,贴近学生实际;三"活",微课程以课堂面授、网上讨论、亲子活动等方式开展,还可根据家长实际情况做调整;四"广",全体师生、家长、有关专家及关爱教育的社会人士均可参与。

1. 家校互动式微课程的教学类型

(1) 课堂面授型

隔代教育家校互动式微课程的定位在协同、启智、思辨、进取。我们组织家长和学生在课程中利用一个个鲜活的案例启发解决生活中的实际问题。家长提供的自己在隔代教育中的故事和有待解决的实际问题更加贴近学生的生活,使抽象的理念有了更为现实的载体,课堂讨论氛围浓厚。

例如,中年级一位家长说:"我的女儿被她爷爷奶奶宠坏了!现在脾气很坏,做老人的思想工作不管用,老人固执,根本不听。"这问题一出,在座的师生及家长你一言我一语展开了激烈讨论。老师以"自我意识的产生与执拗"为家校互动式教育微课程,与课程参与者一起进行了讨论。

(2) 微电影型

微电影型家校互动式课程就是由家长和学生事先制作好数字故事,通过"隔代亲"家庭教育中产生的一件事情或者一个故事,让学生谈谈对这个故事的理解,唤起学生们的共鸣。比如,二年级一位家长利用自己的特长进行数字故事的制作,在电影中他坦言自己平时工作太忙,每个礼拜都要加班,没有时间陪孩子,孩子一直由爷爷奶奶带,导致了亲子关系疏离。他甚至在电影中吐露了自己正在考虑是否要辞职专心带孩子的心声。学生看完后,纷纷表达了自己的看法与见解。这样的授课形式使原来枯燥的讲述,变成了一部唯美的电影,缩短了讲述时间,更能吸引学生的注意力,深受学生喜爱。

(3) 家庭表演型

家庭表演型家校互动式课程是通过由学生和家长在课堂上一起重现生活、学习的某一个场景的方式,使学生获得关于某一问题的深刻体会。二年级的一个学生和其家长就以"老人是否溺爱孩子,是否不懂教育,是否只能教出熊孩子"为主题开展了一场别开生面的辩论赛。正方列举了心理学者Perveen Akhtar等人的研究成果,认为孩子和爷爷奶奶(外公外婆)关系越好,他们的社会交往能力越强;

同时指出，Ruiz 和 Silverstein 的研究证明祖孙间的爱能帮助孩子缓解心理压力，增强社会适应力。而反方则提出祖辈家长不恰当的教育会使孩子变得自负、武断，还会回避与外界的交流。家长的参与改变了原先需要老师或者学生替代角色的情况，使学生更有身临其境感，仿佛在故事中看到了自己，从而在课堂中讨论得更投入。

(4) 亲子活动型

亲子活动型家校互动式课程是学生在家长、教师的引领下，在微课程中对某个问题进行深刻的探讨和争论，从而获得对某个问题的清晰认识。比如三年级的一堂课"爸爸妈妈该不该让爷爷奶奶（外公外婆）管教我？"家长听了学生们述说的委屈，在向学生解释的同时也反思了自己的教育行为。通过这次课程，许多家长才了解到原来祖辈的爱在孩子们心目中是如此不可替代。这种互动和谐，互相理解的气氛，不是单一的家庭教育所能营造的。

2. 家校互动式微课程的评价与成效

利用网上视频点评。每周的"欢乐星期五"是我校统一组织开展的家校互动式微课程，但不是所有家长都能到校参与的。无法到现场参与的家长可以利用空余时间通过视频互动进行跟帖点评，也可以运用 App 点击互评。我们每个孩子都拥有属于自己的"小思"徽章，这同时也是一款手机 App。每次上完课，参与的家长和学生可以通过扫一扫"小思"徽章，对这节课进行及时点评。点评可以是自己对这节课的感悟，也可以是对上课的家长或家庭的意见或者建议。这种即时的评价会及时反馈到家长、老师的手机上。点评不仅是对当前执教者的鼓励，也是对后来执教者的提醒，有着很好的互动效果。

家校互动式微课程充分调动了家长参与学校教育的积极性，广泛利用家长资源扩大了家校互动式教育的实践空间，实现了学校、家庭、社会三方共同构建适合孩子成长的良好环境的目标。

在经历了一段时间的磨合和推广后，我们有着"隔代亲"家庭教育矛盾的家长们人人愿意上隔代教育家校互动式微课程，"一个家庭一节课"的课程实施形式使得每个老师、每位家长都成为家校互动式微课程教学的设计者、实践者和受益者。也让越来越多的家长明白，没有必要太害怕祖辈家长可能会教坏孩子，只要方法适当，爱孩子的人越多，孩子就越能快乐成长，顺利渡过每一个敏感期。

(奉贤区解放路小学　李忠英)

第三节　流动家庭的家庭教育指导

近些年，上海的流动人口增长速度很快，以家庭为单位的流动形式越来越常见，外来人口中的少年儿童人数也越来越多，但是作为流动人口中的弱势人群，他们接受教育的权益却因经济、家庭状况的稳定性以及学校等多方面条件的制约而受到影响。与本地少年儿童一样，流动人口中的少年儿童也是祖国的花朵，让这些孩子健康成长不仅是对一个家庭的发展负责，更是对整个社会的发展负责，他们应该得到关怀、照顾和良好的教育培养。

家庭的流动，生活学习环境的变化对孩子的心理健康、学习成绩、社会适应能力等有着显著的影响。而流动家庭中的父母往往因工作繁忙，只是将子女交给学校教育，孩子在家庭里缺少父母的引导和关爱，在陌生的环境中没有归属感，找不到心灵的依靠，健康成长受到影响。因此教师要关注流动家庭学生的成长，通过指导家庭教育，使之与学校教育相结合，促进学生身心健康发展。

问题聚焦

小文从小和奶奶一起在老家生活，父母一直都在沪打工，只有过年过节才有可能回去。直到上小学的年纪，父母才把他接了过来。小文的爸爸是一位船舶厂的工人。为了好好照顾孩子，也为了补偿孩子的童年，小文的妈妈在他来到上海后，成了一位全职家庭主妇，一门心思照顾孩子。小文的爸爸是一个直脾气，如果孩子有什么做得不对的地方，他可能会大声呵斥，甚至直接上手打。而小文的妈妈是一个善良、温柔的人，面对孩子的种种问题她虽然在老师面前表现得"义正言辞"，但是对孩子却显得格外包容，也有可能是她的"补偿心理"在作祟。小文上课不认真听讲，做作业不积极，一般老师只有给他下达"最后通牒"，他才会不情愿地开始"交公差"，所以成绩一直不大理想。

教师思考

随着社会发展,越来越多的务工人员涌入上海这个大都市参与建设,很多学校的生源有不少外来务工人员随迁子女,这是学校和教师必须面对的现实。

其一,外来务工人员自身较低的受教育水平限制了其家庭的经济收入,他们无法为子女的学业提供强有力的支持,而且他们能够提供的课外学习资源也不足。

其二,亲子互动时间少,形式内容单一。由于外来务工人员的工作时间长、生存压力大,在双休日、节假日陪伴孩子的频次很少,对孩子的在校情况了解很少。家长即便和孩子有交流,交谈的内容主要也是孩子的学习情况。

其三,教育方式不当。很多流动家庭的家长对于孩子长期不在身边会有一种亏欠的心理,所以当孩子回到身边之后,他们会千方百计地满足孩子的需求以作为弥补。而当孩子出现问题时他们则通过简单粗暴的方式处理。

其四,家校沟通存在不足,家校合作遭遇困境。外来务工人员的工作强度较大,职业不稳定,很多人没有固定电话,住址和手机号码经常更换,因此,学校的教师在主动联系他们交流其子女在校情况时,常会联系不上,有时即使联系上了,他们也因为工作忙,不会和教师进行积极沟通。

教师策略

1. 建立档案,重点关注

作为一个班级的班主任,每周最关注的事情必定是安全教育。所谓安全不仅仅是身体安全,心理安全也非常重要。小文的种种现象表明,他的性格偏向孤僻,不合群。作为这个班级的班主任,有义务帮助他养成开朗的性格以及和同学们打成一片的能力。所以班主任单独给他建立了一个成长档案,用来记录他平时的表现,方便"对症下药"。

2. 联系家庭,密切关注

孩子的成长离不开良好家庭环境。小文会有这种性格和表现,很大一部分原因是家庭教育环境与方式有问题。因此,班主任经常就孩子最近的表现和家长保持联系,共同商量改善孩子不良心理状况的办法,也会给家长适当的建议,让他们为孩子提供表现自己的机会。比如让孩子做一些力所能及的家务，又或者是家里有客人来了，让孩子担当起做小主人的责任来。另外，不管孩子做了什么事情，只要发现他有进步或者表现好的地方就要立马表扬他，给他肯定，帮他树立信心。同时让班里的同学和任课老师也是如此，让他在他人的肯定中得到满足，增强自信。

3. 家校合作，爱的鼓励

外来务工者教育子女的方法一般比较简单，他们习惯把孩子完全交给老师，而且更重视的往往是孩子的学习成绩，而不是教育孩子的过程，对孩子的性格和品行方面的教育往往有所缺失。正如前面所说，小文爸爸的教育方法是比较简单粗暴的，而小文妈妈又比较溺爱他。他们两人的教育理念实际上都不正确，不利于孩子良好心理的培养。作为班主任，可以多和小文的父母沟通，告诉他们对待孩子应该"奖惩有度，恩威并施"，但主要还是以耐心和爱的鼓励为主；毕竟孩子小时候没有待在父母身边，性格上有一定缺陷，我们需要做的是耐心陪伴孩子。

4. 学校和班级应积极搭建平台，开设亲子沟通的相关讲座，向孩子和家长传授沟通的技巧。对于辅导的方法还可以推荐一定的文章或书目让家长阅读。教师平时看到比较好的文章，也可以将关键精炼的语句发给家长学习，给家长的亲子教育提供方法和支持。

● 行动反思

很多流动家庭父母的时间都不固定，缺少与孩子的交流，因此父母要多抽时间与孩子沟通交流。与孩子沟通也需要一个过程，家长不可急于求成，要学会控制自己的脾气。

✿ 智慧分享

流动儿童 GG 的故事

GG 在我心中一直是个很健康很健谈的女孩，虽然衣着朴素但是眉宇之间流露出不卑不亢的态度。采访时，我甚至感受到自己已经被她的人格魅力所吸引。GG 说自己最佩服的人是自己的父亲。谈到这些我感到很欣慰，曾经看到这样一个报道：当被问及自己最佩服的人是谁时，中国孩子很少有人会回答是"父母"。我问GG为什么最佩服父亲，她说首先父亲养活了他们一大家子人很不容易。记得初到北京的时候，她们家种菜、卖菜，爸爸早上四点多骑着三轮车送菜到大钟寺批发市场，八点多回来就接着到地里去忙，一忙就是一天。但是父亲和母亲生性乐观，有空的时候就给他们讲笑话和故事，一家人挤在一个破旧的土房子里，日子过得清贫但是快乐。其次就是父亲在她的心中很有威严。他们家里虽然穷，靠借钱上学，但是父亲答应自己的事情从来没有食言过；父亲对朋友仗义，宁愿自己吃亏都不负朋友；父亲对他们很温和但是奖罚分明。父亲也给了她正气和自信，她说她的理想就是成为一个好人。她的母亲虽说不识字，但总是教育他们要节约，小时候家里穷就让他们在沙子上练字。母亲还总是鼓励她，在学习和生活中遇到困难的时候，不要退缩。一家人其乐融融，孩子们争着学习，都自觉地替父母分担家务。GG的家庭教育效果让我看到了流动家庭教育的"光"，当我问到她对自己的家庭有什么希望时，她说了一句让我难忘的话，她说："希望我的家庭永远都是这么和谐。"

在我看来，这个家庭父母的务实坚毅、乐观向上、对朋友忠诚、勤劳节俭等品质，已经成就了这么一个健康的孩子，谁能说她的父母不伟大？这些父母能够轻松给予孩子的，才是孩子一生享用不完的精神食粮啊。

（杨卉.流动儿童家庭教育研究.中央民族大学硕士学位论文，2007.）

问题聚焦

小军是一个斯文、乐观的男孩，从小随着做小生意的父母来到上海读书，所以他的外表、语言、习惯等各方面与本地孩子一样，早已看不出什么差异。对于刚升入初中的他来说新集体的一切都是那么新奇，他对未来充满美好憧憬。记得班级第一次大扫除时他忙前忙后，还不停地帮助同学，看到班主任在扫地，他主动要求替班主任老师完成这项工作，而且扫得非常仔细和认真，就像在精心呵护自己的家。当时他的真诚、朴实让老师特别感动，心想这么好的学生将来肯定错不了，然而事情远比老师想象的要复杂得多。

开学两个月时，男孩子之间的一点小摩擦引发了小军和同学的矛盾，由于一时的冲动他们两个人动了手，教室里的其他同学见状就过去劝架，个别几位同学因偏向那位本地同学，便趁着劝架联合起来打了小军。班主任因为这次打架事件严厉地批评了小军，对此他难以接受。事情到此并没有结束，那位本地学生的父亲得知自己的儿子在学校里打架后，不问缘由，就怒气冲冲地在第二天早上等在了学校大门口。当小军来上学时，这位父亲对他进行了一番严厉的"教育"，言语中还不时地透露着对外地人的鄙视。当班主任得知后，找来小军了解情况，他满脸怨恨的表情令人生畏。他对班主任说，他真的非常疑惑，仅仅是男孩子成长过程中的一次打闹，为何与自己外地人的身份有着关联。为此班主任花了很大的力气向他解释，同学的父亲只是对打架事件不满，没有其他的意思。但从这以后，班主任发现小军和本地孩子之间的隔阂越来越大，平日只喜欢和同为借读生的同学来往，对于班级的各项活动也缺少了以往的参与热情，而且这种排斥情绪越来越严重，以致后来影响了他的学习。其他的借读同学或多或少也对本地同学有偏见，班级远不如刚开学时那样团结了。

教师思考

随着年龄增长，流动家庭的孩子，尤其是处于性格成型期的初中生，会感觉到城市孩子与自己的差别。一方面他们希望能受到和城市孩子一视同仁的待遇，另一方面他们的确时刻会感受到与别人的种种差别，很难逾越。因此缺乏安全感、认同感的他们的心理也越发敏感和脆弱，加之中学生自身性格的可变性较强，逆反心理强，如果老师和家长忽略了对他们的心理疏导，长此以往，部分学生的性格将发育不良，有的变得内向孤僻，有的性格激愤，甚至对学习完全放弃。

教师策略

小军之所以有心理阴影是因为本地生联合欺负他，班主任对事件的处理应该要公正，不偏不倚。同学父亲示威时流露出的鄙视，使小军的心灵受到了伤害。

因此班主任就这件事情和本地学生的家长进行了沟通，强调人人平等，不分贵贱，应一视同仁。班主任召开了相应的主题班队活动和家长会，让家长和孩子们都有了正确的认识。

对于小军的父亲，班主任也从几个方面与之进行了交流和沟通：

1. 孩子长大了，会有自己的想法，因此作为家长要学会多和孩子沟通，只有真正地了解孩子的想法你才能更好地帮助他成长，不要对孩子提过高要求或对他进行过多指责。

2. 建立积极的心态，用自己对新生活环境的认同和克服困难的信心感染孩子，帮助他找到自信，消除孩子因为遭到不公平待遇而产生的一些偏激想法。

3. 要多关爱孩子，而这种爱要让孩子真切地感受到。家长不仅要在生活和学习上关心他，更重要的是要在团队合作和社会公民意识方面多对他进行指导。

4. 多营造和睦、愉快的家庭环境，增加孩子的归属感，有了安全的港湾，孩子的心就不会变得脆弱，也不易受挫伤。

5. 在学校教育中教师要对他们一视同仁，从教师这个角度保证教育的公平；家长和教师日常要有针对性地对他们产生的心理问题进行及时的疏导。

6. 教师对于班级中出现对流动人口有歧视的人群，积极与他们沟通并开设班级活动，邀请其共同参与。通过活动、交流、教育消除他们对流动人口的地域歧视。

◉ 行动反思

在初中阶段，流动家庭子女由于学习、青春期等问题心理负担本已较重，而身处他乡的流动人口的特殊身份，使教育问题就更重要。他们对社会和人生的看法会因在这个年龄段遭遇的事情而发生根本性改变，因此老师和家长要用更多精力去关注他们的成长。在进行教育时要注意以下几个方面：第一，在学校教育中要对他们一视同仁，从老师这个角度保证教育的公平；第二，父母要多关爱孩子，并积极营造团结和谐的家庭氛围，增加他们的安全感；第三，家长和老师要有针对性地对他们产生的心理问题进行及时疏导；第四，多开展班级活动培养这部分学生的团队合作意识，增强他们的社会归属感，使他们与同学融为一体。

🌀 智慧分享

流动人口家庭教育策略

20世纪90年代中期,中国大地的流动人口达8 000万之多,到21世纪的今天,流动人口的规模和流动的范围,都呈上升趋势。人口流动已经是当代中国不可逆转的潮流,而流动家庭子女的教育问题,就显而易见地摆在我们教育工作者面前。因此,教育工作者首先要研究流动家庭教育的观念和行为,然后对症下药,提出一些可行的措施,帮助流动家庭的教育走向科学化、合理化。鉴于流动家庭的复杂性,这里仅对父母是"打工族"的流动家庭提出以下建议:

1. 改善家庭学习环境

家庭是一家人休闲、生活的场所,也是家长对孩子进行家庭教育的主阵地。家长要尽可能为孩子创设一个畅心益智、悦情怡神的学习环境,要保证室内光线充足,空气流通,要想办法为孩子腾出读书写字的空间,尽可能保证孩子的学习时间和休息时间,力所能及地为孩子添置一些必需的学习工具,经常为孩子提供学习上的方便,帮孩子解决学习上的困难。除此之外,家庭成员之间要和睦,要努力为孩子创设宽松的心理环境,使孩子在家里能心情愉快地学习。平时家长应和孩子多交流,多了解孩子的思想动态,多站在他们的立场去考虑问题,和他们共同成长,让他们充分感受到"家"这个小集体的温暖和力量。

2. 强化孩子的安全教育

因为流动家庭的家长上班时间长,所以孩子单独在家的机会很多,为防患于未然,家长必须全面消除家里的安全隐患。虽然不少家长已经把一些危险的东西藏在自认为不易被发现的地方,但他们过低地估计了孩子"探险"、"创造"的能力,他们小心翼翼地收捡起来的东西也许很快就会被孩子找到,酿出大祸来。比如,家长把没有吃完的药片藏在柜子里怕孩子误食,可孩子偏偏无意中将它翻出来,并当作零食吃下……家长们应站在孩子的角度设想孩子可能会做什么,然后从安全的角度重新审视家里的摆设、装饰、水、电、气等设施,该修的就修,该收的就收,该移的就移,不能有一丝疏漏。

为了防止意外,家长还应多教孩子一些安全知识,这些孩子外出的机会多,所以家长应向孩子传授自我保护的技巧和安全知识,使孩子在遇到意外情况时不慌不忙，能从容地避开伤害，寻求保护。比如，家长要让孩子知道自己的姓名、工作单位、家庭电话号码，要让孩子学会拨打"110、120、119"等求助电话，要使孩子懂得社会上有好人，也有坏人，必须有戒备之心等。而且，随着孩子年龄的增长，家长还要不断扩大其自防自卫知识面，提醒孩子慎重交友，禁止孩子进"网吧"、"夜总会"等娱乐场所。

3. 尊重孩子，宽严并济，做孩子的"良师益友"

流动家庭中的父母应用发展的眼光，从全局审视子女的教育。孩子从出生到成人有个逐步社会化的过程，他们接触的第一个社会就是家庭。孩子在家庭中能否成为主人，将影响他们长大后能否成为社会的主人，而孩子在家庭中的主人翁精神，要靠家庭的民主来培养。家庭教育只有建立在全体家庭成员平等合作的前提下，才能有效地发挥作用。但讲"民主"并不等于溺爱孩子，比如让孩子自由选择游戏并不等于同意他们去玩"游戏机"等不健康的游戏。故家长在教育孩子时，应宽严并济，因为过于宽松就是溺爱，容易放纵子女的个性发展，逐步使其养成恶习；过于严厉就是管制，容易压抑其个性发展，耽误孩子。作为父母，对孩子的行为应当有所鉴别，针对不同的行为给予及时批评或表扬，但对子女的批评要注意方法，表扬更需掌握分寸，既让孩子认识到不足，又不伤害其自尊心，既让孩子得到及时鼓励，又不使其骄傲自满。总之，家长要做孩子高明的"良师益友"。

4. 更新"唯分论"的陈旧认识，树立全面发展的教育观念

流动家庭的家长通常对教育缺乏全面认识，他们比其他类型的家长更关注孩子的分数，至于孩子是否沾染不良习惯，身体是否健康，是否有创新精神，他们大多持无所谓的态度。其实，分数高并不一定意味着智商高，会读书不等于会做人，会读书会做人并不意味着身体好。所以家长应更新思想意识，做关心孩子全面发展的"人师"。

（1）要提醒孩子参加体育锻炼。因为"健康是人的第一财富"。要想孩子有所作为，在事业上有所建树，必须要让孩子具有健康的体魄。反之，身体孱弱的人即使有了远大的理想和聪明的大脑，也很难在事业上获得长足的发展。

（2）加强品德教育，培养孩子良好的行为习惯。学习好而品德不好究竟意味着什么？只管孩子学习不管孩子品行的流动家庭家长大多数都没能清醒地认识到这个问题。有个学习成绩是全班第二名的中学生，因嫉妒心难以平息，就去伤害班上成绩排名第一的学生。此类例子不胜枚举，它们告诫我们：如果孩子不会

做人,没有一颗善良的心,即使学成"人尖子"也并非幸事。而流动家庭常流动的特点,决定了孩子所处的社会环境复杂多样,一些不良的社会风气、旧思想、旧习惯更容易侵蚀识别能力差、知识经验缺乏的孩子。

(张德明.流动人口家庭教育的弊端与对策. http://www.doc88.com/p-9806125297327.html.)

第四节　富裕家庭的家庭教育指导

家庭是孩子人生中的第一所学校,家庭教育是"培根教育",是学校教育的基础和重要补充。富裕家庭在为子女创造诸多良好学习条件的同时,也有意无意地使子女养成诸多不良特性,其家庭和父母担负着不可推卸的责任。富裕家庭对子女的教育主要存在以下误区:第一,过分娇惯溺爱孩子,把孩子当成家里的"小皇帝"、"小公主",孩子从小就养成了衣来伸手、饭来张口的习惯,凡事交给保姆去做,自理能力极差。第二,教育思想不科学。有关调查显示,大多富裕家庭都任意满足孩子的条件,不管是否适合孩子,家长都认为贵的就是好的,还往往按自己的意愿为孩子决定一切。家长将孩子送入私立学校,把孩子的一切都交给老师和学校。第三,不良的家庭环境影响孩子健康成长。父母是孩子的第一任老师,父母的言谈举止都会对孩子产生潜移默化的影响。家长要为孩子提供良好的生活环境,也应给孩子树立良好的榜样。对此类家庭,教师在开展家教指导中要讲究策略。

◉ 问题聚焦

小A家是个非常富裕的家庭,家长为他提供了非常优越的生活条件,四百多平方米的屋子被装修成卧室、儿童房、健身房等供他学习、玩耍、锻炼身体。小A从小学一、二年级开始就经常请假不来上学,刚开始还会找些理由:身体不适、家里有事等,到了四年级小A就干脆不肯来上学了。老师跟他的家长沟通过,家长告诉老师小A是不喜欢读书的,所以不来了,只要他高兴就好,他们的经济能力绝对是可以养活他的。

老师家访了好多次，可还是没法子请孩子来读书，孩子不愿意来，家长也就不配合。家长请了保姆在家看着，随意他干什么。班主任就此事请示了教导处……

教师思考

不愁学费，不愁名牌学校赞助费，不愁没钱买各种学具，不愁补课班、特长班的报名费，有钱供孩子上大学，甚至出国留学。这是富裕家庭的一种生活现状。他们靠自我拼搏、继承家产等方式拥有丰厚的财富。

1. 父母的"潜移默化"、"言传身教"

孩子们往往通过住房、环境、饮食、消费、娱乐等感受到自己家庭的经济富裕，也总能从父母口中听到金钱带来的便利。甚至有的家长对孩子直言告知，以后长大了，就算不工作也吃穿不愁。

2. 自身责任感的丧失

有些家长认为，金钱是万能的，不读书没有关系。在这些思想观念的长期浸润下，孩子形成了扭曲的价值观。上述小A被这种思想影响，不喜欢学校和学习，产生了严重的厌学情绪。

3. 父母与孩子之间缺乏交流沟通

富裕家庭的父母整天忙于工作，很少花时间和子女进行交流，很少了解子女的思想和学习问题。他们最关心的是给予孩子物质上的满足，这种做法的目的不仅仅让孩子过着比普通人更为优越的生活，也为了弥补作为父母心理上的愧疚。

从根本来说，问题是出在父母身上，看似对孩子尊重，但其实是对孩子不负责任。父母的经济雄厚，可以给孩子很好的生活条件，但是孩子的精神境界、各种能力，需要在环境中培养和锻炼。孩子需要学校这种环境的锻造。家长对于孩子，更应加强品德教育，培养他们的良好行为习惯。

教师策略

对于小A出现的种种问题，老师坚持不懈家访了多次，终于和家长达成了如下处理方式：

1. 立下家规，严格要求。家长一定要给孩子制定一些规则，让孩子知道什么时候、什么地方该做什么及不该做什么，让孩子养成守规则的意识。对于孩子遵守规则的行为家长要及时给予表扬，否则适度采取相应的惩罚措施。

2. 树立良好的榜样。家长必须特别注意自己的言行举止对孩子的影响，少讲大道理，做到身教重于言教，在孩子心目中树立良好形象，注意检点自己的行为。

3. 淡化孩子的经济特殊感，让孩子们认识到自己和普通孩子一样，需要通过自身努力为未来发展做准备。

◉ 行动反思

1. 家境优越的孩子通常自我感觉比较良好，教师在与他们沟通时一定要注意方式方法，举出的例子、讲述的道理要经过精心准备并且要具有代表性和说服力。

2. 随着孩子的自主意识逐渐形成，他们对人生和社会开始形成独立判断，这种能力将影响个人的长期发展。作为家长如果不把握孩子发展的关键期并重视正向引导，可能抱憾终身。作为教师，应该发挥自身的专业知识、专业能力和专业智慧，引导家长关注孩子的健康成长。

智慧分享

"手把手"容易，"放手"难

10月15日是阿宝的十岁生日。早在一个月之前，阿宝的外婆就开始为他的生日活动忙开了：又是订生日蛋糕，又是准备生日红包，上大饭店订生日宴。然而，阿宝妈说话了："十岁生日应该让阿宝真正感受成长的快乐，今年让阿宝自己当生日主人，在家里举办一个生日派对，好朋友由阿宝自己邀请，蛋糕让我自己来做。"阿宝妈妈的倡议得到了全家的响应。

第二天，阿宝开始制作邀请函，用彩色笔在练习本纸上写上：邀请×××参加我的生日派对。时间：10月15日放学后；地点：我的家。一张、二张、三张……一共写了六张。

第三天，生日派对的邀请函已送到了阿宝好朋友们的手中，有小华、方方、天天、冬冬……

终于等到了 10 月 15 日。那天放学,阿宝的外公、外婆和爸爸、妈妈全部退居二线,家中真正成了孩子王国。阿宝切开了妈妈亲手制作的草莓蛋糕,让其他小朋友共同分享,小朋友们则一起唱起了《祝你生日快乐》,阿宝成了中心人物。阿宝第一次成了家庭主人,他给小朋友们倒橙汁,给每位小客人分蛋糕,还给大家演奏了一首钢琴曲《献给爱丽丝》。

晚上,阿宝收到了爸爸妈妈写给他的一封《生日贺信》,信是这样写的:

阿宝:

今天是你的十岁生日,你已经长大了,爸爸妈妈向你表示祝贺!你在成长,其实,爸爸、妈妈也在和你一起成长。最近,我们读了一本名为《男孩为何要穷养》的书,很有体会。书中说:性别给男孩巨大的能量,男儿如石,让他们多受点穷,多吃些苦,才能磨炼他们的意志,锻炼他们的能力。男儿需要独立,让他们学会独立思考,独立决策,他们才能摆脱依赖性;给他们独立成长的空间,才能让他们学会按照一定的方式获得信息,尊重他人。

作为你的父母,我们是你的生命的创造者、精神的引领者,将永远给予你最多的爱和信任。其实,对你愈早放手,愈表明我们对你的亲子情深,相反,什么都为你承担,是在不经意中剥夺你成长的权利。今天,我们也推荐你读读这本书,以这本书为镜子,照一照我们的教育方法还存在哪些问题和差距,我们真担心我们过度的爱反而会成为你走向独立的障碍。

爸爸、妈妈期待你早日成为一个真正的男子汉,走向独立,走向自主。爸爸、妈妈不可能也不应该成为你永远的保姆和拐杖。为此,从明天开始,我们决定在以下三个方面开始"放手",以培养你的独立自主的能力。

1. 每天早上六点半,我们不再催你起床,要求你按时起床,准时到校。
2. 每天我们不再帮你整理床铺,要求你自己学会叠被,整理房间。
3. 放学后,自己安排时间完成作业,外公、外婆不会再提醒你抓紧时间。

永远爱你的爸爸妈妈

一个星期后,阿宝读完了《男孩为何要穷养》一书,他向妈妈提了一条意见,希望妈妈今后多点耐心,少发脾气。"因为你发脾气,只会让我口服心不服。譬如说,每天放学回家,我多想有点时间让我自己安排,读读自己喜欢的书,玩玩自己喜欢的小玩意儿,你老是在我耳边催促我作业、作业、考试、考试……你烦,我更烦!"阿宝说:"从明天开始,我弹钢琴你们也放手吧,时间让我自己安排。"阿宝的妈妈欣然同意。从"手把手"到"放手",阿宝爸妈在教育孩子的道路上又上了一个台阶。

在阿宝成长的道路上,两岁时,是父母"手把手"教会他迈出第一步,使他最终学会了走路,而现在,爸妈的"放手",才能让他学会自己走路。阿宝进入小学以后,父母"手把手"教他学会写字、学会做事、学会做人,但只有真正"放手",才能让他成为一个独立的人、大写的人。

做父母的,第一次"放手"容易,第二次"放手"难。其实,教育的最终目的,是让孩子早日独立。"手把手"是为了"早放手"。做家长的,该放手时要放手! 家长的手千万不要成为束缚孩子走向独立自主的羁绊,孩子已经长大了。然而,为什么已经长大的孩子在有的父母心目中永远长不大? 原来,这些家长在心里,把孩子永远定格在幼儿园,他们永远用凝固的目光来看待已经长大的孩子。

"手把手"容易,"放手"难! 父母的第一次"放手"容易,第二次"放手"难!

(乐善耀."手把手"容易,"放手"难[J].家庭教育,2016(4).)

第五节 拆迁家庭的家庭教育指导

拆迁家庭群体多数是出生在城市近郊的人。他们继承了父辈们留下的房产,在城市扩建的时候,由于拆迁补偿而一夜暴富,成为城市中一个特殊的群体。一夜暴富是他们与前述富裕家庭的区别。

大规模的城中村改造,造就出大批的拆迁家庭。经历一夜暴富的神话后,他们有的开上了豪车,买下数万元的名包名表;有的依旧默默从事着低薪工作,过着本色生活;还有的则用这笔钱去创业;更有的或赌博输光或挥霍一空。

在拆迁家庭家长暴富心态的影响下,那些未成年孩子的心态也发生了巨大的变化,攀比、奢侈、厌学的现象比比皆是。

● 问题聚焦

小A同学花钱随意,打扮时髦,经常涂指甲油、口红。班主任发现了这种情况和该生交流,该生说这些钱是父母给她的,她爱怎么花就怎么花,她想要什么东西,父母都会给她买。孩子很骄傲地告诉老师,她不穿校服时,全身上下都穿名牌。爸爸说有钱,让她随便买。了解了学生的想法,班主任请来家长协助。班主任请小 A 爸爸坐下,说小 A 的零花钱太多,花钱太随意,希望爸爸稍微控制一下孩子的零花钱,毕竟这样对其他同学会产生不好的示范。小 A 爸爸不以为然地告诉老师,家里拆迁了好几套房子,这些钱他们花得起。小 A 的爸爸认为,口红、指甲油是所有女孩子都喜欢的,零花钱给得不算多的。以前家里穷,没给孩子好东西,现在条件好了,孩子她想要也给得起,无所谓。

教师思考

金钱来得太快,令人无所适从,这是很多拆迁家庭群体面临的共同问题。他们突然暴富的心理满足感常常会通过用名牌、花钱大手大脚表现出来。这些家庭的家长认为金钱至上,钱能解决一切,这对孩子很不利。家长利用富裕的经济条件为孩子营造优质的生活氛围,无可厚非。但是家长对于学生的教育要有一个正确的认识,金钱是很重要,但是金钱有散尽的一天,对于孩子来说,真正的财富是品德、学识、处理问题的能力,这些是永远不会被剥夺去的。家长要让学生成为一个有尊严的自食其力的人,一个对社会有用的有担当的人,而不是"啃老族"或"寄生虫"。家长应在孩子面前树立良好的榜样。

教师策略

经过沟通,教师和家长决定从以下几方面对小 A 进行"启蒙"教育:

1. 让孩子明白钱是什么,钱从哪来

对孩子不用讲太多的概念,但是要让他们知道,钱是我们用来购买想要的东西的货币,是爸爸妈妈通过工作和劳动换取的。因为我们的付出对别人来说有价值,因此钱是付给我们的报酬,也是我们应得的。

2. 要让孩子明白钱是来之不易的

要让孩子明白,钱是一种货物之间等价交换的中介,是需要付出辛勤劳动才能得到的东西,并不是凭空就有的。孩子之所以会形成贪图虚荣、讲究排场的消费习惯,其根源在于孩子不知道金钱是来之不易的以及父母为家庭承担的压力。所以,家长适当地装穷或带孩子到自己工作的地方看看。

3. 让孩子明白钱不能买到所有东西,钱不是我们生活的全部

当你陪着孩子游戏、阅读时,发自内心地告诉孩子:"再多的钱也买不到像你这样可爱的孩子!我们无法用钱买到别人的喜欢,也买不到家庭里的爱。让爸妈感觉更幸福的,是搂着你,而不是一沓钞票。"孩子看到你的付出是汗水、是辛劳,而非单纯的金钱,才会有一颗感恩的心。

4. 让孩子参与家庭消费的决策

只有孩子面临自我需求的矛盾与选择时,他/她才会印象最为深刻,学到的东西也最多。父母可与孩子共同制定每月用于他/她的各项开支,分为必须花费和可选花费,每一笔必要的消费都预先告知孩子,而可花可不花的钱,则提前与孩子商量。如果孩子超过预算范围的花销,父母则不能答应。

◎ 行动反思

拆迁家庭的成员无论面对何等生活变迁,都应该有一个客观理智的心态。作为父母更要对拆迁后的生活进行规划。只有抱着自己和家人要长久幸福的心态,才能面对拆迁带来的巨变。教师要重点关注这样的家庭。让家长从这种"天降馅儿饼"的心态中走出,需要一定的时间。让孩子去"教育"家长可能会更有效。老师也要跟家长多沟通,有的家长可能会有一定的抵触心理,因此教师要从为孩子健康发展的角度去交流,也许会达到理想的效果。

◎ 智慧分享

孩子的零花钱与正确的金钱观

当孩子稍微大一点,知道钱的用途和能相对独立行动时,家长都喜欢给孩子一些零花钱,让孩子随意支配。甚至在有些家庭,家长会通过让孩子做家务劳动获取报酬。那么,孩子几岁的时候给零花钱比较恰当呢?

从教育理念上说,给孩子零花钱是必须的,因为对金钱的认识是其在成长过程中必须要学会的,是其进入社会前必要的准备之一。孩子获得零花钱时,需要

具备一些先决条件,具体如下:

1. 孩子要有一定的数学基础。金钱,说白了是数字的集合,没有对比、大小判断和简单的数字运算能力,就对金钱没有基本的使用能力。因此,如果没有一定的数学基础,是不建议单独让孩子使用零花钱的。

2. 孩子要正确认识钱币。流通中的钱币,有多种形式和币值。如果孩子不能对现行可以流通的货币进行认知,就算会买东西也是瞎花钱。当然,这个认知过程相对简单,家长可以在教孩子认数的同时,以钱币为教学道具,使孩子获得对钱币的认知。

3. 观摩买东西的全流程。对钱的使用,要让孩子有直接的认知,家长可先从小型购物活动开始,每次只带有限的、定量的现金,并提前列出购物清单。家长在购物时引导孩子认识商品价签,以及钱与物的对应关系。在遇到孩子特别想买某样东西可钱又不够的情况下,家长可以和孩子一起讨论如何取舍,保证只使用带来的现金,这一原则不能改变。

4. 模拟买东西的全流程。孩子只看购物过程,还是难以学会购物的。所以,家长可以利用孩子喜欢玩游戏的特点,用孩子的玩具做道具在家中玩超市游戏。玩这个游戏的时候,家长一定要参与进去,并在玩的过程中经常与孩子交换角色。当孩子对数字和金钱有了初步认识的时候,就可以使用真实货币当道具了。

一个人对金钱的管理,可以说就是对自己欲望的管理。而对欲望的放纵,除了会造成孩子扭曲的金钱观,还会让孩子变成"投机分子",这对孩子未来的影响是极其负面的。所以,在给孩子零花钱之前,还必须先对其进行必要的生活和习惯教育。

1. 在给零花钱之前,先给孩子划定界限。一个有界限的孩子,知道什么事情该做什么事情不该做,家长给了零花钱之后,他/她能正确控制自己。而没有界限的孩子,在有了可以满足自己各种愿望的零花钱以后,会毫无节制地不断进行索取,如果父母不答应就会采取极端的方法对付父母,甚至是通过伤害自己来达到目的。

2. 在给零花钱之前,要进行适当的延迟满足训练。延迟满足是儿童自我控制的表现之一,即孩子能为更有价值的长远结果控制自己的即时冲动。如果孩子对欲望没有一定的控制能力,拿到零花钱就立即全部消费掉,那么就失去了通过给孩子零花钱来进行欲望控制训练的意义,孩子未来会很容易成为"月光族"。

3. 在给零花钱之前,孩子必须要学会分享。正常情况下,孩子的绝大多数生活需求,都是由父母来满足的,理论上孩子没有零花钱,对其生活不会有任何影响。所以,孩子的零花钱,往往是用于满足孩子额外、非必须的需求。而一个不会分享的孩子,只会拿零花钱满足自己的私欲,这反而让零花钱变成了培养孩子自私性格的工具。

4. 在给零花钱之前,孩子必须知道资源是有限的。一个不敢对孩子说"不"的家长,很难让孩子通过零花钱获得相应的认知。没有界限的父母,一定无法让孩子知道资源是有限的。

给孩子零花钱,是家庭教育的一种手段,这和孩子是否一定需要零花钱无关。也就是说,就算家长已经为孩子考虑了一切,且孩子在正常生活中,也没有什么地方需要自己去花钱,家长也最好要给孩子零花钱,这和孩子的真实需求无关。

教育是一个整体,单独强调一个方面或只强调一种方法,都是无价值的,毕竟每个孩子都是独立的个体,适合别人孩子的方法,未必一定适合自己的孩子。所以,父母一定要在思考的基础上,灵活运用各种教育技巧,对于如何给孩子零花钱这件事,也是如此。当然,不采取零花钱的方式,通过其他手段也可以让孩子受到同样的教育。

(井中月.案例分析:孩子零花钱与正确金钱观. http://blog.sina.cn/dpool/blog/s/blog_5922b4920102dvts.html.)

✳ 问题与思考

1. 单亲家庭的孩子的表现与其他孩子有什么不同?如何与单亲家庭的家长、学生沟通?
2. 祖辈家庭教育中的利弊有哪些?如何指导?
3. 教师在和流动家庭中的家长交流时需要注意什么?
4. 富裕家庭和拆迁家庭在家庭教育方面有什么异同?如何为他们提供有针对性的家庭教育指导?

第十章 ║ 特殊学生家庭教育指导

一个班级中,最让教师伤脑筋、费精力的是少数"特殊"学生。由于这些学生的生理、心理、行为表现等方面的原因,家长对孩子的教育的重视程度有所欠缺。有的甚至对孩子的成长要求仅停留在最原始的"温饱"、"安全"上,有的则过分宠爱,导致孩子不懂得基本的礼仪规范等。这些学生在班级里容易受到误解与冷落。

本章主要围绕班级中个别存在的超常、智障、肢残、厌学、学习困难、患有自闭症等特殊学生,引导教师开展有针对性的家庭教育指导。

第一节 超常学生家庭教育指导

北宋王安石笔下有一位七岁就无师自通能写诗的"神童"——方仲永,当时乡人都认为他是奇才,纷纷用钱向他讨取诗作,"神童"方仲永声名鹊起,这样的孩子就是我们现在所说的超常儿童。他们识字早,有着令人惊奇的信息获取能力和记忆力,善于表达,语言的逻辑性强,喜欢探讨深奥复杂的问题、推理玄奥的观念和现象等。但这样的超常儿童,有的如方仲永般被视为"神童",久而久之却"泯然众人矣";有的则常被同龄人嘲笑,家长和教师也认为这些孩子不懂事、捣蛋,久而久之扼杀了孩子的自信心,泯灭了他们的天赋。那么家有超常儿童,家长该如何正确引导呢?

◉ 问题聚焦

小刘刚上一年级时,老师就发现他与众不同:他会一口气背出很多的古诗词,并且对古诗词的内容了然于胸;他课上总喜欢打断老师的话问"为什么";他会无缘无故跑到教室前面研究投影仪,甚至为了研究把投影的镜面摘下来……他常常影响整班孩子的学习。有时,他还会因为和同学意见不合而吵架,甚至大打出手,为此,他挨了好多次老师的批评……久而久之,小刘成了大家口中的"坏孩子"。班级里同学都讨厌他,不愿和他一起玩。老师和家长沟通,家长表示孩子在家也经常问一些莫名其妙的问题,大家都不当回事,他除了爱拆一些物件外,其他方面都挺优秀的。

🖊 教师思考

1. "超常"的典型特点

小刘与众不同,他比同龄孩子的知识量多,对问题总爱刨根问底,且有着自己的想法,对一些想研究的事物总有着浓厚的兴趣。一年级孩子本来对新事物好奇是正常的,但是小刘的好奇不仅仅停留在事物表面,而是深入事物的内在构造以及问题的根本,这远远超出了其他孩子的认知水平,他的行为表现和其他孩子格格不入。这就是"超常儿童"的典型特点——对有兴趣的事物,不管是否是要学习的东西,都不惜耗时而求之。

2. 不问原委,武断定论

小刘被贴上了"坏孩子"的标签,这在一定程度上也与老师武断批评、指责,没有很好地和家长交流沟通有关。

教师在工作中,对待犯错误的学生(尤其是屡次犯错的学生),往往会武断地认为学生又调皮捣蛋了,于是不分青红皂白就是一顿训斥。殊不知很多孩子犯错是有一定的原因的。教师没有了解清楚情况,就对学生训话,往往会让学生或因受委屈不敢说而变得压抑,看似有所改变,实则却是自信心的压制;或是干脆"破罐子破摔",对自己没有了要求,变本加厉。

3. 不做准备,随性了解

教师在接到一个新班级前,仅通过一份登记表上的资料来了解学生情况,没有深入熟悉每一个学生的情况——孩子的性格、喜好以及家庭背景和环境,以致对学生的习惯、性格等不甚了解,对学生一些貌似异于常人的表现更不理解。

🗂 教师策略

1. 谈话交流,了解事情原委

针对小刘的情况,老师仔细阅读了他的资料,和他沟通交流。小刘经常因为在家里拆一些物件,把好端端的东西拆得支离破碎而招来父母的训斥,甚至没少为此挨打。父母把家里值钱的东西都藏起来不给他玩。关于他问的问题,爸爸妈妈总是说"你还小,不需要知道"或者说"烦死了,不知道"。小刘在家里最怕爸爸了。

2. 走进家庭,提出合理建议

针对和孩子交流的情况,老师特意到小刘家进行了家访。通过家访,老师了解到家长对孩子的这种状态持"骄傲"甚至"炫耀"的态度,认为孩子和其他同龄孩子相比要优秀得多。小刘的爸爸妈妈都是高级知识分子,平时经常加班不在家,小刘在家里喜欢看书,所以很小时就能和大人畅谈《三国演义》和《水浒》,家长们常以此为傲,带他出去玩总不忘让他说上一段。因此,小刘可以说是在阅读和摸索的过程中自行成长的。针对家庭教育中的不足,老师向小刘父母提出如下建议:

(1) 不要"晒"孩子,呵护孩子的才能

俗话说得好"自家的孩子自己好",何况有着这么聪明的孩子,家长少不了要向大家炫耀一番,案例中的小刘父母也是如此。殊不知每次炫耀,孩子的虚荣心、好胜心潜滋暗长,慢慢地,孩子就形成了"我的想法肯定是对的"的骄纵想法,一旦遇到挫折就难以接受。因此,家长不必要逢人就"晒"孩子,而应平淡地看待孩子的能力,让孩子懂得知识的习得和掌握不是用来炫耀的,更不是给父母长脸的资本。

(2) 正确认识孩子的"超常",保护孩子的求知欲

家长如果认为孩子的刨根问底仅仅是出于好奇心而敷衍地回答,甚至表现出不耐烦就有可能扼杀孩子的求知欲,使孩子渐渐对学习失去兴趣。家长应引导孩子自己借助课外书籍、网络等去查找、探寻新知,也可以和孩子一起探讨,让孩子在和家长的相互合作中寻求新知,这样也联络了亲子的情感。

对于孩子为了探求新知而动手拆除物件等现象,家长千万不要武断地喝止甚至打骂孩子,否则物件是保住了,孩子的求知欲却被生生地扼杀了。家长可以和孩子约定,如果拆除,要保证把物件再组装回去,不能半途而废。这样既满足了孩子的求知欲,也培养了孩子做事有始有终的习惯。

(3) 多创造集体活动的机会,助力孩子才能发挥

俗话说"天才都是孤独的",缘于"天才"不愿和常人多沟通,也缘于"天才"没有机会和常人多交流。家长要尽可能地利用自己的空余时间,带孩子参加一些集体活动,鼓励孩子和其他孩子交流、帮助其他孩子解决一些力所能及的问题。这样,孩子便不再孤独,也有了发挥才能的机会。

3. 平台沟通，促进孩子进步

老师经常和家长通过 QQ、微信沟通，常和家长汇报孩子在学校的点滴变化，同时也了解孩子在家的情况。老师还经常向家长推荐一些家庭教育的优秀案例，让家长能从中学习并改进自己的教育方法和态度。

孩子在学校慢慢能够遵守学校的规章制度，并且和同学的关系也有了很好的改善，同学们愿意和他一起玩了……

◉ 行动反思

超常学生有着异于一般学生的知识面和求知欲，教师和家长都需要正确引导，才会避免出现类似方仲永"泯然众人"的现象。教师在与家长共育过程中需做到：

1. 学会聆听，尊重孩子的"超常"表现

当孩子出现一些看似破坏公物、违反校纪校规的问题时，教师要理智地看待，不要很武断地认为这是他故意和教师对着干、公然违纪，进而急着向家长反馈，甚至"告状"。教师要静下心来，听一下孩子这么做的原因或目的，再有针对性地进行引导或和家长沟通。这样也就避免了家长因听到教师的"告状"而郁闷，甚至愤怒，从而让孩子成为情绪的垃圾桶。

2. 经常充电，解释孩子的"超常"问题

"吾生也有涯，而知也无涯"，知识是无穷尽的。教师和家长有时可能会被学生给问倒，更何况是超常学生，他们有着惊人的信息量，常会问一些问题，教师或家长应尽量做到及时给予解答或引导。因此，教师和家长要常读一些书给自己充电，用知识来武装自己的头脑，既能拓宽自己的视野，也能很好地保护超常学生的求知欲。

❀ 智慧分享

专家解读超常儿童教育问题

由于种种原因（其中有些至今还不为人知），有些儿童显示出超群的优异智能，在某些领域的学习中（如数学、语言、艺术等）超速进展，水平显著超过一般儿童，这些就是一般意义上的超常儿童。他们在学习正常的课程内容时，会时时处于"吃不饱"或"吃不好"的状况。对于超常儿童，我们需要有针对性地对课程做出调整。这种调整不仅是加快其学习的速度或加深其学习的程度，而是要对课程的整体结构做出改变，涉及具体目标、学习内容、教学方法、评估、师资等各方面，使之成为适合超常儿童发展特点的教育，从而实现促进儿童身心健康发展、增长儿童才能的教育目标。

超常教育首先是适应儿童自身特点的教育，而不是制造差异的教育。也就是说，有了超常儿童的与众不同，然后才有超常教育，而不是由于有了超常教育，儿童就可以出类拔萃。任何宣称可以将"每个儿童培养成天才"的方法，都并不能真的在每一个儿童身上成功。

家长首先要确认自己的孩子是超常儿童，这可以咨询专业人员。然后，家长要了解自己的孩子可能进入的超常教育的具体情况。超常教育的实施有多种模式和多种途径、手段。特殊班（如"少儿实验班"等）、跳级、课外学习等，都可以是实施超常教育的方式，每一种方式适合不同的孩子和家庭，家长应全面考虑，慎重选择。超常教育有不同的形式，提前上大学只是其中之一，并不是超常儿童的唯一"出路"。对于那些提前上大学的孩子，家长和教师要关注他们的社会适应和学校适应问题。有些孩子适应力很强，智力发展与社会性发展也比较平衡，他们无须太多的帮助，也不会出大问题。有些孩子则需要不同程度的外界帮助，包括入学后学习方式、生活方式的调整，家长、学校的相关指导，以及专业的心理咨询与辅导等。大多数学生可以最终适应，在大学发展顺利；但有的孩子自己适应困难，也得不到适当的帮助，就会很痛苦，甚至后悔走了一条不同于他人的道路。

世界范围内有关超常教育的系统研究与实践大约开始于一个世纪前。目前超常教育最为普及、研究和从教人员力量最大的国家当数美国，但美国的超常教育通常是融合在普通学校中，以个别教育计划的方式实施的，没有公立的特殊学校或特殊班。美国有立法规定超常儿童有权利得到适合他们的教育服务，所以公立学校系统十分重视天才儿童的甄别与特殊教育。

我国超常儿童教育存在的问题主要有：

第一，我国目前的超常教育最大的问题在于没有得到"法定"的地位，超常儿童的特殊教育需要没有被教育系统充分关注。这就使得那些试图为超常儿童提供特殊教育的努力，得不到稳定的来自政府的人力、财力等方面的支持，只能以"实验项目"的方式谋求进展，而实验项目能够覆盖的儿童数很有限。按照智能发展水平的正态分布规律推测，天才儿童应占儿童总数的3%左右，但他们中的大多数还没有得到相应的特殊教育服务。

第二，社会对超常儿童和超常教育的理解还存在偏差，需要进行这方面的"科普"。社会及教育系统对天才儿童的期望都还带有比较明显的功利色彩，缺少服务的意识和人文关怀的立场。事实上，天才儿童有各种类型，每个人也有自己的优势与弱势；和所有儿童一样，他们也要经过身、心从不成熟逐渐向成熟发展的过程，因此，他们的成长也需要来自家庭、学校和社会的帮助，而特殊教育就是其中的一种帮助。天才儿童接受特殊教育，是因为他们无法在普通教育中获得合适的资源，而不是因为他们必然要做出社会所需要的成绩。

人的成就水平受到众多因素的影响（其中一些因素是难以控制的），天才并不一定能成材，但即使是"不成材"的天才儿童，也有权利得到适合其发展水平和特点的教育。

（专家解读超常儿童教育问题.https://baijiahao.baidu.com/s?id=15612992309873068&wfr=spider&for=pc.）

第二节　智障学生家庭教育指导

孩子是家庭的希望，每一对父母都希望自己的孩子聪明、活泼、可爱。然而，有时命运喜欢和人开一些玩笑，它带给一个家庭的往往是一份特殊的"礼物"。在孩子慢慢成长的过程中，家长发现自己的孩子和其他孩子不一样：他们比其他孩子说话晚，做事情注意力不集中，很难表达清楚自己的意思等，渐渐地家长们不得不接受自己的孩子是"智障儿童"这样一个事实。每个孩子都有接受教育的权利，父母作为孩子的第一任老师，该如何来教育这样的孩子呢？教师如何开展指导呢？

● 问题聚焦

> 小胡，智力测试结果为60，进入小学时小胡的家长就明白地告诉老师：我们只是让她在学校里安全愉快地完成九年义务教育，不关心她的学习成绩。她刚到学校时，胆小、孤独、自卑，不愿与人接触；整天低着头，顺着墙根走路，从来不敢与人正视，老师一到她跟前，她就

赶紧捂住头。但是她一旦发起脾气来,就会摔东西、吐口水,甚至咬人和打人,如果老师批评她,她便大肆哭闹,甚至在地上打滚。小胡平时自由随意,只要一不合她心意,她就会嚎啕大哭。由于小胡情况特殊,和同学沟通时很不顺畅,一旦受委屈,奶奶就来学校大闹,生怕大家欺负了她的孙女。奶奶甚至跑来学校给孙女做陪读,令老师和同学都头疼不已。

教师思考

老师似乎对小胡束手无策,究其原因,是在对待小胡的问题上存在误区:

1. 贴"标签",定式思维

因为刚开学小胡父母的叮嘱,教师已经将小胡默认为"只要在校不出事"就"不用提要求"的学生了。因此,在日常学校活动中,教师也疏于对小胡的教育和引导,以致小胡连最基本的礼貌、规矩都没有,整个人处于"自由"状态。

2. 少交流,丢失信任

教师和家长的沟通较少,仅在学生有问题后电话沟通。教师有时甚至带着情绪向家长反映小胡在校的表现,这让家长觉得教师对小胡的态度不甚友善,进而产生孩子在学校里会受欺负的疑虑。久而久之,家长对学校、教师就不再信任,孩子一有问题,护犊心切的家长自然就会来学校理论一番。

3. 易急躁,缺乏耐心

智障孩子和人交往、沟通不畅,因为他人不理解自己的想法而闹情绪,出现一些反常表现是较普遍的现象。很多教师会因此觉得很烦躁,对孩子进行训斥、指责,全然忘记了对象的特殊性。在与家长的沟通中,也没有顾及家长心情,一味指出问题,让家长心生抵触,甚至因为自尊受伤而更不配合学校的教育。

教师策略

针对小胡的上述现象,老师在教育和沟通上也及时做了调整。

1. 家访沟通,深入了解

经老师家访得知,因为孩子是人们说的"弱智",父母常觉得很没面子,经常打骂孩子。平时，奶奶照顾着孩子的生活起居。一个不聪明的孩子，在父母眼里基本等同于"废物"，只是到了入学年龄，无奈地把其送去学校接受几年义务教育，其实并没有对孩子抱有任何希望。这样的想法可能是智障儿童家长的普遍想法：孩子都这样了，基本没啥好出路了，只要他/她能吃饱穿暖，快快乐乐地生活就好。同时，因为有这样的孩子，父母感觉在朋友、亲戚面前抬不起头，所以常会一个不顺心就对孩子恶语相向，甚至动手，以发泄心里的怨气。出于对自己孩子的保护，父母自然更受不了孩子受半点委屈，要和大家一般"见识"。

2. 共同协商，合理建议

老师告诉家长，不管是怎样的孩子，都有可爱的、值得肯定的地方。即使孩子智力不是很高，但是孩子心里也有是非对错的标准，也应该学会一些最基本的待人处事的方法，这需要家长和老师慢慢地教孩子道理。老师对家长提出了以下建议：

（1）不贴标签，从实际出发

很多家长认为自己有一个智障孩子，那是一件让人很没有面子的事，他们不愿轻易相信这个事实。家里有这样的孩子固然不幸，但是家长不能认为"弱智"等于"废物"，要面对现实，要以健康的心态对待自己的孩子。家长既不要悲观失望、自暴自弃，也不能溺爱迁就、百依百顺，更不能歧视嫌弃、任其发展。家长要从孩子的兴趣爱好着手，让孩子树立信心，要以乐观科学的态度正视现实，多让孩子尝试，孩子有任何微小的进步都要及时予以表扬和肯定。

（2）理性看待，不过分保护

孩子在成长的过程中，磕磕碰碰总是难免的。在与人相处的过程中，孩子和同学闹些矛盾，甚至吵吵架也属正常。如果家长因为自己的孩子是特殊儿童，就总感觉他/她在相处中会被人欺负而处处保护，久而久之会让孩子养成依赖思想。遇到问题时，他们会害怕，会失望，会苦恼，会愤怒，而家长是不可能将所有让孩子不开心的事情，都屏蔽在孩子生活范围之外的。对于智障儿童，父母要给予更多的关爱和家庭的温暖，尊重孩子、亲近孩子。比如，家长经常和孩子说说话，教孩子做一些力所能及的小家务，带孩子出去和其他小朋友玩些简单的游戏等。家长说话时尽量用短句，用简单明确的句子，让孩子听明白要求。

当孩子遇到一些小的困难或麻烦时，家长要理性地看待，教他们和人相处，教他们处理一些小事，这样的话，他们才可能凭借你教的方法和他自己成长的力量，应对今后更加复杂和棘手的难题。

(3) 积极配合，家校助力成长

有的家长认为把孩子送进学校不求有什么成绩，只要孩子安全、有人带就万事大吉了，所以从不过问孩子的情况。殊不知孩子还小，家长是孩子的第一任老师，孩子的成长和基本的做人道理等都需要家长教育和培养。而智障儿童更需要细致的关爱，老师也需要家长提供更多的孩子在家的情况，以便更好地帮助孩子健康成长。家长的力量是单一的，学校的力量也是单一的，只有两股力量合起来形成合力，才能取得事半功倍的效果。

3. 点滴进步，及时报喜

在学校里，老师对小胡也提出了一些要求：看见老师主动问好，上课不能随意插嘴，需要同学帮助要和同学说明或多说"请"、"谢谢"等。同时，老师鼓励班级同学和小胡一起玩，及时帮助小胡解决困难。老师会用手机拍下小胡和同学相处的照片发给家长，并将小胡的进步及时告诉他们。渐渐地，家长抱怨的电话少了，奶奶也不来学校吵闹了。

行动反思

小胡的改变，让老师认识到：只要家校合力，彼此信任和理解，每一个孩子都是可教育的，即便孩子有着智力缺陷。

1. "看到"是个性化指导的前提

很多教师认为智障孩子随班就读，只要不影响班级"正常教学"就可以不用关注这个孩子。这样的话，孩子和家长认为自己没有存在感，必然会有一丝不安全感，才会想方设法引起他人关注。因此，教师应"看到"班级里的每一位学生，能够及时"看到"孩子的需求，并及时给予回应。眼里看到了，心里才会有。

2. "信任"是成功指导的基础

小胡奶奶起初经常来学校找老师理论，缘于对老师、对身边同学的不信任，更缘于对自己不甚健康的孙女的怜爱。因为孩子自身的问题，家长担心孩子受欺负、不适应，这些都是家长的正常心理，如果教师在反馈交流时再流露出对孩子的不满或不耐烦，势必会引起家长的抵触情绪。因此，在对待这样的孩子时，教师不可简单地处理问题，应多一份耐心，争取家长的信任。家长信任教师，才愿意配合学校做一些改变。

3. "细节"是个性化指导的关键

智障孩子由于在智力方面的限制,在学习方面与其他同学肯定有一定差距,但是因此而放弃对孩子的教育也是不可取的。教师可以建议家长教孩子一些生活必需的技能,手把手地教,耐心地指导每一个关键的细节,比如让他们学习扫地、收拾屋子、煮饭等家务,既能让他们学会生活技能,又能让他们感受到自己也是家庭一员,也需要为家庭做些贡献;教他们一些为人处事的道理,比如待人要有礼貌、要排队等一些最基本的生活礼节和规则,让他们可以融入社会。当然,这不仅仅需要家长进行口头教育,更需要家长身体力行,反复用自己的行动来教会孩子生活。

智慧分享

智障儿童家长应注意的几个问题

1. 调整心态面对现实

当前许多家长对智障儿童主要采取两种态度:一是视孩子为包袱、累赘,甚至认为家中出了这样的孩子是件耻辱的事,对他们冷眼看待、不闻不问、漠不关心;二是家长认为孩子的不幸是自己造成的,觉得对不起孩子,怜悯之心和负罪感驱使他们对孩子百依百顺,一切包办、代替。这两种极端做法都是不可取的。孩子智力低下,属于残疾,但残疾并非只有弱智,像聋、盲、肢残、跛脚……这些残疾在其他孩子身上也存在。此时家长应该调整好心态,平静对待,面对现实,做好这样的思想准备:无论采取什么办法,都无法使生来没有发育完全的大脑恢复所有的功能,弱智孩子和正常孩子之间总是存在差距的。家长要给予孩子真正的爱,既不能百依百顺,也不要过分冷漠,把握好爱的尺度,让孩子在爱的雨露滋润下快乐生活。

2. 给孩子锻炼的机会

大脑发育障碍使智障儿童的动作行为呈现出许多特殊性,如,反应迟钝,肌肉活动笨拙、不协调、不准确等。家庭是所大学校,生活是个大舞台,家长要提供多种锻炼的机会,让孩子得到充分的锻炼。这样不仅能修复和补偿孩子的生理缺陷,还可以让孩子在现实生活中理解、消化、吸收在课堂上所学的知识。著名儿童文学作家严文井先生说:"孩子们的玩,就是学习,也是一种教育方式。"游戏对孩子的情感、智慧、社会适应能力的作用是无法替代的,是很有益的活动。另外,家长不要怕孩子被欺负、嘲笑,让孩子走出去玩,与同龄人玩,以此来培养孩子的交往能力。

3. 多给孩子鼓励

心理学研究表明:儿童的一切活动都希望得到家长和他人的认可。家长要善于发现和捕捉孩子的闪光点,给予赞许、表扬,哪怕是一点小小的进步也要及时肯定,让其体会成功的喜悦,以此来培养他们的自信心。自信心是成功的基础,有了自信心,孩子才会感觉到"我能行",才会有学习的积极性,才会发挥自身的潜力。可是,目前许多家长没有认识到鼓励对孩子的作用,一见到孩子学习东西非常慢,张口就说:"你真笨!"尽管孩子有时不能完全理解家长的意思,但是从家长的表情中,可以感觉到家长对自己的不满。虽然这只是一句气话,却伤害了孩子的自尊心、自信心,使孩子认为自己无能,进而产生自卑感。因此,对弱智儿童进行鼓励是重要的家庭教育手段。鼓励的方式很多,有语言赞赏(你真棒!你真聪明!)、物质奖励(一块糖、一个玩具)、情感表达(一个微笑、一个拥抱、一个吻)等。

4. 营造良好的家庭环境

家庭是儿童经常生活的环境,家庭环境对孩子的性格、思想、志趣的形成都有至关重要的作用。心理学家认为,在和睦、融洽的家庭中,孩子的性格开朗、活泼,有良好的个性,反之,孩子发生心理缺陷的机率会大大提高。因此,父母要建立良好的夫妻关系,和睦相处,相敬如宾,尽量避免在孩子面前吵嘴、打架,让孩子在和谐的环境中长大,进而变得积极向上。另外,模仿是孩子的天性,由于智力落后,孩子的判断能力很差,模仿时会不加选择。父母爱占小便宜,那么孩子也会顺手牵羊;父母言语粗鲁、张口骂人,孩子也会大打出手、脏字连篇。因此,父母要时刻注意自己一言一行,不要让自己的不良行为影响孩子。家长要重塑自身形象,改掉不良的习惯(如打架、骂人、酗酒、赌博等),处处树立榜样,为孩子的健康成长创造良好的条件。

5. 坚持不懈,持之以恒

对弱智儿童的教育是一项极其繁重的工作,需要每位家长全身心地投入。许多家长一开始有着极高的热情,但多次教育失败后,这种热情就会大大减退,甚至荡然无存。对弱智儿童的教育,关系着孩子能否掌握基本的生活能力,能否自食其力,这项工作任重而道远。这就要求家长有铁棒磨针的精神,不断学习,不断总结,并以其他家长的成功经验来鼓励自己,坚信孩子能行,自己的努力也一定能成功。

(智障儿童家长应注意的几个问题.https://wenku.baidu.com/view/9333339fc850ad02df804162.html.)

第三节 肢残学生家庭教育指导

当孩子呱呱坠地时,父母最简单的愿望就是孩子四肢健全,身体健康。然而,有的家庭却不能如愿,与父母见面的可能是一个外表并不是很完美的孩子;有的孩子长着长着,父母突然发现他/她与其他的孩子不一样了。家长可能会沮丧、失落,但是一个孩子就是一个生命,每一个生命都应该有自己的舞台,所以拥有这样孩子的父母,应做好给孩子搭建适合他们的舞台的准备。教师更有责任指导这样的家庭。

问题聚焦

> 小吴还未进小学前,他妈妈就来学校报备,说他是一个脑瘫患儿,行动出入都靠轮椅,右手活动能力较弱,希望老师多关照。小吴随班就读了四年后,他基本仅到学校报到列席听课。小吴在学校里常无缘无故发脾气,大喊大叫,他在班级里处于想干什么就干什么的无控制状态,为此,同班同学及家长们颇有意见,认为这个孩子严重影响了大家的正常学习。

教师思考

一出生就肢体残疾,行动不便,对于小吴来说是不幸的。但是如果家长也提早对孩子的未来做了判决的话,那孩子真的成了不幸的人。家长在教育类似孩子时通常会出现两种极端:

1. 宠溺有余,滋长孩子"自我"意识

有的家长往往怨天尤人,自怨自艾,出于对孩子的同情,对孩子的要求很低,甚至忘记了孩子除了肢体有些不便外,其余都是健康正常的。他们总觉得孩子得病已经非常痛苦,扎针吃药又受了那么多罪,有时候发现孩子有缺点,也不忍心说。他们往往只求孩子能够说说笑笑、无病无灾地活着就可以,对孩子的学习、理想并不奢望,更不用提孩子的兴趣爱好了。长此以往,孩子会形成"我要什么就有什么,我说了算"的想法,导致产生"以自我为中心"的骄纵心理。

2. 放任自流,促生孩子"自卑"思想

有的家长认为孩子肢体残疾,生活都不能自理,何谈将来?何谈能做出让人骄傲的事来?于是,家长对孩子没有任何要求和希望,即使孩子有某些方面学习的需求,家长也觉得仅仅是浪费财力,所以不予支持。久而久之,把孩子对新事物的渴求、对知识的渴望等都浇灭了。孩子虽然肢体残疾,但是心理是健全的,他们本来敏感的心受到伤害,觉得自己毫无希望和用处,于是对自己就放低要求,总觉得比别人差一截,渐渐地对学习、生活也就没有了追求。

教师策略

针对小吴的表现,五年级新班主任和家长进行了深入的交流和沟通:

1. 情感连线,了解情由

班主任通过观察发现孩子其实很开朗,总是笑眯眯地看着同学们在教室里说笑,课上偶尔也会专注听讲。课后班主任和他交流,孩子活跃的思维、清楚的口齿,让班主任惊讶,同时班主任还了解到孩子喜欢画画,渴望有自己的画笔和图画。

班主任多次和家长电话联系,转达了小吴的情况和意愿,但是家长却仍表示身体这样了,学啥都是浪费钱。于是班主任决定家访,再次深入地与家长沟通。班主任将事前找到的他人训练脑瘫病患的成功案例讲给小吴的家长听,引导家长积极乐观地对待小吴的状况。

2. 设身处地,合理建议

在小吴父母认同自己的教育观念后,班主任对家长提出以下建议:

(1) 理性地接纳孩子的缺陷

家中有一个残疾儿童,会给家长带来巨大的心理压力,父母不免会感到忧虑、恐惧、失望,甚至内疚和羞愧,进而采取过度保护措施。为了孩子终身发展,家长首先要提高自己的心理承受能力,理性地接受孩子的缺陷,不要一味地内疚自责,应和家人协调一致,对孩子尽量采取和健康孩子一样的教养方式:不要过分溺爱,在孩子能力范围之内,要求他/她像其他家族成员一样参与家务劳动或遵守规矩,使孩子意识到尽管自己有残疾,但是在父母眼中自己与其他正常孩子是一样的。

(2) 教孩子正确认识自己

孩子到学校和其他同学相处、学习是适应与他人共处的过程,也是孩子学习心理调整、积累与人交往经验、适应社会大环境的过程。因此,父母要教孩子正确认识自己,在孩子进入不同年龄阶段时提供给孩子一些有关残疾的正确知识,使孩子充分了解自己的缺陷,进而能正确地接受自己的缺陷,避免对残疾的恐惧感和耻辱感。还要让孩子认识到学生的责任和义务,懂得尊重、谦让和宽容,使他们在和同学、老师的相处中感受尊重、理解和付出的快乐,形成与人共处的意识,学会与人交往的技巧。

(3) 培养孩子的自我肯定意识

家长要及时发现孩子的兴趣爱好,尊重他们的兴趣并积极鼓励他们。对孩子的长处应多给予鼓励,培养孩子自尊、自重、自强的自我肯定意识,教育孩子对生活保持乐观态度,发展他们多方面的生活情趣,并在精神上与物质上积极给予支持,使孩子能够勇敢地面对生活中的各种问题;家长要尽量强调孩子已有的能力,充分发挥其潜力,把教育重点放在发展孩子的特长而非补偿缺陷上,这样才能帮助孩子形成积极的自我观念,使孩子认识到自己的价值。

(4) 指导孩子学习必要的生活技能

家长要有这样的意识:我们只能帮孩子一段时间,不能帮他们一辈子。因此,必须要教会孩子必要的生活技能,即使艰苦一点。家长让孩子在不断的锻炼中学会技能,既增强了他们的自信心,也使他们对生活充满希望。

3. 利用网络,交流经验

班主任经常和家长交流、沟通,通过微信、QQ推荐家长看一些励志的影片,并积极动员他们带孩子参加医院的复健训练,鼓励孩子多和同学交流、相处,多参与一些集体活动。渐渐地,孩子少发脾气了,偶尔也愿意和同学分享自己的感受了。

● **行动反思**

相比身体健康、健全的孩子来说,肢残孩子的确令人疼惜。家长在孩子的教育方面适当放低要求也情有可原,但是家长无原则地溺爱,或者是直接放弃对孩

子的教育,对孩子是不公平的。因此,教师在指导家庭教育时需注意以下几个方面引导:

1. 树立正确的教育观

残疾儿童有与健全儿童平等的受教育权,特殊儿童虽然有缺陷但他们也有自己的潜能,通过教育也能促进其潜能发展。尽管家长的文化水平高低不同,但他们对孩子的教育有着绝对的发言权,他们对孩子潜移默化的影响也是教师所无法替代的。然而,在教养过程中经历的多次挫折会使家长的教养方式向负面方向发展,而这种负面的教养方式又会给特殊儿童带来消极影响。学校应该联合专业机构经常为这些家长提供专业指导,帮助家长调整心理状态,减轻恐惧感、自卑感和内疚感,纠正由此引发的一些不当的亲子观。

2. 家校合作共育

教师要引导家长通过书信、电话或面谈经常跟教师交流有关孩子的情况,向教师提供有关孩子的个性、成长史、孩子在家的表现、孩子对学校和教师的看法、对孩子的期望等信息以供教师参考;家长还可以向教师了解孩子在校的学习情况、行为表现、班级的教学计划和活动安排以及如何克服在教育孩子时遇到的困难等。通过这种双向沟通,使教师和家长的教育目标有连续性和一致性。

3. 注重孩子的心理教育

家长应该创设条件满足这些孩子的心理需要,适时多鼓励他们,多跟他们交流谈心,分享成长的快乐与痛苦,营造快乐、互助、和谐家庭氛围。在孩子面前,家长对待事情要保持不惧艰难、乐观的心态,给孩子树立榜样,身体力行引导孩子健康成长。

智慧分享

爱,给女儿一对美丽的翅膀

2003年10月,十四岁的郑逸舒——自幼不会行走的"脑瘫"女孩在父母的陪伴下,历经九个多小时,奇迹般地徒步爬上了泰山顶峰。周围的游人为她鼓起了掌,年轻的父母脸上泛起了欣喜的笑容,小逸舒更是情不自禁地流出了幸福的热泪。

逸舒深深知道自己迈出的每一步,倾注了父母多少心血和汗水,蕴涵着父母多少爱。

磨难，父母的爱是最好的抚慰

1989年，逸舒出生了，父母给心爱的女儿起了这个名字——祝福她未来能够过上舒适安逸的幸福生活。

然而，命运却给了他们一个残酷的现实：逸舒在还不到一岁的时候，被诊断出患有脑瘫。夫妻俩懵了。漫漫人生路，孩子从出生的那一天起，就注定要经过比别人艰难得多的跋涉。

为了治病，他们背着女儿四处寻医问药，天津、北京、上海、河南等地都留下了他们风尘仆仆的身影。

在河南他们带孩子进行中医治疗，医生让孩子喝一口中药，接着喝一杯凉水，然后呕吐、腹泻，周而复始，做"全身换水"。这样的治疗每天要从下午折腾到夜里一两点钟，一直治了两个多月……

孩子是心头肉，每次治疗，父母的心都在颤栗。尽管内心充满痛苦，但在孩子面前，父母俩脸上展现出的总是灿烂的微笑，不让孩子感到一丝压抑和沉重。

为能使女儿的病尽快痊愈，他们不愿放过一丝希望、一个可能治愈的机会，到处搜集信息，咨询专家，了解别的脑瘫病人的治疗效果，寻求最好的治疗办法。经过不懈努力，终于在一次手术过后，逸舒的病情有了很大好转。六岁的那年，逸舒蹒跚地迈出了她人生的第一步。

这不平凡的第一步啊，浸透了妈妈和泪水和爸爸的期待。

脆弱，父母的爱为她驱散心中的阴云

一次，逸舒正在公园摇摇晃晃地往前走，旁边一个小男孩笑着说："那个小姐姐走路像企鹅！"逸舒的小脸一下红了。

从此，她怕见到这个小男孩，不愿再去公园锻炼了。有时，她还会因为小伙伴冷落自己而委屈得落泪。

父母意识到，残障使孩子有一种莫名的耻辱感和自卑感，她在意人们的态度，对周围人际环境敏感，心理变得很脆弱。如果不帮助她正确地进行心理调适，日后随着年龄的增长，她的人际交往、社会生活将会变得非常困难。

为了让逸舒在正常人的生活中培养起自尊、自重、自强的自我肯定意识，能够正视自己的缺陷，勇敢地面对生活中的各种问题，以乐观进取的态度对待生活，他们不怕别人讥讽、嘲笑，不怕路人歧视的目光。他们经常有意地同孩子一起到人多的地方练走路，一有机会就带孩子去商场、超市、公园等热闹场所，接触各种各样的人,还同她一起去旅游,五台山、泰山、热河、承德、哈尔滨的太阳岛等许多地方都留下了他们的足迹。

自立,父母的爱铸起她人生的希望

2003年10月3日,晨曦微露,父母陪着逸舒开始登泰山。爸爸提出条件:不背,不抱,逸舒自己爬到山顶。对逸舒来说,这无疑是一个艰巨的挑战。

父母有自己的想法:人生如同登山,逸舒只有学会独立地面对艰难险阻,将来她才会有美好的未来,才有希望。

九个小时过去了,他们一路爬到南天门,在离峰顶还有200米时,汗流浃背的逸舒再也迈不开双腿了。

旅游的大学生们同情地要背她,逸舒爸爸摇摇手,谢绝了。他鼓励逸舒:"坚持就是胜利!"在父母的鼓励下,逸舒咬着牙一步一步硬是攀到了泰山顶峰。游客们都情不自禁为她鼓起了掌,不住地赞扬她,向她祝贺。

成长过程中,她曾遇到过一个个大大小小的"山峰"。逸舒因为手没劲儿,字写得慢,成堆的作业写到深夜;一度学习跟不上,她不管寒冬酷暑跟母亲乘车往返几小时去补习;为了实现自己的"作家梦",暑假一个月她写了二十四篇作文……

父母不仅要女儿成为一个身心健康的人,更要她成为一个对社会有用的人。瘦弱漂亮的逸舒比同龄人成熟得多,她理解和感谢父母为她所做的一切,懂得爱也能享受爱。或许,上天没能给逸舒一双健康的腿脚,但是父母的爱却给了她一对美丽的翅膀,让这个可爱的女孩能够永远地翱翔在她生命的天空中。

(吕金勇.爱,给女儿一对美丽的翅膀. http://blog.sina.com.cn/s/blog_78cc45540100togh.html.)

第四节 厌学学生家庭教育指导

适龄儿童到学校学习是理所当然的事,然而就有一类孩子,他们不愿到学校去,一上学就哭闹、发脾气等,久而久之就造成了厌学、逃学的现象,这是最让家长困扰的问题之一。孩子产生了厌学心理之后会逐渐对学习甚至生活失去激情和活力,出现消极、悲观情绪,进而诱发各种心理问题。那么,当孩子厌学了,教师该如何应对呢?

问题聚焦

> 小徐，一、二年级时还是一个挺不错的男生，虽然学习成绩不是很优秀，也在班级中等。他很乐意为老师做事，同学有困难他也常常帮助。但是，小徐平时贪玩，爱和同学开玩笑、恶作剧。因为调皮惹事，父母为之付了很多次赔偿金。然而，三年级开始，小徐不愿意来上学，一说上学就表现出烦躁的神情，也不愿做作业。小徐总是对奶奶说："去学校学习真不开心，没劲！"奶奶很担心，找到了班主任沟通此事。

教师思考

一个小学生，对学校的群体生活是充满向往的。像小徐这样三年级就开始不愿去学校，认为"去学校不开心、没劲"是不太正常的。老师通过了解和沟通，找到了一些原因。

1. 父母的"语言暴力"

班主任通过家访了解到，因为孩子在学校里常惹事，爸爸回家就对他进行暴打或关禁闭，妈妈则严厉指责，经常说："你就是个害人精，爸爸妈妈不做死也被你气死！你忍不住就别去上学了，免得连累我们。"家里经常充斥着紧张的气氛。情郁于中，自然要发出于外，于是要么更变本加厉，要么就选择逃避。小徐选择了后者，久而久之产生了厌学情绪。

2. 同学老师的"冷暴力"

在学校，由于小徐好动、调皮，经常会无心伤害到同学，老师自然对其进行教育，甚至惩罚；同学见了这样一个"混世魔王"自然避而远之，大家都不愿意和小徐交朋友。这让一个本该和同龄人一起游戏、一起玩乐的孩子感到孤独、寂寞，于是就简单地选择逃避。

教师策略

如何让孩子主动参与学校生活，沉浸到愉快的学习中？老师首先让家长认识

到"厌学情绪"在孩子成长中的负面影响;其次对家长提出了以下的建议:

1. 冷静正视孩子的"犯错"

其实,哪个孩子从小到大不犯错?哪个孩子喜欢犯错?成长过程中,磕磕绊绊闹情绪等都在所难免。家长如果发现孩子的行为有些过分,应该静下来了解原因,与孩子一起分析问题所在,而不是一味地埋怨和训斥孩子,甚至暴打,殊不知"以暴制暴"的做法势必让孩子产生更多怨气和不满。家长要冷静地对待孩子的错误,教会孩子正确与人相处的方法,家长要循循善诱、耐心指导,而不是用简单粗暴的方式处理问题。

2. 不要给孩子过度施压

孩子的心灵是简单的、纯粹的。孩子希望得到老师、家长的肯定、鼓励,引起家长和老师的注意。然而,有时孩子自己也无法控制自己的行为,做出一些比较过分的事,事后他们也会后悔、惭愧。这时,如果家长一味地夸大事情的严重性,强调孩子给家长带来的麻烦等,孩子小小的心灵可能会因没法分辨轻重而在心里加重自己的负罪感,甚至将一些本不该揽下的错都揽在身上,最后因无法承受而选择逃避。家长应正确地分析事情,讲清利害关系,不夸大也不回避问题。

3. 改进自己的行为习惯

面对孩子的问题,家长尽量不要有过激的行为和语言,不要只关注孩子的错处,而要多反思自己。家长与其对孩子提过高的要求和期望,不如改进、规范自己的行为习惯。家长多想想自己平时和人相处时有没有此类冒失的行为,有没有自己言而无信的时候等。比如,你要孩子静下心学习,有没有给孩子创造安静学习的环境?有没有要求孩子认真学习,不要贪玩,自己却夜夜玩麻将、K歌喝酒?"孩子是家长的一面镜子",只有家长改进、规范了自己,孩子才会逐渐规范自己,成为家长理想中的孩子。

◉ 行动反思

目前,小徐已经回到学校和同学们一起学习,然而有时还会对上学、做作业有抵触情绪。教师在引导家长教育孩子时可以从以下几个方面入手:

1. 创造良好的学习环境

有的家长喜欢下班后邀同事到家里打扑克、打麻将,或在孩子旁边玩网游,看视频等,没有意识到安静的环境对孩子学习的重要性。家长要努力给孩子营造一个安静的学习环境。如果家里住房紧张,家长可以在室内比较安静的地方给孩子安排一个"学习角",摆张书桌,安上灯,使孩子可以在那安心学习。有条件的家庭,可以给孩子买相关的学习用品和工具书,以及适合孩子阅读的报刊、杂志和参考书,扩大他们的视野,丰富他们的知识。

2. 营造浓厚的学习氛围

家长是孩子的第一任老师,家长可通过自己的言行来培养孩子对学习的热爱。家长需要不断学习,与孩子共同进步。家长可以通过读书、自学等方式逐步提高自己的文化水平,遇到不懂的问题可以和孩子共同查资料,甚至可以拜孩子为师,这样孩子不但巩固了所学的知识,还会产生要学得更好的愿望。

3. 学做"走心"的家长

家长要经常给孩子高质量的陪伴,多关心他们的生活、学习,与他们一起散步谈心,刚开始不要谈学习,或对他的要求,尽量谈他感兴趣的事。对于孩子的弱点或短处,家长要正面引导,帮助孩子改正,千万不要在公共场合指责孩子,否则,孩子会反感,也会感到有压力。

智慧分享

教育叛逆厌学孩子的"三多"、"三少"

我们知道,一个孩子能不能成才,是受家庭、学校、社会、环境、习惯等多种因素影响的,家长文化水平的高低,会对孩子的学习有一定影响,但这不是绝对的!家长应该起到监督和引导作用,注意教育和管理孩子的技巧,在孩子的学习过程中,扮演好一个摇旗呐喊者、知心交流者和一丝不苟的监督者。

家长不妨试着做到"三多"和"三少":

1. 多商量,少命令

比如提醒孩子该做作业了,可以这样说:"到时间了,你是不是该做作业了?"而不要直来直去地说:"别看电视了,快去做作业!"这样,孩子就会感到你很尊重他,愿意听你的话。

2. 多引导,少训斥

其实,家长越是尊重孩子,孩子就越有自尊,越会注意修正自己的言行,以赢得别人的尊重。当然,具体情况还得具体对待,对于孩子的坏品行、坏习惯等,家长不必要委婉,但也不可采用训斥的方式,而是要平等严肃地与孩子谈话,指出其行为习惯的危害性,要求其改正,并采取一些惩罚措施。

3. 多交朋友,少窥探"隐私"

很多孩子都特别反感家长翻看自己的书包,偷看自己的日记。实际上,家长应和孩子交朋友,平时多抽时间和孩子聊聊天,问一问孩子学校的事情,人际关系情况,对一些事物的看法等。这样,孩子感受到父母对自己的尊重和信任,他们也会越来越信任父母,会把父母当成倾诉对象,而不是保密的对象。

(孩子叛逆厌学,就该这样引导!.http://www.jzb.com/bbs/thread-5198799-1-1.html.)

第五节 学习困难学生家庭教育指导

对于老师来说,有一千个学生就有一千个不同的教育对象。在现实生活中,我们不得不承认有这样的学生——他们平时看着学习很努力并且都能不折不扣地完成家庭作业,但是他们的成绩不尽如人意;还有的学生长得很机灵,在学校中很活跃,参加各类活动也很积极,说起话来头头是道、绘声绘色,但一旦写起作业来,却总是拿着笔干着急,什么也写不出来;还有学生总会将 p 写成 q,b 看作 d,6 看成 9 等,做作业时总会抄错漏抄等,学习成绩自然也不理想。长此以往,这类学生会逐渐对学习失去兴趣和信心,出现消极、悲观情绪,最终因力不从心而"破罐子破摔"。这类"学困生",对家长来说是心中的一种痛,他们多么希望老师给他们支招,教他们好好教育孩子。

问题聚焦

小唐,一个无论什么时候都低着头,说话不敢正视他人的男孩。平时看他总是埋头苦干、奋笔疾书,但是三门学科考试都不及格,甚至出现 30 分以下的情况,学习成绩处于班级下游。他的字迹端正,然而作业质量不尽如人意。学习上的问题导致小唐在班级内没有很要好的朋友,做事也总是畏畏缩缩的。班主任通过观察了解到他是一个很努力、要求上进的孩子,对待作业等总是很认真。每次看到小唐因为学习成绩而失落的样子,班主任心里很着急,担心他会失去信心。因此,班主任认为帮助他树立信心是眼下的首要任务。

教师思考

小唐平时认真学习,怎么会成绩那么不理想?老师通过观察、交流等,发现了一些原因。

1. "自信"是进步的前提

做事不敢抬头、说话不敢正视他人,是典型的缺乏自信心的表现。"自信是成功的第一秘籍",一个人若不相信自己会成功,他/她的心理早就已经有了心理暗示:我肯定不行,于是,再多的努力也是白费。然而,小唐的这种"我不行"的心理暗示来自哪里?需要老师去探究。

2. "方法"是进步的关键

科学测试证明,95%的人的智商介乎70至130这一标准范围之间,只有2.5%的人智商低于70。因此,智力绝不是成绩的决定因素,关键还是学习方法。学习困难学生成绩差,差就差在学习方法上,只要方法好,绝大多数学生都能够取得优异成绩。而小唐看似勤奋的学习换来的是不好的成绩,可见他的学习方法存在一些问题。

教师策略

为了帮助小唐改变学习方法,重拾信心,班主任老师做了以下几项工作:

1. 走入家庭,了解学生成长环境和经历

通过家访,老师了解到小唐的母亲比较强势,什么事情都力求完美。母亲对他的要求很严格,总觉得他应该要比别人强。而小唐父亲又十分疼爱小唐,在家里父母常为了孩子而吵架。孩子向父母提出一些意见时,经常话没说完就会被打断、否定,母亲甚至会对他横加责骂。久而久之,孩子觉得自己没有说话的权利,也不能表达自己的意见,于是形成了"你说我听,你说我做"、"唯唯诺诺"的性格。上了学以后，孩子每天的作业都要在母亲严格的监督检查下完成，一有错误，母亲就要求小唐马上擦掉重做，小唐每天在训斥声中小心翼翼地做作业，渐渐地他做作业不敢轻易下笔，以致每次作业都做到很晚，第二天疲劳学习，成绩每况愈下。

2. 深刻交流，帮助家长改变教育方式

得知以上情况后，班主任老师和小唐母亲进行了一次深刻的交流。班主任老师指出孩子目前需要的是鼓励和信心，希望母亲正确看待孩子的得失，要给予孩子自己的空间和独立的机会，孩子的事情让孩子自己去面对，家长所要做的就是当他遇到困难时在他身后帮一把，教给他方法而不是"越俎代庖"。班主任老师希望母亲多给孩子鼓励，多发现孩子的闪光点。同时，在学校里只要小唐有点滴的进步，班主任老师就马上发信息、打电话向家长报喜，慢慢地，家长也有了很大的改变。

3. 指导方法，促进良好学习习惯的形成

老师通过微信，向家长介绍好的学习方法，鼓励家长学习并坚持落实；在学校，老师又手把手地指导小唐学习，教他解题的方法，以及如何归纳错题并回炉练习等。慢慢地，小唐在学习上似乎开了窍，成绩也在慢慢上升，告别了"红灯"，并向 80 分挺进。

此外，在学校里，班主任老师经常为小唐创设自我展现的平台。为了让小唐有信心，班主任老师和小唐约定，课上老师提的问题，如果小唐会并很有把握，就举右手并看着老师，老师就会点他发言，并当众表扬他，帮助他树立信心；看到他善于跳绳，班主任老师鼓励他积极参加校运动会跳绳比赛，陪他一起训练，让他在运动会上品尝到了成功的喜悦。

现在小唐的学习成绩处于班级的中游。课间他也敢于和同学聊天了，也交了几个好朋友；班级有什么事情需要有人去做时，他总是第一个站出来，脸上也常挂着灿烂的笑容，他说："我相信我还会有更大的进步！"

◉ 行动反思

有一句教育名言说："要让每个孩子都抬起头来走路"。"抬起头"就意味着对自己、对未来、对所有要做的事情充满自信。自信拥有神奇的力量，它不但对学生的学习活动有积极的影响,而且深刻影响其心理健康及健全人格的形成与发展,甚至对学生的生理健康产生积极影响。学困生从很大程度上来说是学生的自信心缺失和学习方法不当造成的。

如果家长一味强调孩子的对错、成绩,而忽视了获得知识的过程和方法,那会让孩子因无所适从而选择盲从。因此,帮助他们树立信心,教给他们正确的学习方法是帮助"学困生"成长的良药。老师可以对家长提出以下建议:

1. 营造良好的家庭环境和气氛

家庭成员之间要互相理解和谦让,要让孩子在家里有足够的安全感。所以,即便是家长之间意见不合,需要争论问题也应该避开孩子,决不能让无休止的家庭吵闹给孩子带来困惑和伤害。

2. 讲究教育方式,对孩子期望适中

父母对孩子要学会"放手",要培养孩子的自主性和独立意识,要让孩子根据自己的实际情况设立学习目标,学会自己动手做一些力所能及的事情,学会学习。

父母对孩子学业成绩的期望要从孩子的实际出发。期望过高,会给孩子造成害怕学习失败的心理压力;期望过低,孩子则会不求上进,缺乏学习动力。

3. 培养孩子良好的学习习惯和方法

有人曾说:"家庭是孩子练习游泳的水池。一旦孩子掌握了要领,整个海洋都将是他的舞台。"好习惯的形成是一个长期复杂的过程,但只要常抓不懈、不断规范,孩子的良好行为就能得到巩固,由外部支配内化为自觉行为。

(1) 教会孩子学习自检

有的家长会陪着孩子做作业,一旦孩子做错就要指出;或者要求孩子作业完成后交给自己检查,使孩子觉得自己只要负责写作业,对和错是父母的事情。这样做,时间久了会让孩子养成依赖的习惯。家长要让孩子自己检查作业,并告诉他们只有自己检查后改过了,才会真正掌握知识,这样,孩子就会慢慢养成认真和仔细的习惯。孩子只有平常养成自我检查作业的习惯,考试的时候才可以检查出自己的错误,才能有效提高自己的学习成绩。

(2) 教会孩子建立错题集

家长可以让孩子把做错的题抄下来,然后分析一下哪里错了,用红色的笔标注出来,找出错的原因是什么,分析是因为马虎、粗心,还是真的不懂得这个知识的要点。然后再让孩子复习巩固,把正确的写在下面。当然,错题集并不是说把做错的题订正在本子上就行,而是要注明错误所在、错误原因、错题本身和正确解法。孩子可以一课整理一次,也可以根据情况一周整理一次,将知识点梳理、消化。

🌀 智慧分享

孩子学习困难　家长注意沟通方式

步入青春期,不同孩子的发育有早有慢,所以孩子在接受新鲜事物时会有不同程度的差异。说到学习问题,很多孩子并不是不想学习,只是可能在这个年龄段他们的理解能力有限,这就是有些晚熟的孩子学习不好的原因,并不是他们智商跟不上,而是他们的注意力没有全部放在学习上,这类孩子往往性格更加简单,长大后也更受欢迎。

家长不要只看重孩子的学习成绩,因为这会给孩子带来无形的压力。当今社会三百六十行,每个孩子都有他/她自己想走的路。家长要始终记得一句话:先成人,再成才!

很多家长心里虽然知道这些,但是表现出来还是让孩子感觉到学习压力很大。那么,家长该如何去沟通呢?

第一,家长和孩子换位思考。家长站在孩子的角度,体会他们面对那么多曲折的成长经历的感受。只有这样,才能准确知道孩子需要什么样的帮助。

第二,多倾听孩子的声音,避免武断的自以为是。家长认为好的东西并不一定符合孩子内心的需求,要给孩子发展自我的机会。如果家长能带孩子去做他们喜欢做的事,相信孩子一定会感受到父母的关怀和理解,从而更易向父母敞开心扉,内心的负性情感会慢慢释放,积极向上的情绪会慢慢壮大,学习也会更积极。

第三,与孩子平等沟通。在教育孩子时,家长难免有不妥之处,当发现自己的不妥时,一定要平等、坦诚地与孩子交流,这样孩子不但心理上更易接受父母,同时还可能对父母萌生一份尊敬和感激,从而自觉调整自己的行为,回报爱他们的人。

(孩子学习困难,家长注意沟通方式. http://m.ntst-edu.com/cases/yanxue/2015/0825/921.html.)

第六节　自闭症学生家庭教育指导

自闭症患儿被叫作"星星的孩子",他们就像天上的星星,在遥远而漆黑的夜空中独自闪烁着。自闭症,又称孤独症,被归类为一种由于神经系统失调导致的发育障碍,其病征包括不正常的社交能力、沟通能力、兴趣和行为模式。自闭症患儿一般会有社交困难,缺乏与他人的情感交流,对外界刺激无动于衷,语言发育迟缓。自闭症患儿在社会交往中很少使用言语,即使使用也多为模仿言语、刻板言语,言语的可懂性差。针对这样的孩子,那么教师该如何指导家长们来教育呢?

问题聚焦

小叶,进中学第一天老师就发现他和其他同学不一样:总是低着头剥手指甲,嘴里絮絮叨叨;大家都张罗着大扫除,他就坐在座位上不动。老师走过去提醒他,他抬头还未看清老师的脸又低下了头,当老师再次劝他时,他表现得十分紧张,蜷缩成一团。上课时,他不抬头看黑板,常无缘无故发笑。为此老师和家长进行了沟通,家长反映孩子在家里很乖,很听话,常常在自己的房间里捯饬自己从小玩到大的玩具飞机,从不会主动打扰父母的生活。小叶虽然很少和父母谈天说地,但是父母的要求孩子都能做到。

教师思考

小叶的表现是典型的自闭症儿童的特点:孤独离群,沉迷自我,交际困难;对周围的事不关心,似乎是听而不闻,视而不见,自己愿意怎样做就怎样做,他似乎生活在自己的小天地里;他的目光不注视对方甚至回避对方的目光,看人时常眯着眼,斜视或用余光等,很少正视也很少微笑,也从不会和人(包括自己亲近的人)打招呼;只会独自玩耍,封闭自己。教师觉得需要培养小叶的一些基本的能力:

1. 提高认识能力

自闭症孩子经常将自己关在自己的小世界里,不和人接触。家长和教师要帮助他们认识客观环境中的人和事物及之间的关系,认识自己在社会交往中的身份和处境,发展社会交往能力。

2. 学会运用语言交流

家长和教师一定要让孩子多开口说话,用语言与周围的人进行交流,即使说不清楚,困难很大,也要积极鼓励孩子,耐心帮助孩子。只有孩子的语言能力逐渐提高了,其社会交往能力才会得以较快发展。

3. 学会基本的道德行为规范

家长和教师要让孩子学会基本的道德行为规范:如讲话时的态度、语调、手势要恰当,要有文明礼貌,与人交往时要诚实、和气,对任务要认真负责,衣着用品干净整洁,平时生活中注意卫生,在公共场所遵纪守法等。

教师策略

为了让孩子能够尽快融入集体中,老师做了以下工作:

1. 联系家长,摆出问题

老师去了小叶家,发现家中孩子的房间里很乱,到处都是玩具和书本,而父母的房间却是井井有条,整洁干净。班主任老师在和孩子奶奶的交谈中,了解到父母回来后要么上网玩游戏,要么出去逛街、打麻将,很少和孩子交流,所以孩子常在房间里和自己的玩具说话。因为孩子不善交流,所以家长也不让孩子和其他小朋友一起玩耍,于是孩子也没有玩得来的朋友,就只能"独来独往"。

当班主任老师提出了孩子的问题,以及自己的担忧时,家长表示出怒不可遏的样子,认为这是老师对他家孩子的诽谤和瞧不起,扬言若老师还如此认为的话,他们会去找学校领导理论。因此,那一次家访很不愉快。问题没有解决,家长仍然坚持着自己孩子很乖,很懂事不会烦大人。

2. 行动感染,晓之以理

鉴于家长的不理解,老师只能采用在学校和孩子"坚持每天交流五分钟"的办法,试图让孩子走出自己的世界,敞开心扉,愿意和人交流。渐渐地,孩子终于有了一点改变,愿意和老师进行简单的交流。带着这份欣喜的进步,老师再次去了小叶家,家长也开始愿意听取老师的建议。

于是,老师向家长提出了以下建议:

(1) 摆正心态,勇敢面对现实

当怀疑、证实孩子是自闭症的时候,出于对自己孩子的保护,家长考虑的是如何不让外人知道孩子的问题,避免受人欺负和瞧不起。这样很难让孩子得到及时有效的诊治,容易错过最佳的训练时间。一般来说,遇到这种情况,做父母的精神受挫是可以理解的,但为了孩子的将来,父母一定要摆正心态,勇敢地把孩子带出去,为孩子创造更多的交流与沟通的机会。

(2) 不厌其烦,时刻和孩子说话

自闭症孩子绝大多数语言发育迟缓,有的甚至丧失了语言能力,因此要利用孩子吃饭睡觉以外的所有时间教他们说话,而且要持之以恒。其间,要注意培养孩子的目光与父母的对视,使之能模仿爸爸妈妈的口型发音。如果孩子的发音不准确,没必要在短时间内刻意纠正,以防影响他们的学习兴趣。父母要坚持不懈地和孩子说话、交流,让他们学会表达自己的需求,学会沟通。

(3) 减少帮助,促使孩子独立做事

父母要帮助孩子提高自理能力。日常生活中如进餐、如厕、穿衣、洗漱等,都是孩子应该逐步学会并掌握的基本生活技能。

3. 同伴力量,唤起孩子交流欲

同伴的力量是无穷的。很多时候,父母要求孩子做的往往很难见成效,反而与同伴一起做效果更好。自闭症孩子的同伴比较少,父母可以邀请孩子的同学、朋友到家里来做客,增加孩子的友谊满意度。父母应鼓励孩子与其他小朋友分享自己的美食和玩具,并经常带着孩子去其他小朋友家做客。父母要鼓励孩子在和其他小朋友玩的时候主动帮助他人。如果孩子知道自己的父母喜欢自己的朋友,就会更乐意与这些朋友交往、交流,进而在交往中慢慢适应群体,融入集体生活。

● 行动反思

小叶的进步,让老师和家长看到了希望,自闭症的孩子,尤其是早期发现的孩子,家长和老师的耐心引导和训练非常重要。因此,教师应该提醒家长做到以下几点:

1. 积极关心

让孩子感觉你对他/她的关心是出于真心、实实在在的,患有自闭症的孩子并非没有感觉,只是他们不善于表达自己,不知道该如何与人沟通交流。家长可以在日常生活中多和孩子亲近,陪孩子玩耍、散步,只要天气不是很恶劣都可以多带孩子出去走走,多和别人打招呼。

2. 细致观察

从细微的事情中观察孩子,看到孩子独特的一面,善于发现孩子的优点、特长,根据孩子不同的兴趣和喜好进行兴趣培养。当孩子的情况有一点改善时,家长要及时给予鼓励、支持。

3. 营造氛围

自闭症的孩子通常没有安全感,对谁都是一副冷漠的面孔,讨厌管治、改变,兴趣少、心胸狭窄。家长应该为孩子营造一个温馨且充满爱的环境氛围,用温和的方式多帮助孩子熟悉环境,减轻他们的心理压力。

智慧分享

自闭症儿童的家庭教育方法

自闭症孩子的家庭教育应该如何进行,家长应该注意哪些方面呢?

1. 增加儿童的生活自理能力,提高家庭生活质量

0—3岁的孩子,一般都要经历学会自己独立吃饭、独立如厕的过程,就这一点来说,自闭症孩子与正常孩子是没有区别的。也就是说,在这一方面的学习上,对所有孩子的要求应该是一致的。很多自闭症孩子的家长认为,孩子有病,理应给予他们更多的、更为周到的照顾和帮助。然而,令很多家长没有想到的是,这样的帮助如果超越了一定限度,不仅对孩子没有帮助,反而会对其成长发育造成障碍,导致他们出现一些本不应该出现的问题。更为严重的是,很多家长并不认为这些问题与其自身的教育失当有关,而是把所有的问题全部归罪于疾病。同时,他们还会不断加强对孩子的照顾和帮助。由此,一个恶性的循环就出现了。

2. 提升儿童的休闲娱乐技能

儿童除了吃饭、睡觉和完成成人要求他们做的事情之余,还有大量时间,他们能做些什么呢?由于自闭症儿童没有能力掌握普通儿童所具有的游戏技能,因

此,他们不能正确地玩玩具,对同龄儿童及他们所玩的游戏也不感兴趣。于是,在大部分的时间里,他们沉迷在自己所感兴趣的个人世界里。有相当一部分儿童会用常人不能理解的自我刺激行为来填充他们大部分的空余时间。更有甚者,有相当一部分儿童的行为,影响并妨碍了家人甚至于其他人的正常生活。

3. 鼓励引导儿童帮助别人,增加社会互动机会

除了提高孩子的自理能力外,家长还应为孩子创造更多的与他人互动的机会,包括让他们去帮助别人。这是家长容易忽视的一个方面。其实,提供机会让孩子帮助他人,也是教学中一个很好的方法。其一,可以巩固并拓展孩子已经掌握的技能,提高孩子的动手能力、动作协调能力,并对其所掌握的技能在生活中进行泛化;其二,可以增加家长的教学机会。在孩子做事的过程中,父母应设法增加孩子与他人交往的机会,同时引导孩子的行为规范,增强他们与人互动和沟通的能力。

4. 教育主体从父母转向整个家庭成员

当前,自闭症儿童的家庭都有多个成员。孩子面对的不仅仅是父母,也可能是其他家庭成员,父母面对的也不仅仅是孩子,也可能有其他家庭成员,比如孩子的爷爷、奶奶、外公、外婆,或是保姆。妈妈们常说:"很难,不仅仅要教孩子,还要面对公公婆婆,而他们的生活方式、价值观念与我们的又非常不一样,尤其是对孩子的认识明显和我们不一样,没有确诊的时候,他们怀疑我们脑子有问题,而确诊了又往往指责是我们没有做好,是我们把孩子带坏的……"由此可见,实施家庭教育的不只有父母,还有其他家庭成员。

5. 建立与孩子的亲密关系

自闭症儿童首先是一个儿童,其次才是一个患有自闭症的儿童。他/她首先应该有一个儿童应有的生活,其次才去接受必要的某些干预。对于家庭而言,自闭症儿童只是家庭的一个成员,他们不能成为一个家庭唯一的焦点。对于父母而言,不仅仅要教育孩子,教他们知识和技能,更重要的是建立起与孩子的亲密关系,这不仅是自闭症儿童教育的本质,也是保证教育有效的重要条件。至于如何建立亲子间的亲密关系,要先从父母及其他家庭成员自身的成长开始做起,毕竟自闭症儿童要由父母及家庭成员"带着"成长。而父母和家庭成员的成长关键在于不断地学习,不断加强自身的心理建设。除了自我学习之外,家长还可以参加培训班和家长成长工作坊。

(自闭症儿童的家庭教育方法.http://www.qbaobei.com/jiaoyu/410981.html.)

❋ **问题与思考**

1. 面对家长的抵触情绪,教师该如何开展家庭教育指导工作?
2. 当孩子总是问一些并非他们这个年龄段孩子该问的问题时,你怎么指导家庭教育?
3. 当孩子无故发脾气,且不愿意去学校上学或不愿做作业时,你要怎么指导家庭教育?
4. 你认同俗语"初二是烂污泥"这句话吗?对于这个阶段的学生,家长和老师应该分别承担哪些教育责任?又该怎么合作?

附录一

奉贤区相关文件

关于进一步加强奉贤区学校家庭教育工作的实施意见

奉教〔2017〕62号

各中小学、幼儿园、中职校：

家庭教育是国民教育的重要组成部分，是学校教育和社会教育的基础，在未成年人成长过程中具有特别重要的作用。为贯彻落实《关于进一步加强家庭教育工作的实施意见》（沪教委德〔2017〕7号）、《奉贤区创新推进学校德育工作三年行动计划》等文件精神，推进家庭教育工作创新发展，切实提高家庭教育整体水平，现结合奉贤实际，就进一步加强中小幼家庭教育工作提出如下实施意见。

一、指导思想

深入贯彻落实习近平总书记关于"注重家庭、注重家教、注重家风"等系列重要讲话精神，坚持以立德树人为根本，以问题需求为导向，以文明修身为载体，以培育和践行社会主义核心价值观、加强未成年人思想道德教育为核心，积极探索新形势下家庭教育工作的新规律、新机制、新对策。充分发挥学校在家庭教育中的主渠道作用，强化家长家庭教育主体责任，提高家长家庭教育水平，推动家庭教育和学校教育、社会教育的有效衔接，构建全面、健康、和谐的"三位一体"教育网络，促进广大未成年人健康成长和全面发展。

二、总体目标

加快家庭教育工作常态化、专业化、网络化、社会化建设，提升家庭教育科学研究和指导服务水平，不断建立健全适应社会发展、满足家长和未成年人需求的家庭教育指导服务体系。

——进一步完善家庭教育的政策保障和社会支持机制,形成政府主导、部门协作、学校组织、家长参与、社会支持的家庭教育工作格局,将培育和践行社会主义核心价值观融入家庭教育全过程。

——进一步构建区校双向联动、线上线下相结合的家庭教育指导服务网络。建立家长学校,健全家长委员会,定期组织开展家校合作活动。大力拓展新媒体服务阵地,优化"贤城父母"微信公众号等家庭教育指导服务优质资源推送平台。

——进一步提高家庭教育指导专业化水平。建立"奉贤区家庭教育骨干教师"培训机制,提升学校家庭教育指导队伍的专业化水平。主动发挥区家庭教育研究与指导服务中心作用,引入专业化的指导服务力量,增强对教师和家长指导服务的科学性和实效性。

——进一步健全科学的家庭教育工作制度和考核评估机制。到2020年,区家庭教育示范校比率达到20%。

三、主要任务

(一) 统筹协调,加强家庭教育工作的顶层设计

1. 准确把握家庭教育的核心内容。将社会主义核心价值观融入到课题研究、指导服务、亲子活动等各个环节,形成以家庭道德教育为核心的内容体系和服务体系,引导家庭成员树立和坚持正确的家庭观、国家观和民族观。

2. 建立健全家庭教育的工作机制。协同区妇联、区文明办及区未保办等社会各界,制定工作计划,统筹协调。充分发挥区家庭教育研究与指导服务中心在推进区域家庭教育中的研究指导与服务功能,初步形成行政、业务协同,区级、校级联动,学校、家庭、社会互动的组织架构,努力构建政府主导、部门协作、学校组织、家长参与、社会支持的家庭教育工作格局。

(二) 科学引导,强化家庭教育的主体责任

1. 提高家长责任意识,履行法定义务。父母是孩子的第一任老师,教育孩子是父母或其他监护人的法定职责。学校要加大普及《义务教育法》、《未成年人保护法》等宣传教育力度,不断增强家长的责任意识,提高家长履行教育监护职责的自觉性,加强对孩子社会公德、家庭美德、行为习惯、身心健康以及法律法规的教育,促进孩子全面发展、个性发展、终身发展。

2. 提升家庭文明程度,营造良好环境。家庭环境和家长的道德文化素质直接影响着孩子的成长。学校要引导家长全面学习家庭教育知识,系统掌握家庭教育科学理念和方法,遵循孩子成长规律,以自身良好的品德修养、行为习惯影响孩子,努力建立民主平等和睦的家庭关系;要以区家庭教育示范校评估为契机,积极开展"智慧家长评选"、"家校合作优秀案例评选"等活动,不断扩大活动的覆盖面和影响力,打造一批使家长、孩子切实受益的品牌活动,引导广大家庭以德治家、以学兴家、文明立家、忠厚传家,努力为孩子健康成长营造良好的家庭环境。

(三) 创新载体,构建家庭教育指导的服务体系

1. 强化学校主阵地功能。学校要充分发挥孩子与家长之间的桥梁纽带作用,建立健全家庭教育指导工作机制,建成以校长(园长)、德育主任、年级组长、班主任等为主体,专家学者和优秀家长共同参与,专兼职相结合的家庭教育指导骨干力量。通过家长委员会、家长学校、家长会、家访、家长开放日、家长接待日、学校网站、微信等沟通渠道,交流分享家庭教育的经验、教训,共同商讨解决家庭教育中遇到的困难和问题,指导家长科学理性地开展家庭教育。

2. 推进家庭教育指导机构建设。加强区家庭教育研究与指导服务中心建设,整合各方资源,为学校、教师开展家庭教育指导提供切实的支持和帮助。进一步巩固加强家长学校建设,做到有师资队伍、有教学计划、有指导教材或大纲、有活动开展、有成效评估,确保每年开展家庭教育指导和实践活动不少于6次。同时加快建设网上家长学校,依托"贤城父母"微信和"家长慕课"手机客户端等新媒体服务平台,探索建立远程家庭教育服务网络,为家长提供便捷、个性化的指导服务。

3. 发挥家长委员会作用。学校要以"一校一章程"为抓手,建立学校、年级、班级三级家长委员会网络,把家长委员会纳入学校日常管理,制订工作章程,完善例会制度,保障家长对学校工作的知情权、参与权、建议权和监督权。

学校要为家长委员会的建立与运转提供必要条件和有力保障,确保家长委员会产生程序规范、组织架构合理、是权责相当、相对自治的组织,能依法、规范、有序、有效地对学校、教师的教育教学、管理活动实施监督,提出意见和建议。

发挥区级家长委员会作用,协调市、区的家庭教育讲师团,邀请讲师到学校为

教师、家长授课、咨询等。同时，充分整合各种教育资源，积极组织开展形式多样、内容丰富、效果明显的家庭教育指导服务和实践活动。

（四）协同推进，形成家庭教育的社会支持网络

1. 完善社区协同机制。要把家庭教育工作纳入学校主要工作日程，充分发挥家长学校的阵地作用，积极开展各种家教活动，不断丰富活动的形式，充实活动的内涵，确保孩子和家长每年至少接受6次规范的家庭教育指导服务活动。学校要加强与各镇（街道、社区、开发区）家长学校或家庭教育指导服务站点的密切联系，有条件的学校可派教师到社区挂职，为家长提供公益性家庭教育指导服务。

2. 统筹各类社会资源。依托区家庭教育研究与指导服务中心、社区家长学校等服务阵地，为不同年龄段孩子及其家庭提供家庭教育指导服务。会同区妇联和区未保办等相关部门做好特殊困境儿童群体家庭教育的支持服务工作，关心流动儿童、留守儿童、残疾儿童和贫困儿童。

3. 营造良好舆论氛围。充分利用广播、报刊等传统媒体以及微博、微信等新媒体优势，开设具有社会影响力的专题、专栏、专刊等，广泛宣传家庭教育科学理念和知识，宣传优秀家庭教育案例，弘扬和传承好家风、好家训、好家教，引导全社会重视和支持家庭教育，为家庭教育营造良好的社会环境和舆论氛围。

四、保障措施

（一）加强组织领导

学校要因地制宜制定切实可行的家庭教育工作规划和实施计划，将做好家庭教育指导服务作为学校的重要任务，办好家长学校。推荐教师参加市、区家庭教育指导培训，重视家庭教育工作的考核，积极构建学校、家庭、社会协调互动的教育网络，形成推进家庭教育的合力。

（二）加强队伍建设

编撰既有理论支撑又有实训内容、符合家庭教育指导工作特点和要求的"奉贤区家庭教育指导教师读本"，建立"区家庭教育骨干教师"培训机制，加大家庭教

育指导者专业化培养力度。学校要成立由专家、德育干部、班主任、家长代表等组成的家庭教育指导研修组织,定期开展分学段、分年级、分层次的家庭教育指导研修活动,切实推进家庭教育指导者研训常态化。

(三) 加强科学研究

充分发挥奉贤区教育学院教育发展研究中心相关科研、德研、评估等专业部门的作用,建立家庭教育研究课题群,多角度全方位地了解孩子和家长的实际需要和存在问题。通过研究不断提高家长学校办学质量,有针对性地开展家庭教育知识讲座和培训,引导家长树立科学的家庭教育观念,提升科学育儿能力。各学校三年内至少有一项与家庭教育相关的区级以上课题,引领学校家庭教育工作的开展。

(四) 加强经费投入

加大对家庭教育工作的投入,充分保障家庭教育活动、家庭教育指导以及家庭教育指导师培训等专门经费,保障家庭教育工作的开展。广泛动员社会力量,多渠道拓展资金来源,丰富教育设施和活动资源,形成做好家庭教育工作合力。

(五) 加强评价激励

充分培育、挖掘和提炼先进典型经验,开展家庭教育示范校、优秀家庭教育指导者、优秀家庭教育管理者、优秀家长等评选活动,充分发挥示范引领和辐射带动作用,不断提升区域学校家庭教育工作的整体水平。

上海市奉贤区教育局
2017 年 5 月 2 日

关于进一步加强中小学幼儿园家长委员会建设的实施意见

奉教德〔2018〕2 号

各中小学、中职校、幼儿园:

为贯彻落实教育部《中小学德育工作指南》(教基〔2017〕8 号)、《教育部关于建立中小学幼儿园家长委员会的指导意见》(教基一〔2012〕2号)和《上海市教委等关于进一步加强家庭教育工作的实施意见》(沪教委德〔2017〕7号)精神,推进现代学校制度建设和学校(幼儿园)家长委员会建设,完善家校共育机制,切实营造良好的育人环境,现就进一步加强和完善奉贤区中小学幼儿园家长委员会(以下简称家长委员会)建设,提出如下实施意见。

一、进一步认识家长委员会的重要意义

党的十九大对优先发展教育事业作出了重要战略部署,进一步明确了学校、家庭和社会共同育人的新要求。广大中小学生(幼儿)健康成长是学校教育和家庭教育的共同目标。家长委员会建设,对于发挥家长作用,促进家校合作,优化育人环境,建设现代学校制度,具有重要意义。奉贤区中小幼学校要从办好人民满意教育的高度,充分认识建立家长委员会的重要意义,把家长委员会作为建设依法办学、自主管理、民主监督、社会参与的现代学校制度的重要内容,作为发挥家长在教育改革发展中积极作用的有效途径,作为构建学校、家庭、社会密切配合的育人体系的重大举措,以更大的热情、更有效的措施,创造更好的条件,大力推进家长委员会建设工作,让家长真正成为促进奉贤教育改革发展的重要力量。

二、进一步规范家长委员会的建设

奉贤区中小幼应根据学校自身特点、规模大小等实际情况,设置学校家长委员会,名称定为"××××中小学(幼儿园)家长委员会",并健全"学校、年级、班级"三级家长委员会组织架构。

(一) 家长委员会的性质

家长委员会是由本校学生家长代表组成,代表全体家长参与学校民主决策、民主管理、民主监督和咨询,支持学校做好教育工作的群众性自治组织,是学校联系广大学生家长的桥梁和纽带。家长委员会与学校教育机构相对独立、相互制约、相互促进,其成员由家长民主选举产生。

(二) 家长委员会委员的人数和任职条件

班级家长委员会委员按照不低于班级人数20%的比例推举产生；年级、学校家长委员会委员，根据学校规模，合理确定相应比例的委员人数，委员的总人数为单数。各级家长委员会设主任委员1名，副主任委员2—3名，委员若干名。委员要具备广泛的代表性，要兼顾不同行业。

各级家长委员会委员应具备下列条件：

1. 具有正确的家庭教育理念，热心学校教育工作，富有志愿服务精神。

2. 具有一定的组织管理和协调能力，善于听取各方面意见，责任心强，办事公道，能赢得广大家长的信赖。

3. 身心健康，有时间和精力参与家长委员会工作。

(三) 家长委员会委员的产生

1. 班级家长委员会委员在自荐和推荐的基础上，由全班家长投票选举产生。

2. 年级家长委员会委员分别由各班级家长委员会民主推荐产生。原则上，每班至少有1名班级家长委员会委员作为年级家长委员会的委员。

3. 学校家长委员会委员分别由各年级家长委员会民主推荐产生。年级家长委员会主任委员应为学校家长委员会成员。有条件的学校要积极推进学校家长委员会的直选工作。

(四) 家长委员会委员的变更

1. 任何组织或者个人不得违反家长委员会委员产生办法和程序，私自指定、委派或撤换家长委员会委员或主任委员。

2. 家长委员会委员受原选举人群的监督。原选举人群有权罢免自己选出的代表。罢免时须经原选举人群全体代表半数以上通过。未履行委员职责或违反家长委员会相关规定者，可依据情况由家长委员会按其原产生办法和程序进行撤换。

3. 家长委员会委员、主任委员每届任期一年，可连选、连任。当届任期满前的三个月内，家长委员会应及时组织选举下届委员、主任委员。

4. 对家长委员会委员、主任委员的产生或变更人员及其有关情况，家长委员会应在产生或变更后,在学校公示三日。

5. 家长委员会委员因学生转学等其他原因不能履行相应义务时,即不再具备其所任家长委员会委员资格,空缺委员按照规范程序进行补选。

三、进一步明确家长委员会的权利义务

(一)家长委员会的权利

1. 知情权。即知悉、获取学校相关信息的权利。通过定期听取学校工作报告,了解学校教育教学工作计划、学校资源配置情况、教育督导评估结果等。

2. 参与权。即参与学校重大事项管理和决策的权利。审议学校发展规划,就学校年度工作计划、重要管理制度、食堂经费开支、学生校服等方面的情况提出意见建议。

3. 建议权。即向学校办学提出建议的权利。以书面方式与校长、年级主任、班主任,就学校管理工作、教师师德师风情况等问题提出建议意见或进行质询。

4. 监督权。即监督学校及校长、教师教育工作开展情况的权利。对学校依法办学、教育行风和师德师风建设等进行监督,帮助学校改进工作。

5. 评价权。即对学校、校长、教师考核评价的权利。根据相关考评办法,参与教育行政部门或由教育行政部门委托的评价机构对学校、校长和教师进行考核评价。

(二)家长委员会的义务

1. 维护学校和谐发展的义务。协助学校调解家长、学生与学校之间的争议和矛盾;与学校、教师一起肯定和表扬学生的进步,解决和化解学生遇到的困难和烦恼;协助学校定期组织家长代表大会、家长会、家长接待日等活动。

2. 沟通协调和信息传递的义务。向家长通报学校近期的重要工作和准备采取的重要举措,听取并转达家长对学校工作的意见和建议;向学校及时反映家长和学生的意愿,听取并转达学校对家长的希望和要求,促进学校和家庭的相互理解支持。

3. 整合资源支持学校的义务。发挥家长的专业优势和资源优势,为学校教育教学活动提供支持;为学生开展校外社会实践活动提供教育资源和志愿服务;及

时向学校提出工作意见和建议,与学校共同深入推进素质教育。

4. 优化教育发展环境的义务。主动与社区、媒体、青少年教育组织等保持横向联系,为学生的健康成长创造良好的校园、家庭及社会环境。

5. 开展家长教育工作的义务。拟定家长学校工作方案,做好家长学校工作;发挥家长自我教育的优势,开办家庭教育论坛、教育沙龙等活动,积极收集、交流、宣传正确的教育理念和科学的教育方法。

四、进一步强化家长委员会的机制建设

(一)制定工作章程

为保障家长委员会工作有序、有效开展,各校要制定自己的家长委员会组织章程,章程应当包括以下内容:1. 名称;2. 宗旨;3. 家长的权利与义务;4. 家长委员会的权利与义务;5. 家长委员会的选举与任期;6. 会议制度;7. 其他需要规定的内容。

各级家长委员会应在家长委员会章程基础上,进一步完善家长委员会日常工作制度、会议制度、议事规则、调研与沟通制度、学习培训制度、家委会行为规则、志愿服务制度、考核评价制度、档案管理制度等,促进家长委员会规范有效运作。

(二)明确办公制度

推行和实施家委会办公制,要做到三有:有相对固定的办公场所,有基本的办公设施和设备,有办公的记录。明确办公的主要任务:校园巡视,观察师生教育教学行为,接待家长来电来访,找师生谈心,处理必要的应急性事件等。

(三)建立例会制度

学校家长委员会全体委员会每学年召开例会两次以上。制定和落实好家委会组织的年度工作计划和实施要点,并通过会议加强对计划实施的总结和反思,确保各项工作有序开展。年级家长委员会全体委员会和班级家长委员会全体委员会根据需要适时召开。会议议定内容应及时公开发布。

五、进一步发挥家长委员会的协力作用

（一）参与学校管理

对学校教育教学和管理工作予以支持，积极配合。对学校工作计划和重要决策，特别是事关学生和家长切身利益的事项，提出意见和建议。对学校开展的教育教学活动进行监督，帮助学校改进工作。

（二）参与教育教学工作

积极参与学校开展的各项教育教学活动，发挥家长自我教育的优势，交流宣传正确的教育理念和科学的教育方法，支持学校开展各类主题活动、社会实践活动，配合学校对学生进行行为规范、法制安全和心理健康等德育教育，并对学校的教育教学工作进行监督。

（三）维护良好的家校关系

发挥家长的资源优势，为学生开展校外活动提供教育资源和志愿服务。及时向家长通报学校近期的重要工作和准备采取的重要举措，听取并转达家长对学校工作的意见和建议。向学校及时反映家长的意愿，听取并转达学校对家长的希望和要求，促进学校、家庭的和谐关系，争取家长的理解和支持，使家校沟通更流畅。

六、进一步完善家长委员会的工作保障

（一）加大宣传力度

区教育局以及有关职能部门在推进家委会建设中要充分发挥主导作用，履行指导服务职责，整合教育宣传资源，加强对家委会建设的指导服务，积极利用教育内部刊物、教育信息网络等媒体，宣传家委会先进事迹，推介家委会工作经验，构建校内外合作育人共同体。

(二) 加强专业培训

奉贤区教育学院要把家长委员会的有关工作内容和要求纳入教师日常培训体系,定期开展专业培训,提高教师家庭教育指导能力。家庭教育研究与指导服务中心要深入调查研究、及时总结推广家委会组建、完善、发展工作的好经验、好做法,发挥市区两级专家巡讲团、志愿者服务团的专业优势,多途径提供专业指导服务,促进学校家长委员会的健康发展。

(三) 坚持评价导向

建立健全家委会建设评价体系,将学校家长委员会建设情况纳入到学校综合办学水平的督导评估和家庭教育示范达标验收体系,并作为未成年人思想道德建设测评依据和年度绩效考评依据。

(四) 加强表彰激励

每三年一度开展各层面(镇级—学校—年级—班级)的优秀家委会评选,评选出优秀。出台评选方案,明确评选标准,严格评选程序,评选出优秀家委会组织,形成家委会示范群体,定期召开表彰大会,放大示范效应。

上海市奉贤区教育局
奉贤区家庭教育研究与指导服务中心
2018年2月

关于加强奉贤区学校班级微信(QQ)群管理工作的意见

为了促进学校、家庭和社会"三位一体"合力育人,共建文明有序网络群体空间,共创文明和谐校园,根据国家法律法规及相关网络信息管理规定,按照上海市教委德育处相关要求,经过认真研究,现就加强学校班级微信(QQ)群管理工作提出如下意见:

1. 入群人员有要求。入群人员一律为本班班主任、任课教师及学生家长(或其他法定监护人一名),其他班级的家长等无关人员不得进入。

2. 群主必须班主任。根据"谁建群谁负责"、"谁管理谁负责"的规定,班主任要切实担任起群管理的责任。

3. 群内成员实名制。群命名格式:学校+年级+班级;群成员命名格式:教师——学科+教师姓名,家长——学生姓名+监护人称谓。

4. 无关信息不进群。班级微信(QQ)群用于家校联系,及时发布学校或班级通知、家校活动信息,不发布与家校联系无关的信息或言论,不组织家长征订教辅资料、电子产品等有价物品,不集赞、不拉票、不做任何广告。

5. 引导传递正能量。教师要文明用语,提倡用"您"等礼貌用语与家长沟通。不经考证的信息或负面新闻不转发。当家长在群内出现负面情绪时,教师要及时通过电话或当面沟通的方式耐心做好解释工作。

6. 尊重学生隐私权。不通报点名、批评学生和家长,不公布学业成绩或学生排名等。不得发布学生的负面信息。不讨论个别学生的学业和行规等问题。

7. 信息表述要清晰。无论是发布信息还是回复信息,都要表述清晰。班主任要关注全体学生家长,以"公平公正"的态度阐述观点,及时回复信息。作业布置以及需要学生、家长完成的有关事项,不得只通过微信(QQ)群安排。

8. 交流讨论定时间。晚上 10 点后不在群里发消息,个别重要事情直接电话联系个别家长。

9. 共性问题齐献策。面对班级学生、家委会或学生的普遍问题,教师可以在班内群中与大家交流。不聊家长里短的话题,不聊个别学生。

10. 巧用私聊解困惑。教师不在群组内以任何借口或话题与家长发生争执,个别学生间的争执引发的问题必须单独私下沟通,协商解决。

奉贤区教育局
奉贤区教育学院
奉贤区家庭教育研究与指导服务中心
奉贤区妇女儿童工作指导中心
2018 年 2 月 28 日

附录二

相关文件链接

习近平在2015年春节团拜会上的讲话（2015年2月17日）	习近平在会见第一届全国文明家庭代表时的讲话（2016年12月12日）
习近平在北京市海淀区民族小学主持召开座谈会时的讲话——从小积极培育和践行社会主义核心价值观（2014年5月30日）	习近平在北京大学师生座谈会上的讲话——青年要自觉践行社会主义核心价值观（2014年5月4日）
教育部 司法部 全国普法办：青少年法治教育大纲	教育部：中小学公共安全教育指导纲要
教育部 发展改革委 财政部 体育总局：关于进一步加强学校体育工作的若干意见	教育部：中小学生守则

（续表）

教育部：关于加强中小学网络道德教育抵制网络不良信息的通知 	教育部等5部门：关于加强义务教育阶段农村留守儿童关爱和教育工作的意见
教育部 公安部 共青团中央 全国妇联：关于做好预防少年儿童遭受性侵工作的意见 	最高人民法院 最高人民检察院 公安部 民政部：关于依法处理监护人侵害未成年人权益行为若干问题的意见
22部委：关于加强心理健康服务的指导意见 	中共中央办公厅 国务院办公厅：关于实施中华优秀传统文化传承发展工程的意见
全国妇联 教育部 中央文明办 民政部 卫生部 国家人口计生委 中国关工委：全国家庭教育指导大纲 	教育部：关于建立中小学幼儿园家长委员会的指导意见

(续表)

全国妇联 教育部 中央文明办：关于进一步加强家长学校工作的指导意见	教育部：关于培育和践行社会主义核心价值观进一步加强中小学德育工作的意见
教育部：中小学德育工作指南	教育部 共青团中央 全国少工委：关于加强中小学劳动教育的意见
教育部：中小学文明礼仪教育指导纲要	教育部：中小学心理健康教育指导纲要（2012年修订）
中华人民共和国精神卫生法	中华人民共和国母婴保健法
中华人民共和国妇女权益保障法	中华人民共和国反家庭暴力法

(续表)

联合国：儿童权利公约	联合国：儿童生存、保护和发展的世界宣言
中共中央 国务院：关于进一步加强和改进未成年人思想道德建设的若干意见	中共中央 国务院：国家中长期教育改革和发展规划纲要（2010—2020年）
国务院：中国儿童发展纲要（2011—2020年）	中共中央 国务院关于加强青少年体育增强青少年体质的意见
中华人民共和国未成年人保护法	中华人民共和国预防未成年人犯罪法
中华人民共和国民法总则	中华人民共和国婚姻法（修正）

（续表）

中华人民共和国教育法	中华人民共和国义务教育法

后记

《又一种教育智慧：家庭教育指导教师教程（义务教育版）》是奉贤区教育学院向上海市教育委员会申报的2017年度"家庭教育指导课程教材（教师用书）研发"专项支持项目，由奉贤区教育学院副院长、教育发展研究中心主任张竹林担任编写组组长，奉贤区家庭教育研究与指导服务中心办公室成员及部分基层中小学德育教师担任组员，共同完成编写工作。

2016年5月15日（国际家庭日），奉贤区家庭教育研究与指导服务中心（简称"家教中心"）正式成立，开启了奉贤区家庭教育指导专业化发展的新征程。作为家教中心的主要成员，大家在区域家教指导专业服务实践中，一直在思考和尽力回答实践提出的各类"问题"。家校合作育人是一项系统工程，家教指导力是一种专业能力，如何有效满足人民群众对优质家庭教育指导服务的多元化需求？作为专业部门的区域教育学院，如何为基层学校和广大教师提供有效的专业服务载体和路径？经过长期的跟踪调研，我们发现，最重要的切入点是编写"管用"的家庭教育指导教师用书，开设系统的家庭教育指导教师培训课程，先"武装"广大教师，通过提升一线教师家教指导能力促进家校深度合作，进而提高家长的家教能力，最终落实到"服务每一个学生健康成长"。虽然当下市场上有关家庭教育的书籍琳琅满目，但绝大多数是面向家长的读物，缺乏面向一线教师、具备教材特质、富有区域特色、集基础知识与实践操作于一体的实用教材，远不能满足广大教师的家教指导力专业化发展"需求"。

从 2017 年 2 月启动至今,在一年多的时间里,从拟定框架、编制提纲、专家指导、讨论交流,到撰写书稿、听取意见、修改补充……编写组的每个成员都认真参与每项任务、每次研讨,及时反思完善相关内容。大家尽最大努力,了解学校需求、了解教师现状、了解家长困惑,遵循预防性和发展性相结合、知识性和趣味性相结合、创新性和实践性相结合的编写原则,几经磨合,不断地自我否定,只因心中有一个朴实的念头:给一线教师提供专业指导,提高家校沟通质量,促使家校共育走向专业化。

从学生身心发展规律来看,家庭教育的阶段性特征明显;从家庭教育指导的专业性来说,教师用书理应分学段、分年龄段甚至分性别有针对性地进行开发。但考虑到项目正处于试点阶段,编写组从实际出发,决定先开发面向义务教育阶段的教师用书,试图通过本书先行先试,发挥"大调研"作用,为后续研究和探索打好基础。

全书分为三个部分:第一编为家庭教育指导认知,较为宏观地介绍了我国家庭教育现状、家校合作概况和家庭教育指导的新政策、新理念。第二编为家庭教育指导途径,具体介绍了当前家庭教育指导中普遍采用的一些方式,如集体指导、个别指导和媒介指导等,同时也创造性地提出了一些特殊指导方式。第三编为家庭教育指导实务,详细介绍了家庭教育指导需要重点关注的问题以及对特殊家庭、特殊学生开展家庭教育指导的策略。

家庭教育指导涉及面非常广泛,因时间有限、能力有限,无法一一展开,因此本书选用区域中小学学生的家庭教育难点、热点问题以及教师开展家庭教育指导的困惑,聚焦一些迫切需要指导的关键性问题,以案例教学的呈现方式,以期提高教师的家庭教育指导专业水平。书中每个案例的编写,基本由问题聚焦、教师思考、教师策略、行动反思、智慧分享等模块组成,既提供问题解决的措施,又提供典型案例的示范,同时吸纳了广大家长、教师的智慧和建议,还链接了优秀文化课程资源。

本书的问世凝聚着众人的智慧和汗水。无论严寒酷暑,编写组夜以继日,放弃节假日,召开专题研讨会议,参加各类家教指导现场会,请教专家和实践工作者。同时,认真参考和借鉴相关的成功教育案例;吸纳了江伟鸣、汤林春、孙红、杨雄、李伟涛、徐士强、郁琴芳、姚家群、杨敏毅、李燕、徐荣汀、何康、姚瑜洁、李艳璐、王卫明、洪耀伟等专家的宝贵意见;得到了上海市教委德育处、上海市教委基教

后 记

近日,上海市教科院决定将召集中心、上海市教科院家庭教育研究与指导服务中心挂靠在上海市教科院普教所和教师发展研究中心,并推选我担任中心主任。为此,我作为《中国教育报·家庭教育周刊》主编近些年来,广大读者他们阅读相册,借阅了《中国教育报》刊发的一些家庭教育长文,以及最优秀的家庭教育长长期跟踪着有限之星,并希望我们多出版大众喜欢读的书的声音,请到了苏州凤凰家长学校教育长长和海天出版社的青睐,就此推出了一系列新书和书稿和书稿的原稿,第一辑由苏州凤凰家长学校教育长引荐,辖多名,其中以海燕——小老孩和老孩为,何莫天,就悄着多加了第八篇八海的指者,就来之后的海鸥——小老班红婚姻,雷文杂校欢迎胡,家教院院长王先生,家教院助长海雀东儿期蹲,斑斑龙,谢林韦插着,第二篇由著名小老班曹富甜,记者中有张曲梅雀,第三篇由义

过去在书稿编辑工作中,我们感到,作为一门教师教育的探索,这本书稿有很多长篇的案例叙事,需要在使用中甄别、理、不断完善。将有力的章中,我们能够和读者共享。从教育内外的相关专家,自己已经看得明白的出来,但可能名家厚事之乱,我们对此仅表示谢意。本教材的现在,以有是都请家区家教育委员长秦老北西部的开补证,我们的证明谁样呢,了,大教所教教老师数我们批评赴正。

书稿完成之后,特别其中心,国务院、关于亲新时代的我们时代的教师队伍建设改革的意见《见出台》》颁布,这是新中国成立以来党中央出台的第一个面向教师队伍建设的里程碑式重要党务教育文件。为"以建开区家教师教师教师教师队伍建设特殊建设,我们必须适应学习,也更实有组织引力,开好的文明代教师教师专业向和老教目标,在亲教校开其我们强健上硬劲劲执行,为指升家庭教育指导服务水平不忘初心。动吧之力!

编者
2018 年 5 月